츠빙글리 종교개혁의 확장

츠빙글리 종교개혁의 확장

발행	2025년 2월 5일
지은이	주도홍 외
발행인	윤상문
편집인	이은혜, 이대순
디자인	박진경, 표소영
발행처	킹덤북스
등록	제2009-29호(2009년 10월 19일)
주소	경기도 용인시 기흥구 동백동 622-2
문의	전화 031-275-0196 팩스 031-275-0296
ISBN	979-11-5886-327-2 03230

Copyright ⓒ 2025 주도홍 외

이 책은 저작권법에 따라 보호받는 저작물이므로 무단전재와 복제를 금지하며, 이 책의 내용의 전부 또는 일부를 이용하려면 반드시 저작권자와 킹덤북스의 서면 동의를 받아야 합니다.

※ 잘못된 책은 구입한 곳에서 교환하여 드립니다.
※ 책 가격은 표지 뒷면에 있습니다.

킹덤북스 Kingdom Books
킹덤북스(Kingdom Books)는 문서 사역을 통해 하나님의 나라를 확장하고, 한국 교회와 세계 교회를 섬기고자 설립된 출판사입니다.

추천사

『츠빙글리 종교개혁의 확장』이란 제목의 역사신학에 관한 연구서가 출판되어 기쁘게 생각하고 진심으로 축하를 드린다. 이 책은 편집 책임자인 주도홍 박사를 비롯하여 10분의 주로 역사신학(교회사)을 전공한 한국의 유능한 신학자(교수)들에 의하여 연구된 글이라는 점에서 신뢰가 더해진다. 무엇보다도 츠빙글리는 스위스 취리히를 중심으로 종교개혁을 주도했던 분으로, 그의 이른 소천(47세)이 다른 종교개혁자들(루터, 칼빈)처럼 많은 문서를 남기지 못한 약점을 지니고 있었다. 또한 상대적으로 한국교회에도 덜 알려진 인물이기도 하였다.

하지만 이 책에 기고한 학자들의 수고는 많은 점에서, 특히 츠빙글리가 개혁신학자로서 지녔던 사상을 더 많이 알게 해 주는 일에 가여할 뿐만 아니라, 츠빙글리에 대하여 잘못 알고 있던 것들을 바로잡는 일에도 크게 공헌할 것으로 판단된다. 더욱이 이 책은 츠빙글리의 개혁신학적인 사상이 그의 제자 불링거(Bullinger)에 의하여 계승되면서, 제네바의 개혁자 칼빈과 여러 면에서 일치를 이루게 된 것(특히 개혁신학 탄생)을 비롯하여 영국과 독일 지역에서도 츠빙글리의 사상이 더욱 확장되어 종교개혁의 지평을 넓히는 일에 기여한 것들을 알게 하는데도 큰 도움이 될 것으로 판단한다.

그런 뜻에서 이 책은 종교개혁사 연구에 관심을 가진 신학도들과 우리 목회자들에게 중요한 연구서로서 기여할 것을 기대하며, 한국 교회 신학생들과 목회자들의 일독을 기꺼이 추천합니다.

정일웅(전 총신대학교 총장, 현 한국 코메니우스 연구소 소장)

지금 한국 교회는 그 어느 때보다 개혁이 필요합니다. 중세 로마 가톨릭교회의 사변화된 신학에 맞서 츠빙글리가 강조한 성경의 절대적이고 영적인 권위는 오늘날 한국 교회가 회복해야 할 종교개혁의 정신입니다. 성경의 권위를 벗어나 영적 생명력을 잃어버린 사변화된 신학을 극복하고자 시작된 개혁주의생명신학은 16세기 종교개혁자들의 정신을 계승하고 있습니다.

츠빙글리 종교개혁 505주년을 맞아 '개혁교회의 아버지'로 불리는 츠빙글리를 한국과 독일, 스위스의 개혁주의 신학자들이 새롭게 연구한 본서는 신학은 학문이 아니라 예수 그리스도의 생명의 복음이라고 외치는 개혁주의생명신학을 실천하는 데 귀중한 자료가 될 것입니다. 츠빙글리가 강조하는 '오직 성경'은 성경이 성령의 감동하심으로 기록되었다는 사실과 성령의 조명으로 읽혀져야 한다는 사실에 주목합니다. 성경을 이해하는 도구와 수단이 되어야 할 신학이 성경보다 우위에 있는 한국 교회의 현실에 경종을 울리는 본서를 통해 한국 교회가 성령의 능력으로 새롭게 개혁되기를 소망하며 기쁜 마음으로 추천합니다.

장종현(백석대학교 총장)

교회사에서 조기 퇴장한 스위스의 종교개혁자 울리히 츠빙글리(Ulrich Zwingli, 1484-1531)가 한국 신학계에서 새롭게 조명되고 있다. 본 편집서는 츠빙글리의 1519년 취리히 종교개혁 운동과 사상의 확장을 연구한 귀한 연구서다. 그가 갑자기 별세함으로 남긴 빈 자리를 그의 업적에 걸맞게 "제2의 종교개혁자"로 자리매김하고자 한다. 본서는 츠빙글리를 역사적으로나 신학적으로 "개혁교회의 원조"(der Urvater des reformierten Protestantismus)라 부른다. 심지어 루터주의(Lutherianism), 칼빈주의(Calvinism)에 대하여 "츠빙글리주의"(Zwinglianism)를 말하고 있다. 거장 루터와 25년 후배 칼빈의 그림자에 의하여 가려진 츠빙글리의 종교개혁 사상을 복권시키고자 한다.

　마르틴 루터(Martin Luther, 1483-1546)의 1517년 비텐베르그 종교개혁이 교회와 국가의 두 왕국론을 주장하고, 성찬에서 그리스도 신체 임재의 공재설, 천주교의 예배 의식을 상당 부분 수용한 보수적 수직적 개혁인데 반해서, 츠빙글리는 신앙을 모든 삶에 구현하는 기독교 공동체를 향한 일원론적 이해, 천주교의 미신적 예배 요소를 타파하는 예배 개혁, 성찬론에 있어서 영적 임재와 상징 두 요소를 주장하는 수평적인 개혁 입장으로 나아갔다. 츠빙글리의 종교개혁 사상은 취리히교회 후계자 하인리히 불링거(Heinrich. Bullinger, 1504-1575)와 제네바의 종교개혁자 요한 칼빈(John Calvin, 1509-1564)에 의하여 계승되었다. 칼빈은 종교개혁 2세대로 1519년 취리히 종교개혁 17년 이후 1536년『기독교강요』출판으로 제네바 종교개혁을 시작하였다. 루터와 츠빙글리는 종교개혁의 1세대로 루터가 비텐베르그 중심으로 북부 독일에 영향을 끼쳤다면 츠빙글리는 스위스 취리히 중심으로 남부 지역에 영향력을 미쳤다. 루터의 종교개혁은 북부 유럽에 루터교로 발전해 나갔으나 츠빙글리의 종교개혁은 47세의 젊은 나이로 별세함으로 루터와 함께 시작했던 종교개혁 운동의 대열에서 조기 퇴장했다. 하지만 츠빙글리의 바른 예배, 신앙과 불순종, 교회론, 국가론, 교회 직분에 관한 종교개혁 사상은 불링거와 칼빈을 통하여 계승되어 오늘날 개혁교회의 사상으로 형성되었다.

　본서는 이런 의미에서 루터교 중심적인 종교개혁 운동과 사상을 보완하면서, 특히 츠빙글리에게서 출발한 개혁교회의 종교개혁 사상을 다시 조명한다는 점에서 공헌이 있다. 취리히, 스트라스부르, 바젤은 스위스 개혁교회 종교개혁과 중요한 네트워크를 이루고 있었다고 설명하고 있다. 그리고 츠빙글리의 사상이 그의 후계자 불링거에 의하여 계승되어 네덜란드, 동유럽의 개혁교회와 영국 청교도와 스코틀랜드의 장로교에 영향을 주었다고 천명하고 있다. 종교개혁 유산이 살아 있는 한국 교회(장로교, 감리교, 성결교, 침례교 등)가 이런 의미에서 츠빙글리 개혁 사상에 연관되어 있다는 것은 의미있는 지적이라고 볼 수 있다.

　이 연구서에 기고한 젊은 학자들의 참신성과 학문적인 우수성으로 인하여 종교개혁 507주년에 츠빙글리를 기념하는 학문적인 포럼은 세계 종교개혁 신학계에 하나의 새로운 공헌이다. 종교개혁 정신이 쇠퇴하고 있는 유럽 신학계를 향하여 한국 신학계가 참신한 신학적 횃불을 들면서 종교개혁 정신을 복권시키고 있다. 『츠빙글리 종교개혁의 확장』에 대한 본 연구서는 연구자, 신학자, 목회자들에게 종교개혁과 츠빙글리에 대한 새로운 통찰을 제공해 줄 것이다.

김영한(기독교학술원 원장, 숭실대 기독교학대학원 설립 원장, 한국개혁신학회 초대 회장)

　주도홍 교수님 외에 한국 신학계의 츠빙글리 전문가들이 종교개혁 500주년 기념 학술도서 『한 권으로 읽는 츠빙글리의 신학』을 2018년에 출간한 후, 뒤를 이어 『츠빙글리 종교개혁의 확장』이 출판된 것을 축하합니다. 마틴 루터와 장 칼뱅 같은 종교개혁가들은 익숙하게 알고 있지만 상대적으로 츠빙글리의 삶과 신학에 대해 비교적 이해가 부족했던 한국 교회에 제2의 종교개혁가 츠빙글리의 삶과 신학을 조명했던 전문가들이 다시 츠빙글리 이후의 개혁신학의 발전을 추적한 작품이 출간되어 기쁘게 생각합니다. 특히 츠빙글리가 주목받지 못한 이유, 루터와의 신학적 대결, 칼뱅과 영국 교회, 개혁교회에 미친 영향 등을 주제별로 조명하는 이 책은 개혁교회 정체성이 붕괴되고 있는 오늘의 한국 교회에 큰 길잡이가 될 것입니다.

채수일(크리스찬 아카데미 이사장/전 한신대학교 총장)

　과거는 미래의 스승이라는 말이 있습니다. 한국 교회가 다음 세대를 세워나가려면 교회의 역사를 통해 배워야 한다는 것입니다. 이런 맥락에서 츠빙글리의 종교개혁을 여러 학자들이 연합하여 컨퍼런스를 진행하고, 또 그 연구 결과를 책으로 출판하는 것에 대해서 진심으로 축하와 격려의 말씀을 드립니다.

특히 현재의 책을 발행하는 츠빙글리종교개혁기념대회의 위원들이 공헌한 또 하나의 업적은 개혁신학의 입장에서 종교개혁의 기원을 1519년 츠빙글리의 취리히 사역으로 명확하게 제시한 것이라고 생각합니다. 이것이 중요한 것은, 그렇게 함으로 종교개혁의 다양성과 역동성을 더 선명하게 드러내 주었다는 것입니다. 그동안 1517년의 루터의 종교개혁을 종교개혁의 유일한 기원으로 보아왔다면 본서를 통해서 1519년 츠빙글리의 종교개혁이야말로 개혁교회의 기원으로서 당당하게 자리매김을 할 수 있게 되었다는 것입니다. 또한 본서는 이 츠빙글리의 종교개혁이 어떻게 유럽 각지로 확산되었는지를 잘 보여주고 있습니다.

그러나 아무리 좋은 프로젝트가 있고 탁월한 학자들이 있다고 해도, 실제로 저자들이 서로 마음을 모으고 한국 교회를 향한 뜨거운 사명감으로 충일해 있지 않았다면 이 책은 성공적으로 출판될 수 없었을 것입니다. 이 책이 더 소중한 이유는 여기에 있습니다. 그러므로 저자들의 노고에 진심으로 박수를 보내드립니다.

이 책에 기고한 신학자들이 수년간 공동으로 연구하고 토론하고 고민한 결과가 이 책과 더불어 이제 한국 교회의 손에 주어지게 되었습니다. 한국 교회가 본서를 읽고 묵상하면서 종교개혁의 정신으로 새롭게 갱신될 수 있을지 아닌지 그 공은 이제 한국 교회 목회자와 교양있는 성도들에게 던져졌습니다.

저는 신학 교육을 책임지는 신학대학의 총장으로서 바라는 바가 있다면 더욱 급속하게 세속화되고 혼돈 속에 방황하고 있는 현대인들과 한국 교회 성도들이 아무쪼록 이 책을 통해서 가야 할 방향을 찾기를 기대합니다. 이 책이 광범위하게 읽히고 사용되어 한국 교회에 다시금 부흥의 역사가 일어나고 하나님의 영광이 가득하기를 축복합니다.

박성규 (총신대학교 총장)

여기 츠빙글리를 사랑하시는 귀하신 분들의 세 번째 글 모음집이 우리에게 주어졌습니다. 대단하지요? 한 사람의 생각을 이렇게 지속적으로 연구해 가는 귀하신 분들이 계시다는 것은 깊은 감사의 조건이 아닐 수 없습니다. 이 귀하신 분들이 이렇게 지속적으로 작업하는 것은 1519년 1월 첫째 주부터 마태복음을 순차적으로 강해해 가면서 (1) 성경을 계속해서 읽고 강해하는 고대 교회의 전통을 회복하면서, (2) 성경에 나타난 예수님과 성도들을 만나게 하고 성경의 중요한 메시지인 이신칭의의 복음을 잘 드러내어 가르치고, (3) 그 복음의 빛에서 예배당 안에 있었던 상들과 십자가를 제거하는 일을 질서 있게 하도록 유도하고, (4) 복음을 잘 깨달은 사람들이 사순절 기간 동안의 고행적 노력을 하던 것이 비성경적임을 잘 드러내어 사라지게 하고, 결과적으로 (5) 깨달은 마음으로 자국어로 예배하게 하는 일을 주도한 울리히 츠빙글리에 대한 지극한 존경과 사랑 때문입니다.

츠빙글리의 성경적 사상과 노력을 잘 드러내고 다른 개혁자들과 비교하는 작업을 계속하는 것은 결국 우리들이 이렇게 시작된 개혁파 전통에 더 철저하기 위한 것입니다. 오직 성경과 성경 전체를 존중해서 가르침과 믿음과 예배와 교회의 모든 것과 삶의 방식도 성경의 가르침에 충실하게 하려는 이 개혁파 전통에 우리들이 참으로 충실하면 좋겠습니다. 이 일에 이 세 번째 글모음도 의미 있게 사용되기를 간절히 바라면서 츠빙글리를 사랑하는 귀한 분들의 이 글을 널리 추천하는 바입니다. 이 귀한 일을 높이 치하하고 감사드리면서….

이승구 (남송 석좌 교수, 합동신학대학원대학교)

목차

추천사   4
프롤로그   주도홍(츠빙글리 종교개혁 기념대회 대회장, 전 백석대학교 부총장)   13

01   츠빙글리 종교개혁의 확장   17
주도홍(츠빙글리 종교개혁 기념대회 대회장, 전 백석대학교 부총장)

02   츠빙글리의 선택과 언약의 통일성   33
이은선(백석대학교 초빙교수)

03   기도에 관한 츠빙글리의 가르침   53
서창원(전 총신대학교 신학대학원 교수)

04   츠빙글리의 성찬론: 그리스도의 영적 임재로서의 성찬   75
조용석(안양대학교 교수)

05   츠빙글리(Huldrych Zwingli)와 미코니우스(Oswald Myconius)   95
이신열(고신대학교 교수)

06   츠빙글리와 재세례파 제자들   117
박찬호(백석대학교 신학대학원 교수)

07   츠빙글리와 칼뱅의 연속성과 불연속성: 137
베른과 제네바를 중심으로
임종구(대신대학교 교수)

| 08 | 츠빙글리와 칼빈의 국가론 비교 | 157 |
| | 안인섭(총신대학교 신학대학원 교수) | |

| 09 | 하인리히 불링거의 섭리론에 대한 연구 | 181 |
| | 유정모(햇불트리니티신학대학원대학교 교수) | |

10	전쟁과 평화:	203
	츠빙글리의 "발발 가능성이 있는 전쟁의 대비를 권면함" (1524)	
	양신혜(총신대학교 겸임교수)	

11	취리히 종교개혁과 아 라스코(John à Lasco):	221
	'프로페시'에 대한 이해 연구	
	강민(남원예닮교회 담임목사)	

에필로그   안인섭(총신대학교 신학대학원 교수, 개혁교회종교개혁기념대회 편집위원장)   243

프롤로그

주도홍

프롤로그

주도홍

츠빙글리 종교개혁 기념대회 대회장, 전 백석대학교 부총장

이 책은 개혁교회의 아버지 스위스 종교개혁자 츠빙글리(Huldrich Zwingli, 1384-1531)의 사상이 당대 동료들과 후학들에게 어떤 영향을 주었는지, 그리고 어떻게 어디로 확장 되었는지를 살핀다. 제2의 종교개혁자 츠빙글리의 신학 사상과 삶을 먼저 알아야 하기에 필자들은 친절하게 츠빙글리의 사상을 소개하는데도 게을리 하지 않고 있다. 다르게는 한국 교회가 츠빙글리를 아직도 낯설어하기에, 그만큼 츠빙글리를 소개하는 데도 소홀히 할 수 없다는 반증이기도 하다. 그래도 2019년 시작된 개혁교회종교개혁기념학술대회 측에서는 츠빙글리를 한국 교회에 소개하는 데 나름의 수고를 하였기에, 이제는 좀 지평을 확장하여, 스위스 취리히의 종교개혁이 어떻게 누구에게 그리고 어느 나라로 퍼져갔는지도 확인하려는 생각을 하게 되었다. 그 결과 취리히 츠빙글리의 종교개혁이 기대 이상의 영향과 국제적 확장을 하였음을 확인하며, 하나님의 진리가 그가 부르시고 사용하시는 소중한 종들을 통하여 열매 없이 결코 바람처럼 사라지지 않음을 기뻐하였다. 츠빙글리의 사상은 그의 후계자 불링거(Heinlich Bullinger, 1504-1575)를 통하여 유럽의 여러 나라에 불길처럼 번

저갔는데, 특히 영국 교회에게 거대한 영향을 주었다. 게다가 제네바의 종교개혁자 칼빈(Johannes Calvinus, 1509-1564)을 통해 개혁신학은 굳건히 서고, 견고한 체계를 갖추었고, 세계 교회를 향해 꽃을 피웠다. 개혁신학이 영국 청교도와 장로교에 미친 영향을 확인하며 오늘 한국 교회의 역사적 뿌리를 생각하는 시간이었다.

이 책은 여러 대학에서 일하는 11명의 소중한 개혁신학자들의 기쁜 공동 참여로 이루어진 합작품이다. 그들이 함께 츠빙글리를 중심으로 취리히 종교개혁의 영향과 확장을 주제로 글을 썼다. 기념대회 집행위원장 안양대 이은선 명예교수, 총신대 서창원 교수, 고신대 이신열 교수, 백석대 박찬호 교수, 대신대 임종구 교수, 편집위원장 총신대 안인섭 교수, 횃불신대 유정모 교수, 총신대 양신혜 교수, 남원예닮교회 강민 담임목사, 사무총장 안양대 조용석 박사와 츠빙글리종교개혁기념대회를 섬기는 부족한 종 백석대 교수 주도홍이다. 책의 목차를 따르면, 주도홍은 "츠빙글리 종교개혁의 확장"을 여러 학자들의 글들을 통해 어떻게 어디로 번져갔는지를 확인하였고, 이은선은 "츠빙글리의 예정론에 있어 선택과 언약의 통일성"을, 서창원은 "기도의 사람 츠빙글리의 기도 이해"를, 이신열은 "츠빙글리와 미코니우스"를 루터와 멜란히톤과의 비슷한 관계로 들여다보았으며, 박찬호는 "츠빙글리와 재세례파와의 관계를 그레벨과 만츠"를 중심으로 살폈고, 임종구는 "스위스 종교개혁의 양대 산맥인 츠빙글리와 칼빈의 연속성과 불연속성"을 살폈으며, 안인섭은 "츠빙글리와 칼빈의 국가관"을 비교했으며, 유정모는 "불링거의 섭리론을 츠빙글리와 비교하여 설명"하고 있고, 양신혜는 "전쟁과 평화"라는 제목으로 츠빙글리의 글을 중심으로 전쟁 이해를 다루었고, 강민은 "츠빙글리의 '프로페시'를 통한 아 라스코의 상관성"을 다루었는데, 17세기 독일 경건주의의 중요한 표지 '교회 속의 작은 교회'(Ekklesiola in Ekklesia)와 역사적 상관성을 생각할 수 있었다. 츠빙글리를 전공한 겸손한 종 조용석은 기념대회를 섬기는 총무로서 "츠빙글리의 편지로 보는 성찬 이해"를 다루었다. 곧 그는 츠빙글리의 성찬론을 그저 상징론으로 소개하는데 그치지 않고, 나아가 '그리스도의 영적 임재론'으로 소개하고 있다. 그러니까 츠빙글리는 그의 성찬론을 바젤의 종교개혁자 외콜람파드를 위시한 동료들과 주고받는 서신들을 통해 정립하고 도움을 구했는데, 스위스 종교개혁이 성도의 교제의 절정을 보여주는 동역의 열매임을 보여주는 아름다운 증거라 할 것이다. 여러 학자들의 협력으로 나오는 이 책이 츠빙글리의 신학 사상을 폭넓게 이해하도록 돕고 한국 교회의 개혁신학의 이해의 영역을 확장하는데 조금이라도 기여하기를 소망한다.

끝으로 마음을 다한 따뜻한 감사를 드리며 프롤로그를 마친다.
기념대회를 열 수 있도록 장소를 제공하신 백석대학교와 늘 물심양면으로 후원에 아낌없는 장종현 총장님과 학교 관계자들께 감사를 드린다. 그리고 어려운 여건에도 같은 개혁신학에 서서 마음을 다한 격려와 더불어 꼼꼼한 편집과 멋진 디자인으로 츠빙글리와 칼빈의 개혁신학을 세상에 알리기를 기뻐하는 킹덤북스(Kingdom Books) 대표 윤상문 박사께도 감사를 드린다. 또한 오늘이 있기까지 기도와 후원으로 함께 하신 여러 교회와 목회자, 신학자에게 감사를 드린다. 끝으로 하나님께서 이 작은 열매를 통해서라도 기뻐하시고 영광을 받으시기를 간구한다. 오직 하나님께만 영광이 되길 바란다.

Soli Deo Gloria! Amen.

츠빙글리 종교개혁의 확장

주도홍 _ 츠빙글리 종교개혁 기념대회
대회장, 전 백석대학교 부총장

01

01

츠빙글리 종교개혁의 확장

주도홍

츠빙글리 종교개혁 기념대회 대회장, 전 백석대학교 부총장[1]

츠빙글리(H. Zwingli, 1484-1531)의 개혁교회 종교개혁을 후대가 여유 있게 바라보지 못하는 데는 네 가지 이유를 들 수 있을 것이다. 1) 츠빙글리가 47세라는 이른 나이에 아쉽게 세상을 떠났으며, 2) 루터와 츠빙글리 사이 성찬 이해로 인한 강한 균열, 3) 한 세대 후에 등장하는 칼빈에 의해

---

1 백석대학교 신학연구소 소장(2024-).

개혁신학이 그 정점에 달했으며, 4) 취리히 종교개혁과 제네바의 종교개혁을 동역의 관점으로 바라보기보다 차이를 드러내려는 경향이다. 이러한 이유로 교회사는 츠빙글리를 역사적으로 제2의 종교개혁자로 인정하면서도, 그를 향한 연구가 한쪽으로 밀쳐진 느낌을 지울 수 없다. 특히 그 예가 한국 교회다. 종교개혁자 루터와 종교개혁자 칼빈의 연구가 얼마나 다양하고 거대한지를 생각할 때, 츠빙글리를 향한 연구는 상대적으로 원론적이고 초라하다는 느낌을 지울 수 없다.

츠빙글리의 성찬론은 1549년 불링거와 칼빈 사이 '취리히 일치 신조'(Consensus tigurinus)를 통해 역사적으로 하나 되고 있다. 취리히와 제네바 사이 성찬 이해를 두고 하나에 도달할 수 있었던 근거라면, 1529년 10월 루터와의 마르부르크 논쟁에서 츠빙글리가 성찬의 떡과 포도주는 그리스도의 육체적 죽음을 보여주는 상징으로, "그리스도께서 영적으로 임재한다."는 사실을 명확히 했다는 점이다. 한 예로, 한국 교회는 츠빙글리의 관점을 상징설로만 이해하는데, 이는 츠빙글리가 강조한 '그리스도의 영적 임재'를 간과한 것이다. 어쨌든 이 글은 츠빙글리가 이룬 취리히의 종교개혁이 어떻게 후대에 영향을 주었는지를 세계 학자들의 글을 통해 확인하려 한다. 그들이 종교개혁자 츠빙글리의 종교개혁을 어떻게 이해하는지를 알게 될 때, '개혁교회의 아버지' 츠빙글리를 향한 한국 교회의 관심을 불러일으키려 하는 것이다.

2022년 1월 서울에서 개최된 '제503주년 츠빙글리 종교개혁기념대회'에서 기조 강연을 맡은 취리히대학교 오피츠(Peter Opitz)는 츠빙글리를 본인의 책 『울리히 츠빙글리』(Ulrich Zwingli)에서 "개신교의 선구자"(Pionier des Protestantismus)라 부르는데, 당시 많은 이들이 그를 "신학적 아버지와 선생으로" 인정했는데, 특히 이에 해당하는 중요한 인물들을 나열한다. 바젤의 종교개혁자 외콜람파드(J. Oekolampad), 스트라스부르의 종교개혁자 카피토(W. Capito)와 부쳐(M. Bucer), 제네바의 종교개혁자 파렐(W. Farel), 츠빙글리의 취리히교회 후계자 불링거(H. Bullinger)다. 취리히 그로스뮌스터교회 담임목사 불링거는 츠빙글리의 개혁과 개신교를 수십 년에 걸쳐 유럽 전역에 확장하였는데, 츠빙글리의 종교개혁을 대변하였을 뿐 아니라, 자신의 많은 글을 통해 츠빙글리의 사상을 특히 네덜란드, 동유럽, 영국에 금방 친숙하게 만든 인물이었다. 제네바의 종교개혁자 칼빈의 사상 역시도 츠빙글리의 신학이 다루지 않은 내용은 없는데, 그런 맥락에서 츠빙글리를 역사적으로나 신학적으로 "개혁교회의 원조"(der Urvater des reformierten Protestantismus)라 부른다. 무엇보다 칼빈의 가까운 네 명의 동역자 파렐, 비레, 부쳐, 불링거야말로 근원적으로 취리히 종교개혁에 깊은 영향을 받았을 뿐 아니라, 역사적으로 중요한 개혁교회의 신앙고백이 츠빙글리의 신학과 깊은 상관성에 있다. '제2 스위스 신앙고백서', '하이델베르크 교리문답서', 17세기 언약 신학, 나아가 20세기에 이르러 나치하에 고백한 1934년 '바르멘 신학 선언'은 오늘에 이르기까지 세계적으로 큰 영향을 미쳤는데, 바른 예배, 신앙과 불순종, 교회론, 국가론, 교회 직분에 관한 츠빙글리의 신학에 근거하고 있다. 나아가 츠빙글리의 사상은 장로교회와 메노나이트 재세례파, 영국 성공회와 감리교회에 이르기까지 깊은 발자취를 남겼다(Opitz, 109-112).

2022년 서울 츠빙글리 종교개혁 503주년 기념대회에서 역시 기조 강연을 한 독일 훔볼트 대학교의 베커(Judith Becker)는 "개혁교회 프로테스탄티즘의 주역으로서 울리히 츠빙글리"(Ulrich Zwingi als Akteur im sich bildenden reformierten Protestantismus)에서 최근 몇 년간 진행된 세계 학자들의 연구 경향을 언급했다. 잘 알려진 위대한 몇몇 대표적 종교개혁자들의 삶과 신학보다 그들의 인간관계, 저서들, 서신들을 통한 네트워크에 방향을 맞추는데, 루터에게보다는 비텐베르크를 둘러싼 종교개혁에, 츠빙글리보다는 츠빙글리의 동역자들, 츠빙글리와 접촉했던 개혁자들을 향한다는 것이다. 이 말은 앞선 국제 학회의 연구 경향을 일깨우는 말이어서 우리로서는 부럽기도 한데, 여전히 스위스 종교개혁자의 생애와 사상에 더 관심과 시간을 드려야 할 우리에게는 거리감이 없지 않다. 필자 역시 개혁교회 종교개혁자 츠빙글리의 역사적 확장이 어떠했는지를 살펴보려는 것은, 츠빙글리의 생애와 신학에 대한 지식이 충분해서라기보다는, 왜 츠빙글리를 연구해야 하는지를 역으로 반증하려는 취지에서다.

베커는 한 예로 1520년대 성찬 논쟁이 한창일 때 독일 남서부 지역과 스위스 독일어권 사이 예를 들어 스트라스부르의 카피토와 부쳐, 바젤의 외콜람파드 사이 많은 서신을 교환하며 서로 영향을 긴밀히 주고받았는데, 루터와 츠빙글리가 성찬 이해로 인해 서로 첨예하게 맞설 때도 세 사람의 성찬 이해는 츠빙글리와 일치하였다. 루터가 성찬 문제로 츠빙글리를 함부로 할 때, 스트라스부르의 종교개혁자 부처는 츠빙글리에게 보낸 편지에서 그렇다고 과격하게 루터에게 함부로 대하지 말 것을 권하며, 츠빙글리가 "루터를 향한 우정어린 비판"(amica admonicio, 1526년)이라는 글을 쓰도록 제안했다. 이렇게 취리히, 스트라스부르, 바젤은 스위스 개혁교회 종교개혁과 중요한 네트워크를 이루고 있었는데, 츠빙글리는 동역자들과 수평적으로 그리고 쌍방향으로 교류하며, 서로의 생각을 주고받았다. 그러는 중 츠빙글리가 1531년 47세를 일기로 갑작스럽게 세상을 떠났을 때, 츠빙글리의 종교개혁은 후계자 불링거를 통해 유럽 여러 국가로 확장되었는데 취리히의 신학을 진정한 유럽의 신학으로 만드는 장본인으로, 불링거를 "츠빙글리의 유산을 소중하게 여겼던 첫 번째 종교개혁자"라고 부른다. 또한 감사하게도 1834년 나온 종교개혁자 전집(Corpus Reformatorum)에 1904년부터 츠빙글리의 저작들이 등장하기 시작하였는데, 이로 인해 후대가 츠빙글리를 위대한 종교개혁자로서 공식적으로 인정했으며, 그의 역사적 저술을 통해 취리히의 종교개혁자 츠빙글리 역사적 연구를 가능하게 만들었다고 평가한다(Becker, 40-83).

1983년 네덜란드 암스테르담 자유대학교 교수 츠빙글리 연구자 갭블러(Ulrich Gaebler)는 불링거를 당시 개혁교회를 지지하는 연방에서 츠빙글리 신학을 신앙고백의 근원으로 확고히 세운 자로 서술한다. 제네바의 종교개혁자 칼빈(J. Calvin) 역시 대표적으로 예정론과 국가론에 있어 츠빙글리와 차이를 부정할 수 없지만, 츠빙글리의 신론, 율법 이해, 참회, 칭의와 구원의 협업 등 이에 관한 모든 주제를 루터보다는 츠빙글리의 관점에 서 있었다. 이러한 칼빈의 모습은 『기독교강요』를 통해서 확인되는데, 이는 결국 개혁교회의 전형으로 굳어졌다는 것이다. 곧 츠빙글리는 불링거와 칼빈을 통해 칼빈주의 형성에 영향을 미쳤는데, 츠빙글리를 개혁교회의 설립자 중 한 사람으로(as one of the founders of Reformed Protestantism) 갭블러는 간주한다(Gaebler, 158-160).

1988년 독일의 칼빈학자 노이저(W. Neuser)는 유드(Leo Jud, 1482-1542), 외콜람파드(Johannes Oekolampad, 1482-1531), 미코니우스(Oswald Myconius, 1488-1552), 초기 불링거(H. Bullinger, 1504-1575), 카

피토(Wolfgang Capito, 1478-1541), 1536년에 작성된 '제1 스위스 신앙고백'(Confessio Helvetica Prior, Das Erste Helvetische Bekenntnis) 그리고 마르틴 부처(Martin Bucer)가 츠빙글리의 영향을 받은 것으로 서술한다(HDTh, 197-238). 노이저는 츠빙글리의 후계자 불링거가 단지 초기에만 츠빙글리의 영향을 받은 것으로 제한적으로 묘사하는데, 이는 츠빙글리 연구에서 특이하다.

위스콘신대학교의 교수 완들(Lee Palmer Wandel)은 옥스퍼드대학교가 1996년 펴낸 The Oxford Encyclopedia of the Reformation에서 츠빙글리를 '개신교 종교개혁자, 개혁신학 전통의 설립자'로 일컫는다. 루터와 대척점에 섰던 츠빙글리의 성찬 이해는 당시 즉각적으로 받아들여지지 않았지만, 후에 개신교 많은 예전에 스며들었는데, 무엇보다 영국 성공회의 예전 형성에 직접적 원천이 되었다. 루터교회나 칼빈에 의해 형성된 교회처럼 츠빙글리 교회가 형성되지 않았지만, 츠빙글리 신학은 개혁교회의 전통을 근원적으로 형성했으며, 세상에서의 그리스도 '현존'의 속성 이해로서 정치와 윤리에서의 역동적 실천 그 자체로서 세상에서의 하나님의 뜻을 구현하는 것으로 이해했다(Wandel, 320-323).

영국의 교회사가 리어돈(Bernard M. G. Reardon)은 츠빙글리의 중요한 동역자 두 사람을 일컫는데, 독일 태생으로 바젤에서 활약했던 히브리어와 그리스어에 능통한 타고난 신학자 외콜람파드와 츠빙글리의 취리히 그로스뮌스터교회의 후임 담임목사 불링거다. 리어돈은 바젤의 종교개혁자 외콜람파드의 동역에 주목한다. 1522년 12월 외콜람파디우스는 츠빙글리를 만난 몇 달 후 츠빙글리와 급속히 가까워졌고, 1529년부터 종교개혁을 바젤로 받아들였다. '그리스도가 성찬에 실지로(substantively) 임재하지 않고 영적으로(spiritually) 임재한다.'는 그의 성찬론은 츠빙글리와 일치한다. 사실 츠빙글리에게 성찬 이해에 있어 바젤의 종교개혁자 외콜람파드의 동역이 많은 힘이 되었다. 국가와 교회는 츠빙글리와는 다르게 온건한 구별을 하였는데, 교회는 내적이며 교육적이지만(educative), 국가는 외적이며 보복적(retributive)이라는 입장을 외콜람파드는 견지한다. 국가는 죄를 지은 자에게 상응한 벌을 내리지만, 교회는 양심에 호소하고 교육하는 역할을 하는데, 성직자는 권위로 성도를 다스리는 것보다 말씀으로 권면하고 호소한다. 츠빙글리가 죽은 지 몇 주 후 역시 외콜람파드는 같은 해 1531년 11월 23일 하나님의 품에 안겼다. 물론 리어돈은 외콜람파드의 가까운 친구로서 한동안 바젤대학교의 교수를 했고 스트라스부르로 종교개혁을 확산시켰던 카피토도 츠빙글리의 영향을 받은 자로 소개한다(Reardon, 110-114).

옥스퍼드대학교가 1996년 출판한 『종교개혁 백과사전』의 "츠빙글리주의"(Zwinglianism)에서 필자 베이커는 츠빙글리 종교개혁의 지리적 확장과 개혁교회 전통의 출발을 설명한다. 무엇보다 베이커는 츠빙글리의 사상과 그의 역사적 영향을 루터주의와 칼빈주의에 맞서 '츠빙글리주의'(Zwinglianism)로 개념화한다. 이는 츠빙글리 사상의 확장 및 영향력이 어떠했는지를 확실히 보여주려는 의도이다. 베이커는 츠빙글리의 종교개혁이 특히 영국에 어떠한 영향을 미쳤는지를 넓고 깊게 다루었는데, 그런 맥락에서 말 그대로 '츠빙글리주의'는 부정할 수 없다. 1520년대 후반 츠빙글리 종교개혁은 스위스 다른 연방으로, 몇몇 독일 남부 도시들, 스트라스부르와 콘스탄츠, 독일의 헤센(Hessen)과 뷔르템베르크

(Württemberg)로, 1540년 이후 프랑스, 헝가리, 오스트리아, 네덜란드, 영국 그리고 스코틀랜드로 확장되었다. 베이커는 츠빙글리주의의 역사적 전개를 3단계로 소개한다. 1단계는 루터주의와는 구별된 개념으로 1520년대와 1530년대 취리히 츠빙글리와 그의 후계자 불링거를 중심으로 일어난 스위스 종교개혁을, 2단계는 1540년대부터 16세기 말까지 개혁교회가 츠빙글리주의와 칼빈주의의 거대한 영향을 받는 단계이고, 마지막 3단계는 16세기 후반에서 17세기 초기에 이르기까지 츠빙글리주의가 많은 지역으로 퍼지면서 칼빈주의 정통주의로 통합되는 단계다.

츠빙글리주의는 특별히 세 가지 주제에서 루터주의와 차별성을 보이는데, 성찬론, 기독교적 공동체, 도덕법이었다. 츠빙글리는 성찬의 떡과 포도주에 그리스도께서 살과 피로 함께한다(real presence)는 루터의 공재론을 부정하며, 성찬의 빵과 포도주는 그리스도의 몸과 피를 상징하며(signify), "그리스도께서 영적으로 임재한다."(1529년 10월 M. Luther의 아내에게 보낸 편지)고 주장한다. 루터와 츠빙글리 등 종교개혁자들이 1529년 독일의 마르부르크 성에서 함께 만나 이를 토론했으나, 성찬 이해에서 일치를 보지 못했다.

당시 모인 각 편의 인물들은 루터를 지지하는 인물로는 루터의 동역자 멜란히톤(Philip Melanchthon), 비텐베르크의 장로 요나스(Justus Jonas), 뉘른베르크의 오시안더(Andreas Osiander), 슈바벤의 브렌츠(Johannes Brenz), 아우그스부르크의 아그리콜라(Stephan Agricola)였고, 츠빙글리 측 세 인물로는 9월 27일 미리 도착한 스위스 바젤의 외콜람파드, 스트라스부르의 부처와 헤디오(Caspar Hedio)였다. 비텐베르크에서는 9월 30일 도착했으며, 남부 독일에서 온 루터 측 브렌츠, 아그리콜라, 오시안더는 회담이 이미 진행 중인 10월 2일에 왔다. 그들은 모두 성주 필립이 숙식을 제공하는 회담 장소 마르부르크 성에서 함께 묵었다. 1531년 츠빙글리가 세상을 떠나고, 1536년 불링거가 주도적으로 작성한 '제1 스위스 신앙고백'이 발표되었는데, 여기서 불링거는 츠빙글리의 성찬 이해를 재확인하였다. 같은 해 후반 독일 루터의 비텐베르크와 스위스 츠빙글리의 취리히 일치를 위해 부처의 수고로 나온 '비텐베르크 일치 신조'(Wittenberg Concord)를 불링거가 거부하면서, 불링거는 일생 츠빙글리와 같은 입장에 섰다.

'두 왕국론'을 주장한 루터와는 다르게, 츠빙글리의 기독교 공동체(Christian Community)를 향한 이해는 그냥 단선적이다(single sphere). 츠빙글리는 당시의 행정 관료와 신약 시대의 장로를 다르지 않다고 보았는데, 곧 세속 재판정과 교회 재판정을 나눌 필요가 없었다. 결국 츠빙글리의 기독교 공동체를 향한 이해는 가장 독특하며, 츠빙글리주의의 전통을 마지막까지 대변했다.

츠빙글리주의가 가장 큰 영향력을 미치는 시점은 대략 1540년대부터 16세기 말까지로 보는데, 츠빙글리와 불링거의 종교개혁은 프랑스, 헝가리 그리고 오스트리아에 이르기까지 영향을 주었는데, 가장 직접적으로 영향을 받은 지역으로는 먼저 스위스를, 그리고 하이델베르크를 위시한 독일의 라인란드팔츠, 네덜란드, 영국, 스코틀랜드이다. 1540년대 츠빙글리주의는 스위스 종교개혁을 일컫는 말이기도 했는데, 1536년 칼빈이 『기독교강요』를 통해 츠빙글리주의에 비교되면서, 츠빙글리주의는 무엇보다 세 가지 면에서 차이점이 드러났는데 성찬론, 예정론, 교회 훈육에서였다. 예정론과 교회 훈육과는 다르게 성찬론에서 칼빈과 불링거는 서로의 우정에 힘입어 세 주제 중 가장 수월하게 일치를 보았다. 그것은 1549년 '취리히 일치 신조'였다. 칼빈의 이중 예정론과는 다르게 불링거는 만인 예정론에 근거한 단일 예정론을 제시하였다. 칼빈이 예정론으로 볼세크와 논쟁할 때 불링거는 칼빈을 매섭게 비판하였다. 예정론은 츠빙글리주의와 칼빈주의 사이 합의점에 이르지 못한 채, 17세기 아르미니우스 논쟁으로까지 이어져야 했다. 기독교 훈육(치리)의 주제와 교회 안에서의 시민 행정관의 역할은 일치를 보지 못한 가장 신랄한 논쟁거리였다. 칼빈은 바젤의 종교개혁자 외콜람파디우스의 입장, 곧 교회 치리와 출교를 위해 교회 법정 컨시스토리(Consistory)를 세우는 일에 동의했는데, 이는 세속 정부로부터는 독립적이고, 교회의 순수성을 위해 그리고 선한 사람들을 보호하고, 죄인들을 회개하고 돌아오기 위해 요구되는 일이었다.

16세기를 통틀어 츠빙글리주의는 칼빈주의와 비교할 때 훨씬 강력한 영향을 영국에 미쳤는데, 특히 언약 신학과 기독교 공동체에서였다. 틴데일, 커버데일, 후퍼 같은 이들은 취리히와 직접 교류하며 언약 신학을 발전시켰다. 1530년대 초 틴데일(William Tyndale)의 언약 사상은 츠빙글리 사상의 영향을 받았는데, 언약 사상은 16, 17세기에 걸쳐 영국 교회의 사랑을 받았다. 1570년대 초기 기독교 공동체 사상은 칼빈주의가 등장하기까지 영향을 주었다. 트라버스(Walter Travers)와 영국 장로교의 아버지 카트라이트(Thomas Cartwright)가 제네바에서 베자(Beze)에게 배운 칼빈주의에 근거한 장로회주의를 대변하였다. 이에 반해 카트라이트의 대적자이기도 했던 와이트기프트(John Whitegift)와 후커(Richard Hooker)는 다른 입장을 취하였다. 그렇지만 1600년 이후 칼빈주의 영향은 걷잡을 수 없을 정도로 영국 땅에 강력했다. 1500년대 50종에 달하는 불링거의 저서가 영국에서 영어로 출판되었으나, 이후 1600년대에 들어서는 한 권만이 출판되었을 뿐이다. 커버데일(Miles Coverdale)은 1541년 불링거의 Der alt glaub(옛 신앙)를 영어로 번역하여 출판하였다.

이러한 배경에는 후퍼(John Hooper)는 1547년부터 1549년까지 취리히에서 불링거와 함께 생활했으며, 켄터베리의 대주교 크랜머(Thomas Cranmer)의 신학은 츠빙글리주의의 영향을 받았다. 메리 여왕의 박해 시절 20명의 영국 학자들이 취리히로 피신하였다. 불링거는 영국 여왕 엘리자베드 1세를 대적한 교황의 칙서에 대한 답을 써서 1571년 라틴어로, 영어 번역은 다음해 1572년 발간되었다. 불링거의 설교집 'Decades'가 열 설교를 한 묶음으로 하여 전 5장으로 만들어졌는데, 1577년 링컨(Lincoln) 교구에서 1588년 켄터베리 지역의 목사 안수를 받는 목회 사역을 위한 교재로 출판되었다. 이처럼 16세기 영국 교회가 취리히와 긴밀하게 관계를 갖게 되었고, 츠빙글리주의의 강력한 영향을 받았다(Baker, 323-327).

이제 글을 마무리하려 한다. 여러 학자의 글을 가져와서 중복되는 면이 없지 않지만, 츠빙글리의 종교개혁을 '츠빙글리주의'로 일컬을 수 있다. 그만큼 츠빙글리의 종교개혁이 후대에 적지 않은 영향을 주었다는 말이다. 특히 청교도의 나라 영국에 취리히 종교개혁이 강력하게 영향을 미쳤다는 사실은, 청교도주의가 17세기 유럽 각성 운동과 18세기 북미 대각성 운동에 이르기까지 또한 19세기 말 한국에 온 초기 선교사들이 청교도주의와 대각성 운동의 후예들이라는 점을 상기시킨다. 이는 한국에도 취리히의 종교개혁의 영향을 무시할 수 없게 되는데, 츠빙글리주의가 얼마만큼 광범위하게 후대에 영향을 주었는지를 말해준다. 무엇보다 츠빙글리와 불링거의 종교개혁의 일체감을 인식할 때인데, 초기 불링거로 제한을 두려는 노이저의 예외적인 입장은 동의를 받지 못하고 있다.

1536년 『기독교강요』로 시작된 칼빈의 제네바 종교개혁을 17년 앞서 1519년 츠빙글리에 의해 시작된 취리히 종교개혁을 같은 연장선에서 보완과 종합, 완성으로 인정해야 할 것이다. 특히 1536년 『기독교강요』가 츠빙글리가 다룬 내용이라는 사실, 불링거와 칼빈이 서로 깊은 신뢰 가운데 1549년 '취리히 일치 신조'를 형성하였으며, 취리히와 제네바가 일체감 가운데 스위스 개혁교회의 종교개혁을 추진하였다는 사실이다. 물론 예정론 부분에 있어 취리히와 제네바는 다른 입장이었기에, 후대는 이를 어느 선에서 이해할 수 있을 것인지, 숙고해야 할 것이다. 물론 취리히 종교개혁의 영향을 받은 18세기 웨슬리와 제네바 종교개혁의 입장에 선 위필드(G. Whitfield)는 후일 둘 사이 화해에 이르렀지만, 그들은 예정론 문제로 확실한 분열에 이르러 감리교가 출현한 것은 부정할 수 없다.

　무엇보다 취리히 종교개혁은 수직적이며 권위적인 루터 종교개혁과는 다르게 수평적 동역의 역사를 확인하게 된다. 츠빙글리가 독일 종교개혁자 루터만큼 리더십이 강력하다거나 탁월하지 못했다고 볼 수도 있겠지만, 스위스의 종교개혁은 츠빙글리에서 칼빈에 이르기까지 동역과 조화의 의미 있는 역사를 확인하게 되는데, 그렇다면 하나님이 성도의 공동체에 원하는 거룩한 교제로 수평적으로 이해해도 무리가 없겠다. 루터의 경우 심지어 후계자요 강력한 동역자인 멜란히톤과 일체도 어려워, 멜란히톤을 '사이비 루터주의자'라는 칭호를 붙일 정도이니, 이는 분명히 스위스 종교개혁과 독일의 종교개혁이 성격상 다름을 보여준다. 그렇다면, 후대가 스위스 종교개혁을 나누기보다는 하나로 간주하여 동역, 종합, 성숙, 조화 그리고 완성의 관점으로 보아야 할 것이다. 100% 같아야 같다고 누구도 말할 수 없는데, 특히 동역을 기뻐하시는 하나님이 서로의 다름과 부족을 채우기를 원한다는 점이다. 특히 칼빈도 언급했던 비본질적 교리에 있어 관용(Toleranz)의 영역이 어디까지일지를 숙고하고, 무엇보다 스위스 종교개혁에서 나타나는 동역의 원리를 넉넉하게 드러내야 할 것이다.

장로교, 감리교, 성결교에 이르기까지 스위스 종교개혁과 무관하지 않은 한국 교회는 '두 왕국론'을 주장하는 루터 종교개혁의 입장보다는 신앙을 모든 삶에 구현하는 츠빙글리의 기독교 공동체를 향한 일원론적 이해에 서 있다. 츠빙글리는 당시의 행정 관료와 신약 시대의 장로를 다르지 않다고 보았는데, 세속 재판정과 교회 재판정을 나눌 필요가 없었다. 이처럼 츠빙글리의 기독교 공동체를 향한 이해는 독특한데, 한국 교회가 바로 이 지점에서 생각하며 개혁교회 종교개혁을 기억해야 하겠다. 루터와 칼빈에게처럼 츠빙글리 교회가 역사적으로 등장하지 않았지만, 츠빙글리주의는 개혁교회 내지는 개혁신학의 전통을 근원적으로 형성했으며, 세상에서의 그리스도 '현존'의 속성 이해로서 정치와 윤리에서의 역동적 실천 그 자체로서 세상에서의 하나님의 뜻을 구현하는 기독교 공동체는 독특하고 탁월하다.

참고 문헌

T. Wayne Baker, "Zwinglianism", *The Oxford Encyclopedia of the Reformation*, Vol. 4, Oxford Press 1996.

Judith Becker, "Ulrich Zwingli und die Geschichte der Reformierten Kirche", 주도홍 외, 『종교개혁자 츠빙글리의 삶과 개혁신학』, 용인, 킹덤북스, 2022.

Ulrich Gaebler, *Huldrych Zwingli, Eine Einführung in sein Leben und sein Werk*, Beck 1983.

Wilhelm Neuser, "Zwingli", in: *HDTh*, BD2, 1988, 197-238.

Peter Opitz, *Ulrich Zwingli : Prophet, Ketzer, Pionier des Protestantismus*, Zürich TVZ 2015.

Bernard M. G. Reardon, *Religious Thought in the Reformation*, Oxford 1995.

Lee Palmer Wandel, *The Oxford Encyclopedia of the Reformation*, vol 4, 1996.

주도홍, 『처음 시작하는 루터와 츠빙글리』, 서울, 세움북스, 2019.

주도홍, 『개혁교회의 아버지 츠빙글리를 읽다』, 서울, 세움북스, 2020.

츠빙글리의 선택과 언약의 통일성

이은선 _ 백석대학교 초빙교수

02

츠빙글리의 선택과 언약의 통일성

이은선

백석대학교 초빙교수

I. 들어가는 말

개혁파 신학에서 선택과 언약의 관계를 대립적인 것으로 이해하는 흐름이 있어 왔다. 특히 칼 바르트와 그의 추종자들이 선택과 언약을 대립적으로 이해한 것을 비판적으로 검토한 것이 1988년 리처드 멀러(Richard Muller)의 『작정과 예정론: 칼빈부터 퍼킨스까지 개혁파 신학에서 기독론과 예정론』(Decree and Predestination: Christology and Predestination in Reformed Theology from Calvin to Perkins)이었다. 멀러는 이 책에서 칼빈은 기독론 중심적인데 반해 개혁파 정통주의자들은 선택 중심의 예정론을 중심 교리로 신학을 전개한다는 신정통주의자들의 입장을 비판하였다. 그는 이 책에서 칼빈부터 퍼킨스까지의 신학자들의 기독론과 예정론의 관계를 다루었다. 그의 책에서 츠빙글리는 연구 대상이 아니었다. 츠빙글리의 예정론은 주로 타락 전 선택설의 입장에서 취급되었다. 이미 19세기에 바빙크가 츠빙글리의 입장을 타락 전 선택설이라고 평가하였고, 그 이후에 그의 입장은 주로 그러한 입장에서 평가되었다. 그렇지만 로허(Locher)는 1965년에 츠빙글리의 연구 동향을 평가하면서 츠빙글리가 가장 극단적인 예정론자로 알려져 있었지만, 원죄론에서 결정론을 벗어나려고 시도했다고 평가했다.[1] 1988년에 프랭크 제임스 3세(Frank W. James III)는 츠빙글리의 예정론을 다루었는데 주로 섭리론에서 다루었다.[2] 츠빙글리의 예정론을 스토아주의와 관련시켜 논하면서 선택과 유기를 하나님의 뜻에서 동일하게 취급되는 이중예정론자로 평가하였다. 윌리엄 스테펜스(William P. Stephens)는 1992년에 쓴 논문에서 츠빙글리의 예정론을 다룬 다양한 작품들을 소개하는데, 츠빙글리가 본격적으로 예정론을 다루기 시작한 것이 1526년에 쓴 원죄론이었다고 평가한다.[3]

---

1   Gottfied W. Locher, "The Change in the Understanding of Zwingli in Recent Research," *Church History* 34/1 (1965), 10.
2   Frank A. James III, "Neglected Sources of the Reformation Doctrine of Predestination Ulrich Zwingli and Peter Martyr Vermigli," *Modern Reformation* 7, no. 6 (1988), 25.
3   William Peter Stephens, "The Place of Predestination in Zwingli and Bucer," *Theologischer Verlag Zürich* (1992), 396.

이와 같이 츠빙글리의 예정론에 대해서는 지속적으로 논의되었지만, 츠빙글리의 예정론의 선택과 언약을 관련시킨 연구는 많지 않았다. 그런데 최근에 이러한 논문이 한 편 발표되었다.[4] 그래서 본고에서 논자는 츠빙글리의 신학에서 선택과 언약의 문제가 대립적인 것이 아니라 상호 보완적인 관계에서 통일성을 이루고 있다는 것을 살펴보고자 한다.

츠빙글리가 언약과 선택의 문제를 다루는 것은 1526년의 "원죄에 대한 선언"[5]에서 시작되었다. 츠빙글리가 이 글을 쓰게 된 원인은 『세례, 재세례, 유아 세례』라는 1525년의 저술에서 원죄 문제에 대해서 했던 언급 때문이었다. 그는 이 글에서 "어떤 사람이 믿는 부모로부터 태어난다면, 원죄는 정죄받을 죄가 아니다"[6]라고 주장하였다. 그의 이러한 언급에 대하여 루터파 쪽에서 츠빙글리의 입장이 이단적이라는 비판이 제기되었다. 그래서 츠빙글리는 이러한 루터파의 입장에 대하여 자신의 입장을 밝히기 위하여 1526년에 "원죄에 대한 선언"이라는 글을 저술하였다. 그는 이 글에서 원죄 문제와 그리스도인의 자녀들의 원죄의 용서 문제를 다루는 과정에서 선택과 언약의 관계를 취급하였다. 그리고 선택과 언약의 관계에 대한 그의 입장은 그 이후의 여러 글들에서 약간씩 변형되어 지속되었

---

4   von Pierrick Hildebrand, "Die Einheit von Bund und Erwahlung bei Huldreich Zwingli," in Ariane Albisser & Peter Opitz eds., *Die Zurcher Reformation in Europa* (Theologischer Verlag Zürich, 2021), 143-154.

5   Huldreich Zwingli, "De peccato originali declaratio ad Urbanum Rhegium," in: Z V, 369-396. 이 글은 영어로 번역되어 있다. H. Zwingli, "Declaraion of Huldreich Zwningli Regarding Original Sin, Addressed to Urbanus Rhegius," in *The Latin Works of Huldrich Zwingli*, vol. 2, trans. Samuel M. Jackson (Philadelphia: The Heidelberg Press, 1922), 1-32.

6   Huldreich Zwingli, "Von der Taufe, von der Wiedertaufe und von der Kindertaufe," in: Z IV, 308: Und ist die erbsünd nit ein verdammliche sünd, so ver der mensch von glöubigen elteren geboren wirt.

다.[7] 그래서 본고에서는 츠빙글리의 "원죄에 대한 선언"을 중심으로 원죄에 대한 그의 견해와 원죄의 용서와 관련한 선택과 언약의 문제를 고찰해 보고자 한다.

II. "원죄에 대한 선언"에서 선택과 예정의 관계

츠빙글리는 『세례, 재세례, 그리고 유아 세례론』에서 그리스도인들의 자녀들의 원죄에 대하여 다음과 같이 언급하였다. 그는 "어떤 사람이 믿는 부모로부터 태어난다면, 원죄는 정죄받을 죄가 아니다"라고 주장하였다.

> "원죄는 그것을 가진 사람에게 그 자체로는 죄가 되지 않는 결함(Präst)이다. 또한 신학자들이 뭐라고 말하든 그가 이 결함으로 인해 하나님의 율법에 어긋나는 일을 하기 전까지는 그를 정죄할 수 없다. 그러나 그는 법을 알기 전에는 법을 어기는 일을 하지 않는다."(Z IV, 308)

츠빙글리는 원래의 죄책(reatus)과 원죄(vitium)를 구별하며, 후자의 원죄는 전혀 죄가 아니고, 결함이라고 본다. 츠빙글리는 죄를 자발적인 것으로 정의한다. 츠빙글리에게 있어서 죄의 행위는 알려진 율법을 자발적

---

7 그는 그 이후에 In catabaptistarum strophas elenchus(1527), die Fideiratio(1530) 그리고 De providentia Dei(1531)에서 언약과 선택의 통일성 문제를 다루었다.

으로 범하는 것이다. 그는 로마서를 참조하여 이를 뒷받침한다. '죄를 아는 것은 율법으로 말미암느니라'(3:20), 그리고 '율법이 없는 곳에는 범법함이 없느니라'(4:15). (Z IV, 309) 그러므로 그는 신자의 자녀들이 원죄 때문에 저주받을 수 없다고 주장한다.

이러한 그의 주장이 알려지자 루터파 쪽에서는 츠빙글리가 원죄의 정죄하는 능력을 부인하는 이단적인 입장을 가지고 있다는 비판이 제기되었다. 루터파에 속하는 우르바누스 레기우스(Urbanus Rhegius)가 츠빙글리에게 원죄에 대한 그의 견해를 묻는 편지를 보냈다. 츠빙글리는 레기우스에 의해 제기된 이러한 비판에 답하기 위하여 1526년에 "원죄에 대한 선언"을 저술하였다. 츠빙글리는 "당신이 인간 후손의 오염과 관련하여 내가 무익한 교리를 주장하며 저술한다고 생각하는 유일한 사람이 아니다"라고 말하면서[8] 자신의 견해를 제시한다. 그는 "원죄는 죄가 아니라 질병이며 그리스도인의 자녀들은 그 질병으로 인해 영원한 형벌을 받지 않는다는 것보다 더 간단하고 분명하게 말할 수 있는 것이 무엇이겠습니까?"라고 반문한다. 그리고 성경에 어긋나는 잘못된 견해가 이 질병이 물세례를 통해 완화받는 반면에, 그것을 받지 않아서 이 질병이 강화되고, 이것은 질병일 뿐만 아니라 범죄(crime)라고 주장하는 것이라고 지적한다. (3)

츠빙글리는 이 글에서 자신의 주장을 다음과 같은 네 단계로 진행한다.

---

[8] Zwingli, "Declaraion of Huldreich Zwningli Regarding Original Sin, Addressed to Urbanus Rhegius," 2. 이하에서 괄호 안의 숫자는 영어 번역본의 페이지를 가리킨다.

"우선 '죄'와 '질병'이라는 용어에 관해 합의를 보도록 하겠다. 그런 다음 질병 자체를 정의하고 적절한 이름을 찾아보고 그것이 어떻게, 누구에게 영향을 미치는지 보이고자 한다. 셋째, 하나님의 아들이신 그리스도의 피 외에 다른 어떤 약으로도 이 질병을 치료할 수 없다는 사실을 보여 드리고자 한다. 나는 그리스도의 효능을 부인할 수 없다. 이로써 나는 또한 그 피 외에 다른 어떤 것, 예를 들어 세례의 물에 의해서도 악을 피할 수 있는지 조사할 것이다."(4)

츠빙글리는 1) 죄와 질병의 정의를 내리고 2) 질병으로서의 원죄가 어떻게 누구에게 영향을 미치는지 조사하고 3) 하나님의 아들이신 그리스도의 피만이 이 질병을 치료할 수 있다고 주장하며 4) 따라서 세례의 물에 의해서도 악을 피할 수 있는지 조사하고자 하였다.

1. 질병으로서의 원죄

먼저 츠빙글리는 "죄는 소홀함이나 부주의로 인해 범해진 잘못에 대해 적절하게 사용된다"고 정의한다. 죄에는 고의성이 있다고 본다. 반면에 질병은 지속적인 결함이라고 부르며, 질병의 본성에서 나오는 것은 범죄나 죄책으로 간주할 수 없다고 주장한다.(4) 그러므로 츠빙글리는 "이러한 이유로 나는 사람의 원래의 오염은 죄가 아니고 질병이라고 말한다. 죄는 죄책을 암시하고 죄책은 계획적으로 행동을 저지르는 사람 편에서의 위반 혹은 잘못으로부터 오기 때문이다"라고 말한다.(5) 그러므로 츠빙글리는 "우리의 첫 조상의 범죄에 연루된 죄는 말 그대로의 의미가 아니라 은유적으로 "원죄"라고 불리며, 확실히 비참한 상태이지만 마땅히 처벌받아야 할 범죄보다 훨씬 가벼운 것"이라고 본다.

그래서 츠빙글리는 원죄는 인간이 고의성을 가지고 짓는 죄라기보다는 아담으로부터 물려받은 질병이라고 설명하며, 성경에서 이것을 죄라고 부르는 것을 은유법이라고 생각한다.

> "그러므로 첫 조상의 잘못으로 인해 인간에게 초래된 질병과 결점은 자손을 타락시켰고, 자손은 스스로 타락하지 않았다. 그러므로 성경에서 그것을 "죄"라고 부를 때, 나는 이것이 환유에 의해 행해진다는 것이 매우 분명하다고 생각한다. 그러므로 가장 학식 있는 우르바누스 당신이 "그런즉 이를 행하는 자는 더 이상 내가 아니요 내 속에 거하는 죄니라"(롬 7:17)를 인용하여 바울도 그 질병을 심각한 무질서가 아니라 "죄"라고 불렀음을 보여주고, 그리고 나서 내가 왜 바울과 모든 사람들이 그것을 불렀듯이, 그것을 "죄"라고 부르도록 허락하지 않으려고 하는 이유를 질문할 때, 당신이 그것을 묻는 것이 옳습니다. 그러나 이제 나는 이름을 놓고 다투는 것이 아니라 사물 자체를 좀 더 분명하고 의미 있게 드러내고 싶다는 것을 당신이 분명히 알기를 바랍니다."(6)

츠빙글리는 로마서의 죄에 대한 표현들을 문자적으로 이해하지 않고 이와 같이 비유적으로 이해한다. 그리하여 원죄를 당사자들이 의도적으로 범한 범죄가 아니라, 첫 사람 아담의 범죄로 영향을 받은 조건이자 질병이라고 이해한다.

그리고 이것은 바울이 "모든 사람이 죄를 범하였으매"(롬 3:23)에서 다시 말하는 것과 모순되지 않는다. "죄를 범한다"는 단어도 같은 방식으로 비유적으로 사용되었기 때문에, 그 의미는 "모든 사람이 첫번 째 부모의 허물로 말미암아 하나님의 영광을 빼앗겨 이 비참한 처지에 처해 있다"라는 뜻이다. 츠빙글리는 지금까지의 논의를 통해 "우리는 당신이 원한다면 이 인간 타락의 결점을 '죄'라고 부르기로 합의하거나 동의했다고 생각한다"고 서술한다. 그러나 죄라는 용어를 사용하더라도 "당신은 이 용어가 조건과 형벌, 타락한 인간 본성의 재난과 비참함을 의미하지 죄와 죽음의 상태에서 태어난 사람들 편에서의 범죄나 죄책감이 아니라는 것을 이해할 것이다"라고 결론을 내린다. (7) 츠빙글리는 아담의 타락 과정을 분석하면서 자기 사랑(self-love)이 하나님의 계명을 어기는 근원이라고 본다. (8)

그리고 아담은 하나님의 율법을 범함으로써 죄의 소유물이 되었다. 죄를 짓는 사람은 죄의 종이기 때문이다. 그러므로 우리 모두는 동일한 상태로 그를 따라 태어났다. 그러므로 우리가 우리 자신을 위해 묵상하는 것은 무엇이든 우리 자신의 이익만을 고려하고, 모든 것을 내 것으로 여기고, 우리에게 봉사하고, 모든 것에 대해 우리 자신이 되기를 열망하면서 우주를 헤매고 있을 뿐이다. 그러므로 주님은 "나의 영이 영원히 사람과 함께 하지 아니하리니 이는 그가 육체가 됨이라"(창 6:3)라고 다시 말씀하신다. 그러므로 육체는 하나님을 멸시하고 자기를 사랑한다. (8) 여기서 츠빙글리는 자기애의 성향으로서의 결점인 원죄와 인간이 고의성을 가지고 지어서 죄책을 수반하는 죄 혹은 범죄를 명확하게 구분한다.

2. 질병의 영향

그는 원죄를 질병으로 정의한 후에 다음 작업으로 "이 질병이 모든 인간을 영원한 죽음의 비애에 빠뜨리는지 여부를 조사"하고자 한다. (10) 츠빙글리는 "영생의 행복과 영원한 죽음의 고통은 모두 하나님의 뜻에 의한 자유 선택 또는 거부의 문제"라고 하면서 로마서 9-11장이 바로 하나님의 택하신 자들에게 임하는 복을 논한다고 해석한다. (11) 이렇게 영생은 하나님께 택하심을 입은 자들의 것이고, 하나님의 택하심이 우리에게 감추어져 있는데, 할례나 세례 받지 않는 성인이나 어린 아이들을 저주하는 것은 경솔한 것이 아닌가? 반문한다. (11)

그러므로 할례나 세례 받지 않는 사람들을 낮은 자리인 저주받은 자리에 배치할 수는 없다. 신앙은 하나님께서 사람의 마음에 새기는 것이다. (12) 츠빙글리는 "한 마디로 선택은 흔들리지 않고 율법은 사람의 마음에 기록되었으니, 이는 택함을 받은 자들과 그 마음에 기록된 법대로 율법의 행위를 행하는 자들은 오직 그리스도로 말미암아 하나님께로 나아간다"고 말한다. (13) 츠빙글리는 오직 그리스도를 통한 구원이 선택을 통해 실현되고 마음에 기록된 율법 대로 행하는 자들을 통해 실현된다고 한다. 여기서 츠빙글리는 오직 그리스도를 통한 구원에서 할례나 세례 같은 표지를 배제시킨다. 그러면서 츠빙글리는 할례 받지 않거나 세례 받지 않는 자들이 저주받는 자리에 가는지 여부의 문제를 해결하기 위해, 선천적 부패가 모든 필히 죽을 자를 영원한 죽음의 비애로 정죄하는지 여부를 다루어 나간다.

츠빙글리는 창세기 2장 17절, 시편 14:2, 로마서 3:4, 5:12, 18, 7:14 등을 인용하면서 "그러므로 죄의 세력에 관한 한, 첫 사람과 그 후손이 모두 죄로 인해 정죄를 받는다"는 결론을 내린다.[9] (14) 이러한 답변에서 대해

---

9   Huldreich Zwingli, De peccato originali declaratio ad Urbanum Rhegium, in: Z V,

츠빙글리는 자신에게 두 가지 반대 의견이 제기될 것을 예상한다. 첫째, 지금 모든 사람들을 함께 정죄하면서, 그들이 아직 어리거나 하나님의 법이 그 마음에 기록된 것을 그 행위로 나타낼 때, 자신이 무슨 이유로 조금 전에 할례를 받지 않았거나 혹은 세례를 받지 아니한 그런 사람들을 성급하게 정죄해서는 안 된다고 말했는가? 둘째로 『세례, 재세례, 유아 세례론』에서 그가 무슨 이유로 원죄가 정죄하지 않는다고 말했는가?

3. 질병에 대한 치료책

그는 먼저 첫째 문제를 질병으로서의 원죄의 치료책을 통해 설명한다. 그는 원죄와 그 치료책에 대해 다음과 같이 말한다. "원죄는 그 능력과 본성이 관련되는 한에서 정죄한다. 그러나 가장 현재적인 치료는 구원하고 보존하며 이것은 너무 늦게 적용되지 않고 오히려 제 때에 적용되고 있다."[10] 원죄는 여기서 법률적 언어가 아니라, 사람을 감염시키나 여전히 적절한 해독제를 제공하는 병리학으로, 치유적 언어로 정의된다. 우리는 원죄의 질병에 의해 파괴의 길로 가고 있으나, 그리스도께서 제시한 치유책을 통해 안전의 회복으로 가는 중이다. 츠빙글리는 병을 치료하는 것을 설명하는데, 원복음에 대해 설명한다.

"이제 최고의 지혜는 사람이 나무로 파선하려는 것을 보고 그에

381: "Quod ergo ad peccati vim adtinet, damnatus est ea primus homo et qui ex eo nati sunt."

10 Ibid. 381: ≪Damnat quidem peccatum originale, quod ad vim ingeniumque eius attinet, sed servat ac fulcit praesentissimum remedium, quod non sero nimis, sed tempestive est adhibitum.≫

게 달라붙을 나무를 던져 그를 바닷가로 데려가기로 결심하고, 대적의 머리를 상하게 할 사람이 여자에게서 태어나야 한다고 약속했다. 왜냐하면 그의 책략으로 인해 부주의한 사람들이 파멸되었기 때문이다. 그리고 만약 아담에게 승리의 열매가 돌아오지 않았다면 하나님은 이 약속에 신실하지 않으셨을 것이다. 구원자가 오실 것이나 그가 그와 아무 상관도 없을 것이라는 것을 알면 그 사람의 고통이 가중되지 않을 수 있겠는가?"(17)

하나님은 대적의 책략으로 부주의한 사람들이 파멸되었기 때문에 그 대적의 머리를 상하게 할 사람이 여자에게서 태어난다고 약속하셨다. 그러나 원복음에서 약속한 구원자가 오실 것이나, 그가 아담과 아무 상관이 없을 것이라는 것을 알면 그에게 고통이 가중될 수밖에 없을 것이라고 지적한다. 그러므로 아담은 그리스도의 속죄 사역이 이루어지기 이전에도, 다시 말해 아담과 그리스도가 오기 이전의 그의 후손들에게도 구속 언약의 복이 임하게 되었다는 것을 이해하였다. 츠빙글리는 다음과 같이 서술한다. "그러므로 아담은 이 씨가 그의 후손들뿐만 아니라 그 자신에게도 구원을 가져올 것이라는 것을 이해했다. 그러나 그는 앞으로 다가올 특별한 시간을 알지 못했다."(17) 구약의 인물들은 구원자의 모형이었다(창 4:1; 5:28, 29, 벧전 3:20-21).

츠빙글리는 원죄가 아담의 모든 후손들에게 가지는 정죄의 능력을 인정하면서, 동시에 이 정죄의 능력이 아무리 크다고 하더라도, 하나님께서 마련하신 치유책이 그 능력을 빼앗아 간다는 것도 동일하게 인정하고 있다(18). 츠빙글리는 원죄를 질병으로 이해하고 있고, 그것을 하나님께서 치유하신다고 이해한다. 하나님께서 치유하시는 방법은 그의 아들 예수 그리스도를 보내셔서, 십자가에서 우리의 죄를 대속하는 것이라고 보았다.(16)

츠빙글리는 원죄에 대한 그리스도의 치유책이 마련되어 있기 때문에, 그들이 아직 어리거나 하나님의 법이 그 마음에 기록된 것을 그 행위로 나타낼 때, 할례를 받지 않았거나 혹은 세례를 받지 아니한 그런 사람들을 성급하게 정죄해서는 안 된다고 말한다. "우리는 죄가 가지고 있는 정죄에 대한 커다란 능력을 인정해야 하나, 비슷하게 하나님께서 제공하시는 치유책에 의해 그 힘의 상당 부분이 제거된다는 것도 인정해야만 한다."(18)

4. 선택과 언약의 통일성

둘째 질문에 대해서 그는 자신이 원죄가 정죄하지 못한다는 것을 제한없이 말하지 않았다고 지적한다. 세례에 관한 책에서 그는 그리스도인의 자녀들에 대해서만 말하고 있으며 원죄가 그들을 저주할 수 없다고 증언했다고 설명한다. 세례에 관한 책 자체는 두 구절에서 이 사실을 명백하게 증언한다.[11] 그러므로 자신은 "원죄 문제에 있어서 츠빙글리가 어디로 가고 있는지 아십니까?" 그리고 "이것이 그리스도를 헛되게 만드는 것이 아니고 무엇입니까?"라는 연극적 외침에 적잖이 놀랐다고 고백한다.

---

11   Schuler & Schulthess eds, Vol. II, 1, p. 287: "여기서 자녀의 원죄에 관해 말하는 것은 오직 신자의 자녀에게만 해당됩니다." 또한 p. 288: "그러므로 모든 신학자들과 달리 신자의 자녀들은 율법을 모르기 때문에 원죄로 인해 정죄받을 수 없다는 것이 분명합니다."

그는 자신이 이것을 덧붙인 이유는 그리스도인의 자녀들이 원죄로 인해 저주를 받지 않는다는 것을 확신하기 때문이라고 언급한다. 솔직하게 고백하자면, (기독교인이 아닌) 다른 사람들의 자녀들에 대해서 자신이 가르친 견해에 대해 확신하지 못하지만, 우리가 이방인의 자녀들과 하나님의 손가락으로 그들의 마음에 새긴 율법을 따라 행하는 일을 하는 자들에 대하여 경솔하게 말할 권리가 없다는 견해가 더 타당해 보인다고 말한다. (19) 그러므로 그는 그리스도인의 자녀들이 원래의 질병으로 인해 저주받지 않았다는 결론을 다음과 같이 확증한다.

그리스도인 부모에게서 태어난 사람들의 상태는 아브라함의 후손들과 동등하다.

그는 "그리스도인 부모에게서 태어난 사람들의 상태를 하나님께서 언약을 맺은 아브라함의 자손과 동등하다"고 본다. 따라서 츠빙글리는 "원래의 질병은 아브라함의 자손들을 파괴하지 않았다. 그러므로 이 질병은 다른 사람들, 즉 우리 자손들을 파괴하지 않을 것"이라고 한다. 그는 첫 번째 명제, 그리스도인 부모에게서 태어난 사람들의 상태는 아브라함의 후손과 동등하다는 명제를 다음과 같이 증명한다:

> "같은 교회에 속한 사람들은 같은 연방(commonwealth)에 속한 사람들이 같은 운명을 공유하는 것과 마찬가지로 같은 조건 아래 있다. 이제 이방인과 유대인이 연합하여 이루어진 교회는 하나이며 동일하다. 그러므로 조건은 하나이고 동일하다. 이에 대한 증거는 성경 전체를 통해 너무나 풍부하게 발견되어 설명

하는 데 오래 지체할 필요가 없다. 그리스도 자신이 두 벽을 연결하는 모퉁잇돌이라고 증언하신다(마 21:42). 또 그분은 목자는 하나이고 우리도 하나라고 말씀하셨다. 또 포도원은 똑같으며, 농부들 중 대부분이 늦게 왔음에도 불구하고 그분은 농부들에게 동일한 삯을 정하신다고 말씀하셨다. 다시 그분은 "그들이 동쪽과 서쪽에서 와서 아브라함과 이삭과 야곱의 하나님과 함께 앉으리라"고 말씀하셨다. 그러므로 우리가 그들과 연합한 것이지 그들이 우리와 연합한 것이 아니다. 또 삭개오의 집에 평안이 이르렀으니 그가 아브라함의 자손임이라 하셨다.(19) 우리가 아브라함과 그 씨에 연합한다."

츠빙글리는 우리가 아브라함과 그 씨에 연합하였으므로, 하나님께서 아브라함에게 하신 약속이 우리에게도 그대로 적용된다고 보았다. 그러므로 그리스도인 부모에게서 태어난 자들의 상태는 아브라함의 후손들과 동일하다. 그는 여기서 구약과 신약이 하나의 동일한 언약에 의해 통일된다는 것을 주장한다. 구약의 언약이 신약에도 지속되어 구약과 신약은 하나의 언약으로 통일되어 있다. 그러므로 아브라함에게 하신 약속은 우리에게도 동일하게 적용된다.

이제 다음으로 츠빙글리는 두 번째 명제, 즉 "원죄는 약속에 따라 아브라함에게서 난 자들을 영원한 저주에 맡기지 않았다"는 것을 이렇게 확증한다.(19)

"야곱은 태어나기 전부터 하나님의 사랑을 받았던 자였다. 그러므로 원죄가 그를 저주할 수는 없다. 예레미야, 요한과 다른 사람들도 그렇다. 이것이 우리가 다루는 사례(원죄)와 관련이 없고 선택과 예정에 관한 것이라고 말한다면, 당신은 전적으로 옳다. 그러므로 복과 은혜는 선택에서 나오는 것이요, 버림받는 것도 마찬가지이지 표징이나 성찬에 참여하는 데서 나오는 것이 아니다."(20)

츠빙글리는 선택된 자는 그 선택에서 원죄의 저주를 받지 않고 복과 은혜를 받지, 성례에 참여하는데서 그러한 복이 나오는 것이 아니라고 주장한다. 츠빙글리는 하나님의 선택에서 복이 나오고, 그 복의 결과로 원죄의 저주를 받지 않는다고 본다. 그러므로 츠빙글리는 아브라함의 후손이 원죄의 저주를 받지 않고 복을 받는 것은 로마서 9장에서 말하는 야곱의 선택의 결과라고 이해한다. 하나님의 선택이 원죄의 저주보다 선행하여, 원죄의 저주를 막아주고 복을 받게 만든다.

츠빙글리는 선택을 언급한 후에 선택보다 더 분명하게 그들에게 저주가 임하지 않는다는 것을 보증하는 것이 아브라함에게 맺은 언약이라고 언급한다.

"그러나 더 분명한 사실을 서둘러 살펴보겠다. 창세기 17장 7절에서 하나님은 아브라함에게 이렇게 말씀하신다. "내가 내 언약을 나와 너 및 네 대대 후손 사이에 세워서 영원한 언약을 삼고 너와 네 후손의 하나님이 되리라." 그러므로 만일 하나님께서 아브라함의 씨에 대해 하나님이 되겠다고 약속하시면, 그 씨는 원죄 때문에 정죄될 수 없다. 그는 약속을 따라 그에게 태어난 씨에 대해 말씀하고 있다. 그분을 하나님으로 삼는 사람들과 그분 자신 사이에는 우정이 확립되어 있다. 우정이 확립되면 출생 조건으로 인한 어떠한 저주도 개입할 수 없다."(20)

츠빙글리는 하나님께서 아브라함과 맺은 언약에 따라 태어난 씨는 하나님께서 그의 하나님이 되시겠다는 약속에 따라 정죄받을 수 없다고 해석한다. 하나님과 그 씨 사이에 우정이 확립되어 있고, 그 우정이 확립되면 출생 조건으로 인한 저주가 개입할 수 없다는 것이다. 그러므로 츠빙글리는 아브라함과 맺은 하나님의 언약이 그 언약에 따른 씨에게 원죄로 인한 정죄를 막아준다고 보았다. 여기서 츠빙글리는 선택과 언약을 연결시켜 논의하면서 양자를 통일시키고 있다. 그는 아브라함의 후손에게 원죄의 저주가 임하지 않는 것을 선택과 언약의 관점에서 설명한다. 그는 먼저 하나님께서 선택한 자에게 원죄의 저주가 임하지 않고 복이 임한다고 주장한다. 그리고 이렇게 선택된 사람들과 역사 속에서 언약이 맺어진다고 보았다. 츠빙글리는 언약을 선택이 역사 속에서 나타나는 형식으로 보아서, 언약이 우리가 알 수 있는 더 분명한 사실이라고 하였다. 그러므로 츠빙글리는 창세 전에 하신 하나님의 선택은 역사 속에서 언약을 통해 더욱 분명한 사실로 나타난다고 보았다. 따라서 츠빙글리에게서 선택과 언약은 대립하거나 충돌하지 않고 오히려 하나로 통일되어 나타난다.

츠빙글리는 다음 단계로 아브라함의 씨에게 하나님께서 언약에 따라 하신 약속은 이제 그리스도인 부모에게서 태어난 우리에게도 적용되어야 한다고 본다.

"이제 약속에 따른 씨에 관해 말하는 것은 무엇이든지 그리스도인 부모에게서 태어난 우리에게도 마찬가지로 이해되어야 한다. 우리는 이삭과 같이 약속의 자손이기 때문이다(갈 4:28). 표에 의한 입문식부터 히브리인의 자녀들이 원죄로 인해 저주를 받지 않았음이 분명하다. 할례의 표는 곧 언약의 표이기 때문이다. 그래서 창 17:10-12이 고찰되어야 한다. "이것은 나와 너희, 그리고 너희 후손 사이에 너희가 지켜야 할 내 언약이다. 너희 가운데 남자 아이는 모두 할례를 받아야 한다. 그리고 너희는 포피를 베어라. 이것이 나와 너희 사이의 언약의 표징이 될 것이다. 너희 중 모든 남자는 집에서 태어난 자나 돈으로 산 자나 팔일 만에 할례를 받으리라."

츠빙글리는 이와 같이 창세기 17장에 있는 아브라함과 맺은 언약에 근거하여 그리스도의 자손들도 동일하게 원죄의 정죄에서 벗어나게 된다고 말하고 있다.

5. 언약과 언약의 표징의 구분

그와 동시에 그는 자신이 창세기 17장 10-12절을 길게 인용하는 것은 자신의 현재의 논증뿐만 아니라 종교개혁 당시의 사람들에게도 유익한 것이 많이 포함되어 있기 때문이라고 말한다. 그는 여기서 세 가지의 유익한 것들을 논하고 있다.

첫째로 그가 여기서 가장 주목하는 것은 언약과 언약의 표징의 관계를 어떻게 해석하는가? 하는 문제이다. 츠빙글리는 언약과 언약의 표징을 구분하여 설명한다. 그런데 여기 창세기 17장에서는 언약의 상징인 할례를 언약 또는 약속이라 부르는 것을 보면서 이 표현은 은유적 표현이라고 해석한다. 표징을 언약이라고 부른 이유는 표징된 사물의 이름이 표징으로 옮겨지기 때문이다. 이러한 해석이 가능하다면 종교개혁자들이 왜 "언약인 감사의 성만찬의 잔을 놓고 그토록 치열하게 논쟁을 벌이는가?"라고 반문한다. "그리스도께서는 여기서 할례를 은유적으로 '언약'이라고 부르는 것과 똑같은 방식으로 누가복음 22장 20절에서 그것(성만찬)을 '언약'이라고 부르셨기 때문이다. (20)" 표징된 사물의 이름이 표징으로 옮겨지기 때문에 상징을 언약으로 부른다. 그래서 빵은 "그리스도의 몸", 포도주는 그리스도의 "피"라고 환유적으로 부르는데, 이는 그것(빵과 포도주)들이 몸과 피의 상징들이기 때문이다. 츠빙글리는 "이제 다른 민족보다 비유적 표현을 더 자주 사용하는 것이 히브리인의 습관"이라고 하면서 언약의 표징을 언약이라고 부르는 것은 비유적 표현이라고 해석한다. 반면에 교황주의자들은 "이것은 내 살이다, 내 살은 참된 양식이다" 등을 비유적 표현이라는 것을 거부하고 문자적으로 해석하고 받아들이는데, 그는 왜 우리가 그러한 문자적 해석을 받아들여야 하는가? 반문하며 비판한다. 츠빙글리는 언약의 표징을 언약이라고 부르는 것은 은유적 표현일 뿐이며, 언약과 표징은 분명하게 구별되어야 한다고 보았다.

둘째, 우리는 방금 "언약"이라고 불렸던 동일한 증표를 "언약의 증표"라고 부르는 것을 본다. 창세기 17장에서 할례를 "내가 너와 맺는 언약"이라고 말했는데, 곧 이어 할례를 "언약의 증표"라고 부른다는 점을 지적한다.

셋째, 그것은 하나님과 아브라함 사이에 맺었던 그 언약의 증표이다. 그러므로 유아들도 언약에 포함되었다. 왜냐하면 그들에게도 아브라함과 마찬가지로 언약 안에 있다는 표시가 될 수 있는 증표가 주어졌기 때문이다. 그러므로 우리 자녀들도 그들과 마찬가지로 언약 안에 있다. 조금 전에 내가 갈라디아서에서 밝혔듯이 우리는 약속의 자녀이기 때문이다. (21) 츠빙글리는 여기서 언약을 통해서 구약의 아브라함과 그 자손이 하나님께 속했던 바와 같이, 당시의 그리스도인들과 그의 자녀들이 동일하게 하나님께 속했다고 주장한다.

III. 나가는 말

츠빙글리는 "원죄에 관한 선언"에서 원죄는 정죄를 수반하는 결함이라고 정의한다. 원죄는 인간이 벗어날 수 없는 결함이기 때문에 그 본성과 능력에 따라 모든 사람은 정죄당한다. 그러나 하나님께서 아담과 원 계약을 맺으셨고 그리스도께서 우리를 구속하셨기 때문에 구약 시대의 사람들에게도 구속의 영향이 미친다. 이러한 구속의 영향이 미치는 것은 선택과 언약에 의해 우리에게 증명된다. 우리는 그리스도를 믿음으로 구원받는데, 이 믿음은 하나님의 선택의 결과이다. 그리고 하나님께서 우리와 우정을 맺어 구원받는다는 더 분명한 표시는 언약이다. 아브라함과 그 씨와 맺은 언약과 그 표징은 아브라함과 그 씨가 원죄로 정죄받지 않는다는 증거이고 구약과 통일된 하나의 언약인 신약에서 그리스도인과 그 자녀들에게도 적용된다. 그러므로 여기서 츠빙글리는 언약과 언약의 표징을 구분하면서 언약에 속한 자에게 표징이 주어지므로, 아브라함의 자녀들이 언약의 표징을 받았던 것과 같이 그리스도인 자녀들도 표징을 받아야 한다고 주장한다. 그리고 가장 중요하게 츠빙글리는 하나님의 선택과 언약은 우리에 대한 하나님의 구속 사역의 확실성에 대한 통일된 증거라고 본다. 하나님께서 창세 전에 선택한 자에게 믿음을 주시고 역사 속에서 언약을 맺으시면서 구속 사역을 진행하신다.

기도에 관한 츠빙글리의 가르침

03

서창원 _ 전 총신대학교 신학대학원 교수

03

기도에 관한 츠빙글리의 가르침

서창원
전 총신대학교 신학대학원 교수

츠빙글리(Huldrych Zwingli)의 글 중에 기도에 관하여 마틴 루터나 존 칼빈과 같은 다른 개혁자들의 저작만큼 문서로 남긴 구별된 논제는 없다. 그러나 그의 여러 가르침 속에는 간간이 기도에 대해서 교훈하고 있는 것을 발견할 수 있다. 그는 하나님과 소통하는 수단으로서 기도의 중요성을 믿었고, 교회에서 기도가 실행되는 방식을 개혁하려고 노력한 개혁자였다. 신앙생활의 기본 중 기본에 해당하는 기도에 대한 성경적 바른 이해와 가르침이 각 교회 안에서 이루어지는 일이 거의 없다. 그냥 교회에 다니다 보면 저절로 기도할 수 있게 되는 매우 손쉬운 것으로 생각한다. 그러나 막상 기도하라고 시켜보면 당혹스럽게 생각하는 자들이 생각보다 많다. 한국의 교인들은 기도를 배우는 것은 앞에서 기도를 인도하는 자들의 기도를 들으면서, 혹은 기도문을 읽으면서 터득하는 것이 대부분일 것이다. 통성 기도를 하면 다른 사람의 기도하는 모습을 구경하는 자들도 있고 기도해도 얼마 못 가서 맹숭맹숭 옆 사람의 기도를 들으며 끝날 때까지 눈을 감고 있는 자들도 있다. 그런 분들은 대채로 기도를 잘하는 사람이 되고 싶은 마음은 있다. 그렇다고 기도를 배우고자 몸부림치는 일은 없는 것이다. 마치 의로운 사람으로 죽기를 원하지만 의로운 삶을 기피하는 인생과 같은 것이다.

스스로에게 묻는다. 기도는 과연 무엇일까? 필자는 종교개혁자 중 츠빙글리의 기도에 관한 교훈을 통해서 필자도 배우고 한국의 성도들에게 기도에 대한 바른 이해를 돕고자 한다. 그러나 본 글을 작성하면서 서두에서 언급한 것처럼 기도에 관한 구별된 항목이 없어서 자료를 찾기가 쉽지는 않았다. 그래서 한국어로 번역된 그의 선집에 나와 있는 파편 조각들을 찾아 기술하고자 했다. 그 자료는 연세대학교 출판부에서 2015년에 출판한 츠빙글리 저작 선집(2권, 연세대학교 대학출판 문화원)에서 발췌한 것들임을 밝힌다.

1. 영혼을 쏟아붓는 기도

필자는 '영혼을 쏟아붓는 기도'라는 그의 표현이 너무 좋다. 그는 기도를 하나님과의 직접적인 의사소통으로 강조하는 것뿐만 아니라 당시 기도와 관련된 특정 로마 가톨릭교회 관습을 거부하고 있다. 이는 그의 전반적인 종교개혁 원칙에서 분명하게 드러난다. 츠빙글리는 기도를 이렇게 정의한다:

"기도란 우리의 영혼을 항상 하나님께 붓는 것이고 우리를 진정으로 도울 수 있는 유일한 선으로 하나님을 믿으면서, 진리 안에서 끊임없이 하나님에게 다가가는 일이다."

하나님만이 우리를 도울 수 있는 유일한 길이고 그 확신 속에 우리가 있어야 한다는 것은 믿음을 설명하는 히브리서 11:6과 맥락을 같이 한다. 하나님이 계신다는 분명한 확신 위에서 그리고 하나님께 나아오는 자에게 반드시 상을 주시고 응답하신다는 확고한 믿음의 표현임을 천명한 것이라고 본다. 특이한 것은 우리의 영혼을 하나님께 쏟아붓는 것으로 언급한 것이다. 그의 관심은 기도에 있어서 우리의 영혼과 하나님과의 교통에 있다는 것을 알 수 있다. 그것은 우리 몸 기능의 일부가 아니라 우리 몸 전체가 다 하나님께 기울이는 것이다. 그래서 그는 "우리의 영혼이 진정으로 하나님과 대화하기를 원한다면, 사람들이 많이 모이는 교회당이 아니라 홀로 있는 곳에서 기도해야 한다"고 지적하였다.

이것은 교회의 공적 기도를 배제한다는 것이 아니라 하나님과의 독단적 교제의 장을 마련한 것으로써 은밀한 중에 보시는 하나님께 은밀하게 간구하는 사적 경건 훈련을 강조한 것이다. 사적 기도 훈련이 안 된 자는 공적 기도 자리가 여간 불편한 것이 아니다. 물론 공적 기도의 자리는 초보자에게 기도가 무엇인지, 어떻게 기도하는 것인지를 배우는 중요한 자리이다. 사적이든 공적이든 우리의 영혼을 쏟아붓는 진지함과 간절한 마음의 자세는 매우 중요하다. 최고의 지존자와의 대면하는 시간이기 때문이다. 여기엔 위선과 가식이 자리잡을 여지가 없다. 그래서 츠빙글리는 영혼의 깊은 곳에서 뿜어져 나오는 외침으로 말하면서 바리새인들이나 서기관들처럼 시장 바닥에서 많은 사람 앞에서 두 손 들고 외치는 위선적인 기도를 명백히 배격하고 있다.

츠빙글리가 기도를 영혼을 쏟아붓는 것으로 표현한 것은 상당히 의미가 있다. 그가 제시한 요한복음 4:23-24의 사마리아 여성에게 말씀하는 그리스도를 예로 들어 설명한 것에서 그 이유를 발견할 수 있다:

> "아버지께 참으로 예배하는 자들은 신령과 진정으로 예배할 때가 오나니 곧 이때라 아버지께서는 이렇게 자기에게 예배하는 자들을 찾으시니라 하나님은 영이시니 예배하는 자가 신령과 진정으로 예배할지니라."

즉 이 구절에서 참된 기도는 영으로 존재하는 하나님을 우리의 영혼으로 부르는 것이기에 단순히 '주여! 주여!'라고 하나님을 형식적으로 입술로만 또는 위선 된 거짓 행동으로 부르짖는 것이 아니라, 내면 깊은 곳에서 솟구치는 진정한 부르짖음임을 강조한 것이다. 이것이 형식적이고 마음이 실리지 않은 공허한 오늘날 기도에 큰 경종을 울려주고 있다. 앞에서 연기하는 자들도 온몸으로 혼을 실은 듯한 모습을 보일 때 청중이 감동을 받는 것과 같이 하나님께 아뢰는 기도는 연기가 아니라 진실이고 사실이고 현실적인 울림이어야 하는 것이다. 왜냐하면 '기도는 영혼의 도약이며 영혼의 바라 봄이기' 때문이다(275). 오해하지 말아야 할 것은 하나님께 감동을 주고자 기도하는 것은 아니다. 중심을 보시는 하나님을 향한 기도자의 진정성과 절실성을 표출하는 것이다.

진실한 부르짖음이란 현재 우리 모습보다 더 나은 존재로 우리 자신을 꾸미는 것이 아니라 죄인으로서 악하고 무기력한 우리 자신의 비천함을 인식하고 오직 하나님의 긍휼히 여기심만을 바라는 것이다. 결국 이런 태도야 말로 사람들의 눈에 보이는 외적 외침이 아니라 인간 내면의 영적 깊음에서 나오는 것임을 말하는 것이다. 그것이 바로 영혼에 초점을 둔 참된 기도이다.

또한 그가 제시한 누가복음 18:1-8의 말씀을 통해 다시 한번 기도에 대한 가이드를 제시하고 있다:

"항상 기도하고 낙망치 말아야 될 것을 저희에게 비유로 하여 가라사대 어떤 도시에 하나님을 두려워 아니하고 사람을 무시하는 한 재판관이 있는데 그 도시에 한 과부가 있어 자주 그에게 가서 내 원수에 대한 나의 원한을 풀어 주소서 하되 그가 얼마 동안 듣지 아니하다가 후에 속으로 생각하되 내가 하나님을 두려워 아니하고 사람을 무시하나 이 과부가 나를 번거롭게 하니 내가 그 원한을 풀어 주리라 그렇지 않으면 늘 와서 나를 괴롭게 하리라 하였느니라 주께서 또 가라사대 불의한 재판관의 말한 것을 들으라 하물며 하나님께서 그 밤낮 부르짖는 택하신 자들의 원한을 풀어 주지 아니하시겠느냐 저희에게 오래 참으시겠느냐 내가 너희에게 이르노니 속히 그 원한을 풀어 주시리라 그러나 인자가 올 때에 세상에서 믿음을 보겠느냐 하시니라."

츠빙글리는 기도에 대해서 '많은 말을 하지 말라'고 하면서 동시에 '멈추지 말고 기도하라'고 권면하였다. 기도한다는 것은 '쓸데없이 말을 계속하기'(헬라어 바톨로기아)를 주님이 금지하셨기 때문에 건성으로 하는 말, 반복해서 기계적으로 하는 말, 혹은 무작정 내뱉는 말은 참 기도가 아니다. 츠빙글리는 기도를 하나님을 향한 믿음의 표시와 우리의 필요를 위한 순수한 간청이라고 하면서 기도에 물질적 가치를 두는 것을 엄히 경계하였다(277). 다시 말하면 마치 하나님이 내게 빚을 갚아야 할 의무가 있는 존재로 여겨서는 안 된다는 것이다. 이것은 옛날 거짓말쟁이 수도사들이 기도의 횟수를 강조하며 기도하는 자의 끈질긴 지성을 권장한 것과는 천지 차이의 가르침이었다. 오늘날 한국의 100일 기도 혹은 40일 금식 기도 혹은 일천 번제를 강조하는 것에 대한 경종이라고 말할 수 있다. 우리가 주기도문을 백 번이나 암송하고 일주일에 금식을 두 번이나 하고 안식일을 어긴 것이 한 번도 없기에, 혹은 일천 번제를 드렸기 때문에 하나님은 거기에 대해서 충분히 보상해 줘야 할 의무가 있는 것처럼 으스대는 교만한 기도를 배격하는 것이다. 그런 기도는 "사기이며 위선이며 위선자들이 하는 행동"이라고 했다. 그런 자들은 "거짓 장사꾼들처럼 건성으로 하는 수많은 기도로 돈을 챙기려는 사람들"이라는 것이다(278). 기도를 수익 창출의 도구로만 간주하는 어리석음을 철저히 배격한다.

한편 츠빙글리는 오히려 우리를 힘들게 하는 인생의 모든 짐을 가지고 끊임없이 하나님 앞에 나아가야 한다는 사실을 가르치고 있다. 츠빙글리가 제시하는 기도는 결국 성령의 진리 안에서 오래도록 기도하는 것이다. 그래서 그는 "우리가 하나님의 영광에 대해서 생각하면서 그의 은혜에 감사하고, 자신에게 고유한 몸과 영혼이 없다는 것을 깨닫고 나서 자신을 포기하고, 오직 하나님의 사랑에 의지하고 매일 그리스도인의 삶을 살려고 결심할 때, 사람은 그렇게 오랫동안 기도할 수 있다"라고 말한다(282). 기도에 있어서 자기주장이 강하면 하나님과 거래하는 수단으로 바뀐다. 츠빙글리가 기도를 '하나님께로 향한 영혼의 도약이며 영혼의 바람'으로 이해하고 있는 것은 하나님에 대한 절대 신뢰를 보이는 믿음의 필요성과 동시에 우리의 필요를 향한 순수한 간청으로 표현하는 것이다. 이런 간청은 입술로만 하는 것이 아니라 마음으로도 하는 기도이다. 진정한 기도는 하나님에 대한 깊은 인식과 우리 자신이 비천한 죄인임을 깊이 자각하고 겸손하게 엎드리는 것이다. 다만 우리가 원하는 것에 대한 절박한 요청이며 하나님의 도우심에 대한 부르짖음이다.

그러므로 츠빙글리에게 진정한 기도는 성령 안에서만 일어날 수 있는 것이었다. 우리가 무엇을 기도해야 할지 알지 못할 때 우리의 연약함을 도우사 마땅히 빌 바를 아뢰게 하시는 성령 하나님의 인도하심이 주님의 뜻대로 간구하는 것이 되고 성령을 통한 진정성 있는 이런 기도가 주님이 받으시는 참 기도가 된다. 그래서 츠빙글리는 "기도란 우리의 영혼을 항상 하나님에게 붙어 있게 하는 것이고 우리를 진정으로 도울 수 있는 유일한 선으로 하나님을 믿으면서, 진리 안에서 끊임없이 하나님에게 다가가는 일이라"고 한 것이다(281). 우리를 도울 수 있다는 기도 응답에 대한 그의 확신은 기도가 성령의 인도함을 통해서만 온전해지고 분명해진다는 것이다. 이것이 중언부언하는 것이나 반복해서 하는 빈말 기도와 달리 자연스럽게 오래도록 기도할 힘을 발휘할 수 있게 한다고 말했다. 즉 인간의 힘으로는 오랫동안 하나님이 받으시기에 합당한 기도를 하는 일은 매우 힘든 일이지만 성령의 진리 안에서 인도함을 받을 때 가능하다는 것이다(282). 사실 예수님이 "너희가 내 안에 거하고 내 말이 너희 안에 거하면 무엇이든지 원하는 대로 구하라 그리하면 이루리라"(요 15:7)고 말씀한 것에서 이를 엿볼 수 있다. 기도하는 이의 주장이 아니라 기도하는 이의 마음속에 새겨진 주님의 말씀에 통제를 받으며 그 말씀으로 아뢰는 것이야말로 오래도록 깊은 교제를 나눌 근간이 되는 것이다.

한편, 츠빙글리는 잘못된 기도에 대해서도 언급하는데 그 기도가 곧 우상 숭배에서 나오기에 바른 기도를 할 때 피조물을 섬기는 우상 숭배는 사라진다고 믿었다. 그는 잘못된 기도의 대표적 예를 중세 교회에서 드리는 성인에게 하는 중보 기도라고 했다. 극단적으로 들릴 수 있지만 그만큼 츠빙글리는 바른 기도가 무엇이어야 하는지를 잘 인식하고 있었고 그 기도만이 온전히 하나님을 찬양하고 주님의 영광을 드러내는 것으로 확언한다. 기도의 목적 자체가 우리의 필요에 대한 응답에 있지 않고 기도를 들으시고 선하신 뜻대로 역사하시는 주권자 하나님께 영광을 돌리며 그 크신 은혜와 능력을 인하여 진심으로 하나님을 찬양하는 것이다. 이런 기도가 진정으로 성령 안에서만 기도할 수 있는 유일한 길이라고 간주했다(282). 무시로 성령 안에서 기도하는 것도 이런 맥락에서 아뢰는 기도를 말할 것이다. 성령 안에서의 기도, 중언부언하지 않는 기도는 우리의 특정한 기도 행위에서 비롯되는 것이 아니라 말씀에 뿌리를 둔 우리의 깊은 영혼에서부터 출발한다는 것이다. 이런 기도가 결국 확신과 연결되고 확신을 통한 기도의 확장성에 더해져 그 결과로 오직 주 예수 그리스도를 통해서 응답의 기쁨을 만끽하게 하시는 것이다. 여기서 확신은 약속하신 말씀에 근거한 영혼으로부터 끊임없이 공급되는 그리스도를 향한 마음으로부터 시작된다. 이런 기도는 자연스럽게 열정적인 기도를 지속적으로 가능하게 한다. 츠빙글리에게 있어서 '열정적인 기도는 끊임없이 진실된 믿음을 가지고 하나님을 바라보는 행동이며 동시에 멈추지 않고 오직 하나님에게만 도움을 구하러 가는 행동이다'(282). 얍복 강가에서 씨름하는 야곱의 기도를 연상케 한다.

2. 기도의 요소: 찬양과 요청(276)

참 기도는 언제나 찬양과 요청 혹은 간구 이 두 요소가 들어있다. 물론 더 세분화하여 하나님을 부름과 주 예수 그리스도의 이름으로 간구함도 포함할 수 있으나 크게 나누면 찬양과 간구로 집약할 수 있다. 기도는 예배의 근본 목적과 같이 하나님을 찬양하고 경배하는 믿음의 행위이다. 동시에 지음 받은 피조물로서 우리의 절실한 필요를 오직 주님만이 채울 수 있다는 절대 믿음의 요청이다. 사실 기도는 이미 히브리서 6장에서 언급했듯이 기도의 대상이신 하나님의 실존에 대한 절대적 믿음이 없이는 불가능한 일이다. 하나님을 아버지로 부르는 자녀들의 칭송과 간청이 아우러진 믿음의 고백이 기도이다. 츠빙글리는 "우리가 하나님을 우리 아버지로 생각하고 고백할 때 그것이 우리가 하나님에게 바칠 수 있는 최상의 찬양이요, 우리는 하나님의 이름, 곧 그분의 영광과 능력을 가장 높여 찬양하고 경배해야 한다"고 했다. 이러한 확고한 믿음이 우리의 필요를 위한 간청으로 이어진다는 것이다.

츠빙글리는 하나님의 뜻대로만 이루어진다는 것을 근거로 기도할 필요가 없다는 주장에 반박하면서 하나님이 자신이 원하는 것을 우리에게 주시는 것은 맞지만 그래도 기도하기를 포기하지 말 것을 근거로 내세운 것이 그 유명한 마태복음 7:7이었다:

"구하라 그러면 받을 것이요, 찾으라 그러면 찾을 것이요, 문을 두드리라 그러면 열릴 것이니라."

당장 응답이 없어도 쉬지 말고 기도해야 할 것은 성경 곳곳에서 찾아지는 주님의 명령 때문이다(눅 11:5-13, 18:1-8). 기도를 일종의 공로 쌓기로 해석하는 로마 가톨릭교회의 가르침과는 달리 그는 기도를 '하나님께로 향한 영혼의 도약이며 영혼의 우러러봄'으로 이해했기에 하나님과의 은밀한 기도를 강조하였다. 이것이 경건 생활의 기반이다. 이 사적 기도는 입술의 외침도 필요하겠지만, '입술로만 기도하는 것은 하나님에 대한 모독이고 조롱이라'고까지 말하면서 마음에서 우러나오는 기도가 더 중요함을 강조하였다(278). 입술로는 얼마든지 공경을 표해도 마음이 먼 자들이 존재하기에 이런 자들을 향한 경종의 메시지를 준 것이다(마 15:8, 사 29:13). 비록 주변 사람이 듣지 못해도 한나처럼 마음으로 하나님과 대화하며 야곱처럼 하나님과의 씨름하는 것과 같은 영혼만이 아니라 온몸을 쏟는 기도여야 하는 것이다. 그래서 그런지 츠빙글리는 특별히 큰 소리 내어 하는 기도에 대한 부정적 인식을 표출했다. 소리를 내지 않고 하나님께 진리로 하는 기도를 진정한 기도로 이해하였다. 공연히 사람들 앞에서 자신이 경건하게 살고 있다고 자랑하려는 위험성 때문이다. 그것은 위선이고 그 위선적인 행동으로 이미 사람으로부터 보상을 받은 위선자가 되는 것이다. '기도는 오직 신앙에서 나오는 절박한 부르짖음이다'(280). 은밀한 중에 보시는 하나님께 골방에서 은밀하게 기도하는 겸손한 자여야 한다. 결국 그는 바리새인들이 사람들에게 보이는 기도를 경계하며 반대하였다는 것을 알 수 있다.

또한 마음에서 나오는 진정한 기도는 성령과 진리로 기도하게 한다.

그 근거로 츠빙글리는 예수님 역시 영과 진리로 드리는 기도를 가르쳤다고 했다. 하나님은 영이시기에 우리의 영혼으로 하나님을 부르는 것이다 (280). 진정한 부르짖음은 현재 내 모습보다 더 나은 존재로 내세우는 것이 아니라 자신이 죄인으로 악하고 무기력한 존재로서 철저하게 하나님만을 신뢰하는 부르짖음이다. 이것이 앞에서 소개한 대로 기도를 물질적 가치로 측량해서는 안 됨을 지적한 것이다.

여기에 우리의 요청은 주님이 가르쳐준 기도에서도 알 수 있듯이 우리의 일용할 양식이 당연히 포함되나 '다오 다오'가 주 목적이 아니라 하나님의 영광을 위한 것임을 잊어서는 안 된다. 사실 우리에게 있어야 할 것이 무엇인지를 다 알고 계신 분이기에 전혀 모르는 분에게 낱낱이 필요를 아뢰는 것이 되어서는 안 되지만 그렇다고 아시죠? 하며 잠잠히 기다리는 것이 아니다. 기도는 주님과의 깊은 교제이다. 주님을 향한 사랑하는 뜨거운 마음이 항상 주의 나라와 의를 구하게 되고 이에 수반되는 우리의 물질적 필요도 덤으로 채워 주시는 것이다.

3. 기도 실천

츠빙글리는 바른 기도에 대한 모범을 예수님이 제시한 주기도문에서 발견하였다. 그래서 츠빙글리는 말한다:

> "이 세상에서 근본적으로 우리 자신이 믿음이 있는지 없는지를 시험할 수 있는 기도와 우리 자신을 완전히 인식하게 만드는 기도는 주기도문 이외에 다른 것이 없다는 결론을 알게 되었습니다."(279)

이 세상의 누구도 자신의 죄를 고백하는 기도를 할 때 양심에 찔리지 않은 채 순전한 하나님의 은혜를 거부할 수 있는 사람은 아무도 없다. 진정한 기도는 우리 자신을 깨닫게 만들고 겸손하게 진정한 자아를 인식하게 만드는 기도이다. 무엇보다 츠빙글리 기도론의 핵심은 성도가 하나님이라는 분명한 대상 앞에 온전히 마음을 다하여 아뢰는 기도이다. 죄인으로서 거룩하신 하나님을 뵈옵고 부정한 입술을 가진 자로서 망하게 된 우리 자신을 하나님의 아들 예수의 피로 깨끗이 씻기시고 그 앞에 설 수 있게 하신 주님의 은혜를 찬양하며 육신을 지닌 우리의 필요를 간청하는 것이 기도이다.

츠빙글리는 기도에 대한 출발점은 분명하다. 그는 기도가 주 예수 그리스도로부터 출발한다는 전제를 분명히 가지고 있다. 그래서 츠빙글리는 말하길, "이 세상에 살면서 서로를 위해 기도할 경우에, 모든 것이 오직 그리스도를 통해서 온다는 사실을 확실히 믿고 기도해야 한다"고 참된 기도자의 자세를 말하고 있다. 이 지점에서 그의 기도에 대한 영혼을 쏟아붓는 일 다음으로 또 하나의 키워드는 도고 기도, 혹은 중보 기도이다. 그는 바른 기도의 한 유형으로서 도고 기도를 강조한다. 특별히 츠빙글리는 도고 기도의 유익성을 강조하며, 도고 기도는 오직 살아있는 사람들에게만 적용된다고 말한다. 그는 중세 교회의 성인들의 기도 활용을 중보 기도라고 절대로 믿지 않는다고 하면서 주기도문의 첫 단락인, "나라가 임하옵시며 뜻이 하늘에서 이루어진 것 같이 땅에서도 이루어지이다..."라는 간구는 살아있는 사람에게만 적용된다고 했다. 그리고 이것은 살아있는 사람들은 서로를 위해서 기도해야 할 이유를 말한다고도 했다(274). 그것을 특별히 언급한 것은 중세 교회에서 행해졌던 죽은 자, 즉 사자(死者)를 위한 기도를 경계하였기 때문이다. 그래서 마태복음 18:19의 두세 사람이 합심하여 기도하는 것을 언급하면서 땅에 사는 육체를 가진 산 사람에게만 적용되는 것임을 주장했다.

츠빙글리는 기도의 응답은 오직 그리스도를 통해서만 온다고 했다. 그가 바른 기도에 대해 제시하는 또 다른 성경 구절은 요한복음 16:23이다.

"내가 진실로 진실로 너희에게 이르노니 너희가 무엇이든지 아버지께 구하는 것을 내 이름으로 주시리라."

주님은 우리가 구하는 모든 것을 그의 이름으로 구하라고 말씀하면서, 우리가 하는 기도를 그의 이름에 연결시킨다. 요한복음 14:13-14절은 말씀한다.

"너희가 내 이름으로 무엇을 구하든지 내가 행하리니 이는 아버지로 하여금 아들로 말미암아 영광을 받으시게 하려 함이라. 내 이름으로 무엇이든지 내게 구하면 내가 행하리라."

츠빙글리가 이 진리의 말씀을 언급하는 것은 오직 그의 이름으로 기도를 드릴 때에 하나님이 들으신다는 사실을 다시 확인시켜 주는 것이다. 위에서도 언급했듯이 츠빙글리는 잘못된 기도는 결국 우상 숭배임을 확인시켜 주었다. 그러므로 다른 이름으로는 기도하지 말 것을 확인시켜 준다. 사도행전 4:12은 말씀한다.

"다른 이로써는 구원을 받을 수 없나니 천하 사람 중에 구원을 받을 만한 다른 이름을 우리에게 주신 일이 없음이라 하였더라."

이 말씀을 설명하면서 참된 기도가 우리의 구원과도 직결되어 있음을 말했다. 즉 잘못된 기도가 우상 숭배로 귀결되듯, 바른 기도는 구원받은 자의 마땅한 하나님만 경배하고 찬양하는 자리로 이끈다. 하나님이 예수 그리스도의 이름으로 우리에게 모든 것을 주시기를 원한다면, 우리는 모든 것을 그리스도의 이름으로 구해야만 한다. 오직 그렇게 할 때, 그 사람이 그리스도인이다. 그리스도를 전적으로 신뢰하지 않는다면, 그의 이름은 너무나 존귀해서 우리는 그의 이름을 언급할 수 없다. 츠빙글리는 말한다.

"기도는 피조물을 숭배하는 우상 숭배를 없애버리기 위한 것입니다. 오직 그리스도의 이름으로 기도해야만 하고 기도에 대한 확실한 응답은 오직 그리스도의 이름을 부르는 것에 달려 있다고 하면서도 어떤 피조물에게 다가간다면, 그것은 우상 숭배하는 헛된 짓입니다."(284)

츠빙글리가 이토록 잘못된 기도에 대해 강하게 비판하는 것은 바른 기도에 대한 열망이 그를 붙잡고 있었기 때문이다.

마지막으로 츠빙글리 기도론의 핵심은 기도가 철저히 신앙고백적이라는 것이다. 하나님을 의뢰하는 자는 바르게 고백한다는 것이다. 하나님을 향한 온전한 고백은 하나님 앞에 나아가는 바른 길이다. 이것은 용서를 끊임없이 고백하는 것을 포함한다. 주님께 자기 고백을 바르게 하는 자세로 나아오는 자가 온전한 고백적 기도를 할 수 있는 자이다. 이 고백은 교황주의자들의 주절대는 고백이 아닌, 그래서 사제가 필요한 고백이 아닌, 온전히 하나님과 참된 성도가 대면하는 고백이다. 츠빙글리는 이 지점에서 도전한다.

> "하나님께 계속 고백을 하고, 계속해서 새로운 삶을 시작하자. 그런데 비정상적인 일이 우리에게 일어나면 지혜롭고 또 성경 안에서 살아가는 한 사람을 구하는데, 돈 보따리가 아니라 마음을 보는 사람을 구하자."

츠빙글리는 주님만이 기도자의 마음을 살피고 온전해 질 수 있는 길을 제시하였다. 참된 고백은 참된 회개와 진리를 통해 나오며 제시된다. 기독교는 고백의 종교이다. 츠빙글리는 고백적 요소가 성도에 있다는 것을 알고 있었고, 그 기도가 철저히 하나님 안에서의 고백으로 이루어진다는 사실을 말하고 있다.

사실 츠빙글리의 기도는 기도의 대상인 하나님에 대한 신뢰의 고백이 없는 것은 용서받지 못할 죄라고까지 선언한다(3권 169). 그는 불신앙과 참된 경건을 이렇게 구분하고 있다: "불신앙은 절대로 하나님을 붙들거나 존귀하게 여기지 않는다. 절대로 하나님을 두려워하지 않으며, 절대로 하나님의 뜻에 따르지 않고, 하나님을 모독하지 않으려고 죄를 피하지 않는다... 경건은 언제나 유일한 보배에게 하듯 하나님께 매달리며, 그에게만 붙어 있고, 그분만 존경하고 하나님의 눈을 바라보며 그분을 모독하는 것은 멀리한다. 하지만 연약함으로 인해서 하나님을 모독하는 것을 저지른다면 애절한 간구를 하면서 자기 잘못을 슬퍼한다. 그래 거리낌도 없이 계속해서 죄를 범하지 않고 어떤 곳으로도 죄가 침투하지 못하도록 경성하고 신실하게 경계를 한다. 그래서 믿음만큼 죄를 열심히 경계하는 것도 없다"(3권 169). 그렇기에 참된 기도는 언제나 '가장 높으시고 가장 좋으신 하나님께서 마음으로 우리가 오직 유일하게 그분에게 매달리고 그분만 기뻐하고 그분에게만 기쁨을 드리고 오직 그분의 뜻을 따르는' 것을 고백하는 것이다(3권 301). 하나님은 우리가 구한 것 이상으로 넘치게 주시는 분이다. 자기를 사랑하고 섬기는 자에게 아끼는 것이 없는 자비로운 아버지이시다. 이런 믿음으로 나아오는 것이 우상 숭배가 아닌 참 하나님을 경외하는 외적 표현이다. 이처럼 츠빙글리가 이해하는 참 믿음을 바탕으로 한 고백에는 하나님께 향한 찬양과 감사와 신뢰와 순종이 내포된 것이다(3권 304쪽 참고).

나아가는 말

츠빙글리의 기도는 예수님의 기도와 닮아 있다. 기도할 때 중언부언하지 말라는 예수님의 가르침을 츠빙글리 그도 적용하고 있고, 신부에게 고백하는 것이 아닌 직접 그리스도의 이름으로 지극히 선하신 하나님 아버지께 온 마음을 다하여 구하는 것임을 실천하게 하였다. 또한 철저히 성경 중심으로, 성경을 통하여 하나님의 뜻대로 구할 것을 요구하였고 그 한 예로 주기도문을 제시하는 것은 예수님이 가르쳐준 기도의 모범이 가장 분명하고도 바른 기도임을 말해 준다. 주님을 향한 바른 기도는 철저히 찬양과 감사 및 고백적이다. 그 고백은 인간의 안정과 평안을 위한 고백이 아닌, 주님 뜻에 합당한 자가 되기 위한 주님을 위한 고백이다. 많은 기도의 내용이 다 구하는 우리 자신에게 초점을 맞추고 있는 것과는 달리 철저하게 기도를 들으시는 주님에게 향한 것이요 그 주님을 찬양하는 것이요 그 주님의 영광에만 집중하는 기도여야 한다. 그것은 인간의 죄성과 죄인 됨을 고백하며 그 고백을 통해 주님 앞에, 주님이 모든 일에 유일한 길임을 분명히 하기 위한 고백이다. 주님을 향하여 영혼을 쏟아붓는 기도와 쉬지 말고 구하는 열심과, 주님의 영광을 위한 바른 기도를 올려 드리는 참된 기도의 실천은 어느 시대에서나 찾아지는 부와 즐거움과 부한 배우자와 명예와 권력과 영향력에 한정된 기도를 하는 교인들이 판을 치는 상당수의 교회와 교인들에게 절실하다.

그렇다고 우리의 필요를 간구하지 않는 것이 아니다. 주기도문이 가르쳐주고 있듯이 우리에게 필요한 일용할 양식을 구하는 것도 주님이 거절하지 않으신다. 그러나 먹든지 마시든지 무엇을 하든지 주님의 영광을 위한다는 인생관을 가진 그리스도인에게는 주님의 이름이 높아지는 가장 최고의 길이 허물과 죄로 죽은 자들이 주님께로 돌아오는 것이다. 그러므로 참된 기도의 내용에는 츠빙글리가 강조한 이 기도가 필요하다: "우리가 주님의 복음을 전해 주고 싶은 자들을 위해서 주님께서 그들의 마음을 조명해 주시고 그들이 복음을 이해할 수 있게 되고, 그들이 따를 수 있도록 주님이 그들의 마음을 이끌고 걸맞도록 만들어 주시기를 간구해야 한다"(3권 113). 이것은 신학교와 학생들, 교회 일꾼들을 위한 기도를 상실한 한국의 교회에게 경종을 주는 가르침이다. 물론 바울도 주님의 복음을 담대히 증거할 수 있도록 기도할 것을 요청하였다. 그래서 대체로 담임목사를 위하여 기도하는 것을 잊지 않는다. 그러나 진짜 추수할 일꾼을 보내 달라는 기도는 하지 않는다. 그런 자들을 길러내는 신학교와 교수들을 위한 기도가 거의 없다. 하나님이 못하실 일이 없고 아들까지 내어 주신 분이 주시지 못할 것이 무엇이 있겠는가? 그 하나님을 신뢰하지 않는 것이 그 하나님을 가장 크게 모독하는 죄를 짓는 것임을 강조한 츠빙글리는 믿음으로 간구하는 진정한 기도의 사람이 될 것을 촉구하였다.

또한 우리의 필요는 그리스도의 장성한 분량에 이르기까지의 성장이다. 주님을 아는 계시의 영을 달라고 간구해야 한다. 기도는 뭔가를 얻기 위한 수단이 아니다. 무엇인가 얻기 위해서 하는 기도는 참 진리를 모르는 짓이다. 기도는 우리의 마음을 진리이신 하나님께로 쏟아붓는 것이다. 우리의 마음을 하나님께 묶어두는 것이다. 기도는 최고로 의지할 수 있는 분이신 하나님과 나누는 친밀한 교제이다. 기도로 하나님의 뜻을 바꾸는 것이 아니라 나의 뜻이 변하는 것이다. 돈을 받고 하는 행위는 욕심에서 나오는 것이지 사랑에서 나오는 것이 아니다. 다음과 같은 기도로 본 글을 맺는다.

"전능하시고 은혜로우신 하나님, 우리 하늘 아버지, 당신의 말씀을 선물로 주시고 당신의 진리를 더 깊이 이해할 수 있는 기회를 주셔서 감사드립니다. 츠빙글리처럼 더 순수하고 더 충실한 신앙 표현을 추구하는 데 있어서 그들 시대의 전통에 도전하는 용기를 가진 개혁자들을 인해 당신을 차양합니다. 우리가 당신의 교회를 계속해서 개혁하고 갱신하고자 하오니 당신의 인도와 지혜를 구합니다. 츠빙글리와 다른 개혁자들에게 영감을 준 당신의 말씀에 대한 동일한 열정과 신앙 원칙에 대한 헌신을 저희에게도 허락해 주십시오. 우리가 복음의 신실한 청지기가 되어 항상 우리의 삶과 지역 사회를 주님의 뜻에 일치시키도록 도와주옵소서! 우리는 주님의 교회 일치를 위해 기도합니다. 주님이 하나인 것처럼 우리도 하나가 될 수 있도록, 그리고 우리의 차이점이 우리를 분열시키지 않고 주님의 진리를 더 깊이 이해할 수 있도록 이끌어 주옵소서. 주님의 성령께서 계속 우리 안에서, 우리를 통해 일하시어 우리를 모든 진리로 인도하시고 주님을 섬길 수 있도록 준비시켜 주옵소서! 예수님의 이름으로 기도드립니다. 아멘."

츠빙글리 저작 선집 2, 3권, 공성철 옮김, 연세대학교대학출판문화원, 2015

츠빙글리의 성찬론:
그리스도의 영적 임재로서의 성찬

조용석 _ 안양대학교 교수

04

04

츠빙글리의 성찬론 :
그리스도의 영적 임재로서의 성찬
- 그의 편지를 중심으로 -[1]

조용석

안양대학교 교수

I. 글을 시작하며

   본 논문은 마르부르크 종교 회담(Marburger Religionsgespräch) 전후에 츠빙글리가 동료 개혁자들에게 보낸 편지들에 피력된 그의 성찬에 대

---

1 『생명과 말씀』 제36권 (2023. 8)에 게재된 논문을 수정, 요약하였음.

한 견해를 소개하며, 이를 통하여 그의 성찬론이 내포하고 있는 의미를 추적하고자 한다. 그의 성찬론은 츠빙글리주의의 실체를 해명해 줄 수 있는 구체적인 교리로서, 로마가톨릭교회의 화체설, 루터의 공재설과는 매우 분명한 차이점을 보여주고 있다. 루터와 츠빙글리의 상이한 성찬론은 프로테스탄트 진영의 분열의 단초를 제공하게 되면서, 루터파와 츠빙글리파의 균열을 야기시켰다. 따라서 츠빙글리와 루터를 구별하는 명확한 신학적 주제로서 '성찬론'이 부각되었으며, 양자의 상이한 성찬론은 루터주의와 츠빙글리주의를 구별하는 기준이 되었다.

츠빙글리에게 있어서 1529년에 개최되었던 마르부르크 종교 회담은 루터와 츠빙글리의 신학적 견해의 차이를 극복하여 프로테스탄트 진영이 연합될 수 있는 절호의 기회였다. 츠빙글리는 루터를 적극적으로 설득하고자 시도했지만, 마르크부르크 종교 회담은 성찬론만 제외한 합의문을 발표하며 종료하게 되었다. 마르부르크 종교 회담 이후 1549년 취리히 합의신조 체결까지 성찬론으로 야기된 프로테스탄트 진영의 분열을 극복하기 위한 시도가 지속적으로 존재했다. 본 논문은 프로테스탄트 진영의 분열을 야기시켰던 성찬론 논쟁의 맥락 속에서 츠빙글리가 동료 개혁자들에게 편지를 통하여 그가 어떻게 성찬에 대한 신학적 견해를 피력했는가에 주목, 고찰하고자 한다. 교리적 측면뿐만 아니라, 프로테스탄트 진영의 연합과 관련하여 츠빙글리의 성찬론의 포괄적 의미의 규명을 시도할 것이다.

II. 교리적 측면에서의 고찰

1. 마틴 루터(Martin Luther)에게 보낸 편지

츠빙글리가 루터에게 편지를 보내면서, 루터에게 중세 로마가톨릭교회의 화체설의 흔적을 완전히 제거하여, 성찬의 올바른 신학적 의미를 파악할 수 있도록, 루터를 설득하고자 최선을 다해 시도했다. 츠빙글리는 루터를 비판하며, 그리스도의 두 본성이 완전하게 분리되어 있다는 전통적 교리에 근거하여 빵과 포도주에 그리스도의 몸이 직접적으로 임재할 수 없다고 주장하며, 성찬식과 관련하여 그리스도의 영적 현존을 역설했다. 반면에 루터는 로마가톨릭교회의 화체설을 비판하며, 빵과 포도주의 그리스도의 몸으로의 변화가 아니라, 빵과 포도주에 그리스도의 몸이 직접적으로 임재할 수 있다고 주장했다. 츠빙글리는 이와 같은 루터의 성찬론(공재설)이 로마가톨릭교회 화체설의 잔재를 반영하고 있다고 판단했다. 당시 중세 로마가톨릭교회는 아리스토텔레스의 철학적 개념을 사용하여, 실체의 변화를 주장하며, 사제의 축성을 통하여 빵과 포도주가 그리스도의 육신으로 변화하면서, 그리스도의 직접적 현존이 실현된다고 주장했기 때문이다.

츠빙글리는 자신의 성찬론을 루터에게 설명하고, 그를 설득하기 위하여, 1527년 4월 8일 Amica exegesis를 출판하면서, 4월 1일에 루터에게 편지를 다음과 같은 내용으로 보냈다. 여기서 라틴어 amica에 대하여 주목할 필요가 있다. '친근한'을 의미하는 라틴어 형용사 amica를 사용하여 Amica exegesis(친근한 주석)이라고 책 제목을 명명한 것은 프로테스탄트 종교개혁의 포문을 열었던 루터에 대한 존경심의 발현이면서, 더 나아가 루터를 설득하기 위한 츠빙글리의 의지가 내포된 것이라고 볼 수 있다. 그는 다음과 같이 편지에서 언급한다.

"매우 존경하는 루터여, 당신은 나의 뜻과는 달리 내가 동봉한 주석을 쓰게 했습니다. 그 주석에서 저는 당신과 솔직하게 말다툼 없이 논쟁을 했습니다. 저는 항상 당신을 매우 존경합니다. 저는 저의 아버지를 당신보다 더 많이 존경하지 않았습니다. 당신은 계속 진리를 거역하지만, 저는 계속 당신을 존경할 것입니다. 그래서 이 편지에서 열린 마음으로 말씀드립니다."[2]

츠빙글리는 루터가 프로테스탄트 진영 내에서 자신보다 더 중요한 지도자의 위치에 있다는 것을 유념하며, '이것이 내 몸이다'의 문자적 의미와 실제적 의미의 구별을 요청했다. 츠빙글리는 루터와의 성찬론 합의가 결렬[3]되었다는 판단을 유보한 채, 루터와의 성찬론 합의 가능성을 포기하

---

[2] "Gratiam et pacem a domino. Compulisti, Luthere doctissime, nos hanc, Exegesim", in qua te paulo liberius, at citra omne convicium excepimus, ad te invitissimos plane scribere. "Sic enim te semper observavi, ut patrem non potuissem magis, etiamsi literis ad te datis hoc non perinde atque rerum momentis testatus sim, neque te colendi finem faciam, nisi tu nolis pertinaciter veritati resistendi finem nullum invenire.", Zwingli an Luther (Zürich, 1. Apri 1527), Z IX, 78-79.

[3] 마르부르크 조항 중에서 성찬론에 관련된 15번째 조항은 다음과 같다. "Vom Sacrament des leibs vnd Bluts Christi. Zum funfzehendten, gleuben vnd halten wir alle von dem nacht male vnsers lieben hern Hiesu Christi, das man bede gestalt nach der Insatzung Christi prauchen solle, Das auch das Sacrament des altars sey ein Sacrament des waren leibs vnd pluts Hiesu Christi vnd dj gaistliche niessung desselbigen leibs vnd pluts Einem yeden Christen furnemblich von notten, Deßgleichen der brauch des Sacraments wie das wort von got dem almechtigen gegeben und geordnet sey, damit dj schwachen gewissen zu gleuben zubewegen durch den hailigen gaist. Und wiewol aber wir uns, Ob der war leib und plut Christi leiblich im Brot und wein sey, dißer Zeit nit vergleicht haben, So sal doch ein teill jegen dem andern Christliche liebe, so fer yedes gewiessen ymmer leyden kann, erzeigen, und bedeteil got den almechtigen bleissig bidten, das er vns durch seinen gaist den rechten verstandt bestettigen wolle Amen." ("그리스도의 살과 피의 성례전에 대하여. 열다섯 번째, 우리 모두는 우리의 사랑하는 주 예수 그리스도의 성찬에 대하여 믿고 말합니다. 그리스도께서 제정하신 두 가지 형태가 사용되어야 합니다. 제단의 성례전은 예수 그리스도의 참된 몸과 피의 성례전이며, 이 몸과 피를 영적으로 누리는 것은 모든 그리스도인들에게 특별히 필요합니다. 말씀과 동일하게 성례를 사용하는 것은 전능하신 하나님에 의해 주어졌고, 명령된 것으로 연약한 양심이 성령을 통해 믿음으로 움직이게 합니다. 그리고 다른 한 편으로 우리가 이번에 일치하지 못하

지 않았다. 루터에게 궁극적인 하나님의 판단을 기다리며, 진리를 규명하는 작업에 있어서 신중하게 접근하는 것을 요청했다. 그는 마르부르크 종교 회담 이후에 다음과 같이 루터에게 편지를 썼다.

> "당신은 헤센의 제후에게 이 사건을 하나님께 맡겼다고 편지를 썼습니다. 저는 인정합니다. 그러나 자신의 것을 하나님의 것이라고 여기는 사람들이 심판받게 되기를 바랍니다. ……매우 학식이 깊은 루터여, 감정적으로 행동하지 말고, 강요하거나 우리의 권위에 의지하지 않아야 합니다. 신중하게 그분의 판단을 기다려 봅시다."[4]

그리스도의 편재설에 근거하여 그리스도의 육신이 빵과 포도주와 함께 현존한다고 주장하는 루터를 비판하며, 츠빙글리는 그리스도의 몸의 현존은 신앙인의 영혼 속에서 묵상을 통하여 현존하다고 주장한다. 로마-가톨릭교회의 화체설(빵과 포도주를 그리스도의 살과 피의 실체적 변화), 루터의 공재설(빵과 포도주와 함께 실제적으로 현존하는 그리스도의 살과 피), 츠빙글리의 영적 임재설(그리스도 살과 피의 영적 현존)은

는 것은 그리스도의 참된 몸과 피가 육체적으로 빵과 포도주 안에 있는지에 대한 문제입니다. 그럼에도 불구하고 각 파는 양심이 허락하는 한, 다른 파에게 그리스도의 사랑을 보여야 합니다. 그리고 두 파들은 하나님께서 우리로 하여금 그의 영으로 바른 이해를 확인하도록 전능하신 하나님께 기도해야 합니다.), Die Marburger Artikel, D. Martin Luthers Werke. Kritische Gesamtausgabe. Band. 30, Teil 3, (Weimar: Hermann Böhlaus Nachfolger, 1910), 169-170.

4 "Ipse scripsisti ad principem Hassiae negotium hoc ad iudicem deum devolutum esse. Quod equidem agnosco, sed simul spero, hunc iudicem eos quoque proditurum esse, qui sua pro divinis tradunt,….doctissime Luthere, nihil ex affectu agere, nihil deierando extorquere, nihil nostra autoritate fulcire, quo tutius illius sententuam exspectemus.", Zwingli an Luther (Zürich, 1. Apri 1527), Z IX, 81.

일종의 성찬론의 발전사로서 이해할 수 있다. 최종적으로 츠빙글리의 성찬론은 신비적 신앙과 합리적 판단의 균형적 결합을 제시한다. 츠빙글리는 루터에게 다음과 같이 말했다.

> "성찬과 신앙인의 영혼 속에서 그리스도의 몸은 묵상 이외에 다른 것이 아닙니다. 우리가 그것을 간과한다면, 지어낸 이야기를 말하는 것이 될 것입니다."[5]

2. 볼프강 카피토(Wolfgang Capito)와 마틴 부처(Martin Bucer)에게 보낸 편지

츠빙글리는 1531년 2월 12일 새벽에 루터와 츠빙글리의 중재자 역할을 수행했던 스트라스부르의 개혁자 볼프강 카피토와 마틴 부처에게 편지를 썼다. 1530년 아우크스부르크 제국 의회가 종료된 이후 부처의 주도 아래 남부 독일 4개 도시 대표-스트라스부르(Straßburg), 메밍엔(Memmingen), 린다우(Lindau), 콘스탄츠(Konstanz)-들은 루터의 입장을 존중하면서도, 츠빙글리 성찬론의 영향을 받은 독자적인 신앙고백문인 "4개 도시의 신앙고백"(Confessio Tetrapolitana)을 작성하며, 루터의 신학적 입장이 피력된 일종의 중재안으로서의 제3의 대안을 카를 5세에

---

5 "Nunquam enim aliud obtinebis, quam quod Christi corpus, quum in coena, quum in mentibus piorum non aliter sit quam sola contemplatione, et nos, posteaquam processimus, commenta omnia prodemus." Zwingli an Luther (Zürich, 1. Apri 1527), Z IX 80.

게 제시했으며, 이는 츠빙글리의 "신앙의 해명"(fidei ratio)과 더불어 개혁교회의 신앙고백으로서 인정을 받았다. 이후 부처는 비텐베르크 합의(Wittenberger Concordie)를 도출해 내기도 했다. 츠빙글리는 부처가 시도하는 일치된 신앙고백문을 협의를 통해 도출하는 작업에 대하여 비판적인 입장을 피력했다. 그는 부처에게 보낸 편지에서 다음과 같이 언급한다.

> "사랑하는 형제여, 저는 당신의 열정을 꾸짖지 않습니다.; 그러나 당신들이 추진하는 것은 일치신조를 완성하는 것으로 귀결하게 됩니다. 이것은 새로운 의견의 불일치를 만들어냅니다...."[6]

츠빙글리는 유일회적인 십자가 사건이 하나님의 은총에 의한 객관적인 구원 사건이며, 다른 측면에서 신앙은 하나님의 주관적인 구원 사건으로서 그리스도인의 영혼 안에서 발생한다고 주장한다. 하나님의 구원 사건의 객관적 측면과 주관적 측면의 분리를 성찬론에 적용시키는 것이다. 이것은 결코 성찬에 현존하는 그리스도를 부정하는 것이 아니다. 성찬식에 참여하는 신앙인의 묵상 속에 그리스도께서 현존하신다고 주장한다. 그는 루터의 그리스도의 편재설에 동의하지만, 방식에 있어서, 육체적인 현존이 아니라, 영적인 현존을 주장하는 것이다.

---

6 "Equidem, mi frater, sedulitatem tuam non improbo, sed... Vos istud plane agitis, ut concordia ὕπουλος fiat, quae quottidie novum dissidium exulceret." Zwingli an Capito und Bucer (Zürich, 12. Februar 1531), Z XI, 339.

"루터는 그리스도께서 어디든지 임재하신다고 말했는데, 우리는 동의합니다. 그러나 이것은 논쟁을 불러 일으킵니다. : 그리스도의 자연적이며 육체적인 몸의 실체는 그의 몸의 본질과 실체에 따라 현존하며, 성찬 시 우리에게 주어지고 시식되는 것입니까?……우리는 그리스도의 몸이 성찬에 임재하신다고 알고 있습니다. 그러나 그것은 자연적이고 육체적인 것이 아닙니다. 그의 몸은 완전히 경건한 신앙인의 영혼에 성례전적으로 현존하십니다. 즉 신앙의 묵상 중에 현존하십니다."[7]

3. 암브로시우스 블라러(Ambrosius Blarer)에게 보낸 편지

츠빙글리는 콘스탄츠의 개혁자였던 암브로시우스 블라러에게 보낸 편지에서, 올바른 성찬론은 교회론 이상으로 중요하다고 역설한다. 그는 다음과 같이 말한다.

"'그리스도가 교회의 머리이시다'와 '로마 교황이 교회의 머리이다'의 두 문장이 다르지 않습니까? '오직 그리스도의 죽음을 통하여 죄가 극복된다'와 '그리스도의 육신을 먹는 것을 통하여 극

---

7 "Non de Christo dissidium est etiam quum Luterus dicit eum esse ubique, nobiscum enim sentit. De hoc autem est certamen, Christi naturale istud ac substantia corpus natura substantiaque praesens hic loci in coena et porrigatur et edatur. De qua re dudum habetis sententiam nostram, in uno loco esse oportere hoc modo. Sed ista nunc mittimus. Christi corpus scimus adesse in coena; verum non naturaliter aut corporaliter, sed sacramentaliter adesse credimus nude, religiose ac sancte menti, hoc est: fidei contemplatione." Zwingli an Capito und Bucer (Zürich, 12. Februar 1531), Z XI, 340.

복된다.' 이 두 문장 또한 다르지 않습니까?"⁸

츠빙글리는 그의 중요한 신학적 원칙이었던 '하나님과 피조물의 질적 차이'(Extra Calvinisticum)에 근거하여, 로마-가톨릭교회가 주장하는 교회론(교황이 교회의 머리)과 성찬론(화체설: '그리스도의 육신을 먹음으로써 죄가 용서된다는 것')은 올바른 교회론('그리스도가 교회의 머리')과 구원론('그리스도의 죽음을 통하여 죄가 용서된다')과 근본적으로 배치된다고 주장했다. 그는 루터의 공재설이 빵과 포도주가 그리스도의 살과 피로 변화된다는 화체설을 거부했지만, 그럼에도 불구하고 그리스도의 육신이 빵과 포도주와 함께 실제적으로 현존한다고 주장했다는 점에 있어서, 로마-가톨릭교회의 화체설과 거의 유사하다고 판단했던 것이다. 최종적으로 그에게 있어서 빵과 포도주에 임재한 그리스도의 육신을 부정하는 것은 교황이 교회의 머리가 아니라고 하는 것처럼, 매우 근본적인 신학적 원칙이다.

IV. 프로테스탄트 진영의 연합을 위하여

1. 요아킴 바디안(Joachim Vadian)

---

8 "Ecclesie Christi ipse caput est, ecclesie Christi caput pontifex Romanus est: an ista duo diversa sunt? Morte Christi sola delentur peccata, esu corporis Christi corporeo delentur peccata: an non et ista eque distant?", Zwingli an Ambrosius Blarer (Zürich, 4. Mai 1528), Z IX, 461.

츠빙글리는 1529년 10월 20일 마르부르크 종교 회담을 마친 후 성갈렌(St. Gallen)의 의사이며 시장이었던 요아킴 바디안(Joachim Vadian)에게 편지를 보냈다. 그 편지의 핵심 내용을 소개하면 다음과 같다.

> "헤센의 궁정은 루터로부터 멀어졌으며, 우리 책을 안전하게 읽을 수 있도록 허락했습니다.……우리는 이익을 얻었습니다. 우리가 기독교 교리에 대하여 하나가 된 후에 교황주의자들은 루터가 그들의 편이 될 것이라는 희망을 가질 수 없습니다."[9]

> "저는 여행으로 인하여 지쳤지만, 당신에게 편지를 씁니다. 당신이 우리에게 온다면, 당신은 모든 것을 완벽하게 듣게 될 것입니다. 저는 다른 생각을 가지고 있습니다. 즉 종교를 보호하고 황제의 군주 통치에 저항하는 것으로서, 적절한 시기에 당신에게 설명될 것입니다."[10]

위 편지 내용은 츠빙글리의 마르부르크 종교 회담 참석 목적 및 성과를 알려주고 있다. 츠빙글리는 마르부르크 종교 회담을 통하여 작센주 선제후가 프로테스탄트 종교개혁을 위하여 루터를 후원했던 것처럼, 헤센

---

9 "Aulici Hassii ferme omnes desciscunt a Lutero, Ipse permisit, libros nostros innoxie legi posse. Hoc etiam boni tulimus, quod, posteaquam in reliquis christiane religionis dogmatis consensimus, pontificii non ultra poterunt sperare Lutherum suum fore.", Zwingli an Vadian (Zürich, 20. Oktober 1529), Z X, 317-318.

10 "Hec ex itinere fessus scribo. Ubi ad nos veneris, universa plenius audies. Arbitror enim, alia quoque nos attulisse, que pro religionis presidio et adversus monarchiam cesaris factura sint, que vobis quoque, sed cum tempus postulabit, exponenda erunt.", Zwingli an Vadian (Zürich, 20. Oktober 1529), Z X, 318.

의 필립 1세 또한 츠빙글리를 위하여 후원하는 것을 매우 중요한 과제라고 생각했다. 마르부르크 종교 회담에서 실제적으로는 성찬론과 관련하여 결렬되었음에도 불구하고, 헤센의 필립 1세가 그의 성찬론을 수용하면서, 루터는 설득당했으며, 그의 종교개혁을 수용한 스위스 연방과 독일 남부 지역 도시들이 헤센의 필립 1세의 후원을 받게 되었다고 확신했던 것으로 추측된다. 부연하면, 츠빙글리는 로마 가톨릭교회 성찬론의 잔재가 남아있는 루터의 성찬론이 아니라, 자신의 성찬론으로 프로테스탄트 진영이 교리적 분열을 극복한 이후에, 연합하여 가톨릭 이념을 내세운 신성 로마 제국 카를 5세의 통치에 저항해야 한다고 판단했을 가능성이 높다. 그러나 실제로 카를 5세는 프로테스탄트와 가톨릭의 교리적 일치와 연합을 모색했던 아우크스부르크 제국 의회에 츠빙글리파를 초대하지 않았으며, 프로테스탄트 진영의 대표자로서 루터파만을 초대했다.

2. 콘라트 삼(Konrad Sam)과 심프레흐트 쉥크(Simprecht Schenk)

아우크스부르크 제국 의회가 종료된 이후, 1530년 8월 18일 츠빙글리는 동료 개혁자인 울름(Ulm)의 콘라트 삼(Konrad Sam)과 메밍엔(Memmingen)의 심프레흐트 쉥크에게 편지를 보냈다. 신성 로마 제국의 황제 칼 5세가 성찬론과 관련하여 루터파와 융합하지 못하는 츠빙글리파 지역인 남부 독일 도시들에 대하여 적대적인 입장을 취하고 있다는 사실을 간파하고 있었기 때문에, 이후 전쟁으로 비화될 것을 염려했다. 그는 우선적으로 황제가 우리의 신앙을 인정하는 이상, 그에게 순종할 것을 조언했다.

"흔들리지 않는 인내심을 가지고 진리를 고백해야 합니다. 황제가 우리의 신앙을 건드리지 않고 허락한다면, 황제에게 순종해야 합니다. … 황제가 하나님 말씀에 근거하여 가르칠 것이 있거나, 공정하고 자유롭고 공개적인 말로 다른 것을 이끌어 내지 않는 한…."[11]

그러나 츠빙글리 종교개혁의 영향을 받았던 남부 독일 도시들의 근본적인 대응 원칙을 다음과 같이 제시했다.

"(신성) 로마 제국이 참된 종교를 억압하기 시작하는 곳에서, 우리가 소홀하게 여긴다면, 우리는 압제자만큼 종교를 억압하고 멸시하는 것이 될 것입니다. 그 예가 예레미야 15장입니다. 이스라엘의 하나님께서 므낫세의 악행을 그대로 두시면서, 경고하십니다."[12]

3. 메밍엔(Memmingen) 시장과 의회에 보낸 편지

---

11 "Summa constantia confitenda est veritas, promittendumque caesari officium debitum, si modo fidem nobis permittat ülibatam, nisi verbo dei aliud docuerit, aut aequa, libera adpertaque collatione aliud evicerit.", Zwingli an Konrad Sam und Simpert Schenk (Zürich, 18. August 1530), Z XI, 69.

12 "Romanum imperium, imo quodque imperium, ubi religionem sinceram opprimere coeperit, et nos illud negligentes patimur, iam negatae aut contemptae religionis non minus rei erimus, quam illi ipsi oppressores. Exemplum est apud Ieremias 15. [Jer. 15. 3ff.], ubi exterminium comminatur deus Israeli, quod Manassem permississent impune esse pessimum.", Zwingli an Konrad Sam und Simpert Schenk (Zürich, 18. August 1530), Z XI, 69-70.

츠빙글리는 1530년 10월 10일 메밍엔 시장과 의회에 편지를 보냈다. 당시 메밍엔 시장과 의회는 아우크스부르크 제국 의회의 결과에 불복하며, 그의 종교개혁의 영향권 내에 잔존하기를 원했다. 그는 다음과 같은 내용의 편지를 보냈다. 츠빙글리는 메밍엔 시장과 의회가 루터파로 선회하는 것이 아니라, 지속적으로 츠빙글리를 지지하는 도시로 남아주기를 기대했다. 일부를 소개하면, 다음과 같다.

> "먼저 하나님의 은혜와 평화가 있기를… 저는 우리 주 예수 그리스도 안에서 너희에게 권합니다. 너희는 그리스도로 인하여 위험에 처해 있습니다. 저는 편지를 쓰면서 화를 내고 싶지 않습니다. 저는 자만심으로, 혹은 주제넘게 참견하고 싶어서 편지를 쓰는 것이 아니라, 걱정하고 신뢰하기 때문에 편지를 쓰는 것입니다…너희의 신뢰와 확고함을 의심하는 것이 아니라, 너희가 직면하게 될 유혹에 대해 경고하기를 원합니다."[13]

마르부르크 종교 회담과 아우크스부르크 제국 의회에서 츠빙글리파가 공식적으로 배제되고, 츠빙글리가 전사하게 된 이후, 츠빙글리의 지도를 따랐던 메밍엔 도시의 상황을 다음과 같이 정리할 수 있다: 츠빙글리의 영향력 축소로 인하여 츠빙글리 종교개혁이 아니라, 루터의 종교개혁을

---

13 "Gnade und Friede von Gott zuvor…Ich vermahne Euch bei unserem Herrn Jesus Christus, um dessentwillen Ihr in Gefahr steht; wollt mir mein Schreiben nicht verargern! Denn ich schreibe wirklich nicht aus Anmaßung oder Vorwitz, sondern aus Sorge und Treue…Nicht daß mir Eure Treue und Standhaftigkeit zweifelhaft wäre, sondern ich möchte Euch warnen vor der Versuchung, die Euch begegnen könnte…" Zwingli an Bürgermeister und Rat zu Memmingen (Zürich, 10 Oktober 1530), Z XI, 185.

수용하게 되었다. 메밍엔은 츠빙글리 사후 1532년 루터주의를 통하여 결성된 쉬말칸덴 동맹에 가입했으며, 쉬말칼덴 전쟁에서 루터주의자들에 의하여 패배한 후, 신성 로마 제국 황제 칼 5세에 항복하고 5만 굴덴을 벌금으로 납부했다. 이를 다음과 같이 표현할 수 있다. : 츠빙글리주의가 아닌 루터주의의 수용. 루터주의와 츠빙글리주의는 기본적으로 루터와 츠빙글리의 신학 사상의 총체를 의미하지만, 실제적으로는 당시 시대적 상황 속에서 루터와 츠빙글리의 상이한 성찬론을 의미했을 가능성이 높다.

4. 볼프강 요너(Wolfgang Joner)

마르부르크 종교 회담이 결렬되고, 츠빙글리가 배제된 채 아우크스부르크 제국 회의가 개최되었다. 이 시기 그는 취리히 프로테스탄트 종교개혁의 위기를 감지하게 되면서, 취리히 의회 정치에 이전보다 더 깊이 관여했다. 그는 1531년 9월 28일에 알프스 시토수도원 원장이었던 볼프강 요너(Wolfgang Joner)에게 스위스 연방 내에서의 가톨릭 진영과의 전투가 임박했다는 내용의 편지를 보냈다. 볼프강 요너는 츠빙글리 종교개혁에 협력한 사람으로서, 1527년 취리히 의회에 수도원을 헌납하고, 학교로 전환하여 운영했던 사람이었다. 이 편지는 그가 취리히 의회 정치에 깊이 관여하고 있었다는 사실을 방증한다. 최종적으로 마르부르크 종교 회담에서의 성찬론 합의가 결렬되면서 야기된 프로테스탄트 진영 내에서의 고립과 가톨릭 진영의 침공을 우려했다.

> "주님의 은혜와 평화를! 시장과 비밀 의회에 당신에게 다음 사항을 보고하고 신중한 조사를 위임하도록 명령했습니다. 다섯

개의 주가 우리를 짧은 시간 안에 공격할 것이라는 사실이 사방에서 보고되고 있습니다. 따라서 할 수 있는 한, 어떤 것이 있는지 없는지 정찰하십시오. 나의 교리로 인하여 시텐 혹은 발리제의 사람들이 떠날 것이라는 소문이 있습니다. 이 소문을 빨리 조사하고 보고해 주십시오. 안녕히 계십시오. 1531년 9월 28일 저녁 8시, 취리히. 당신의 훌드리히 츠빙글리."[14]

VI. 글을 정리하며

츠빙글리는 루터와 성찬론의 신학적 견해의 차이를 극복하지 못한다고 하더라도, 프로테스탄트 진영의 연합을 포기하지 않았다. 오히려 이를 통하여 로마-가톨릭교회와 가톨릭 이념을 숭상하는 신성 로마 제국에 대항하는 프로테스탄트 종교개혁의 가치와 프로테스탄트 동맹을 적극적으로 지지했다. 츠빙글리는 성찬론이 가톨릭 이념을 수용한 신성 로마 제국에 대항하는 프로테스탄트 진영의 연합을 위한 중요한 교리라고 주장했다. 그럼에도 불구하고 그는 로마-가톨릭교회 신학자와도 성찬론에 대한 신학적 논의의 가능성을 피력했다. 그는 1528년 1월 6일부터 26일까지 개최되었던 베른(Bern) 논쟁을 위하여 1519년 라이프치히 논쟁에서 루터

---

14 "Gratiam et pacem a domino. Iussit consul et hy qui sunt a secretiore consilio, hoc tibi cum nuntiare, tum pro virili exploranda committere. Nuntiatur undique, quinque pagicos brevi insurrecturos in nos. Dabis igitur operam, ut quoad possis exploras, num huius aliquid sit an minus. Sedunos quoque sive Valesianos de me proficisci rumor est. Id quoque quam primum et explorabis et annunciabis. Vale. Tiguri, 28. die septembris, hora noctis octava, anno vero 1531. Huldrichus Zwinglius tuus.", Neue Zürcher Zeitung, 27. Juli 1969, Nr. 453.

와 논쟁을 했던 로마 가톨릭 신학자 요한네스 엑크(Johannes Eck)를 초대하기도 하였다. 츠빙글리는 마틴 부처에게 보내는 편지에서 성찬에 대한 의견이 상이할지라도 로마 가톨릭교회에 대항하는 프로테스탄트 진영은 연합해야 한다고 주장한다.

> "학자들의 의견이 다를지라도 작센 선제후와 다른 제후들, 그리고 프로테스탄트 동맹에 속한 모든 백성들이 연합하게 하는 것입니다."[15]

그는 교리적 차원에서는 그리스도의 영적 현존의 성찬론을 주장하면서, 이를 통하여 로마 가톨릭교회와 명확하게 구별되는 프로테스탄트의 신앙적 가치를 강조했다. 루터가 비록 그의 성찬론에 동의하지 못한다고 하더라고 가톨릭 이념을 앞세운 신성 로마 제국에 대항하여 프로테스탄트 종교개혁을 완수하기 위하여 연합해야 한다고 주장했다. 이와 동시에 츠빙글리가 마르부르크 종교 회담을 통하여 루터를 설득하지 못했다. 이후 아우크스부르크 제국 의회에서 츠빙글리파가 배제되는 과정을 통하여, 루터와 츠빙글리의 신학 사상의 결정적 차이점이 성찬론의 차이라는 인식이 확산되었다. 루터와 츠빙글리의 상이한 성찬론이 루터주의와 츠빙글리주의의 의미를 규정할 수 있는 중요한 요인이 되었다. 마르부르크 종교 회담의 성찬론 합의 불발과 아우크스부르크 제국 회의에서의 츠빙글리의 배제 이후, 츠빙글리의 영향력이 축소될 수 있는 상황에 직면했

---

15 "Haec, inquam, agitis, quum istud unum vobis esset agendum, ut Saxo reliquique principes et populi in foedere perstarent, etiamsi docti hac in re dissideant.", Zwingli an Capito und Bucer (Zürich, 12. Februar 1531), Z XI, 339.

다. 그는 위기 상황을 극복하기 위하여, 독일 남부 지역의 도시들과 스위스 연방 내에서 그의 종교개혁의 모델이 확산되기를 기대하며 적극적으로 활동하였으며, 취리히 의회와는 더욱더 밀접한 관계를 형성하면서, 취리히 의회 정치에 깊이 개입했다. 그러나 스위스 가톨릭 칸톤과의 제2차 카펠 전투에서 전사하게 되면서, 츠빙글리의 영향은 대폭 축소되었다. 이를 츠빙글리주의에 대한 루터주의의 승리라고 표현할 수 있을 것이다. 이후 칼빈이 츠빙글리의 성찬론을 계승한 성찬론을 정립하게 되었다.

04 참고 문헌

Zwingli, Huldreich. Huldreich Zwinglis Sämtliche Werke, hrsg. Von Emil Egli, Georg Finsler, Walter Köhler, Oskar Farner, Fritz Blanke, Leonhard von Muralt, Bde. 9-11, Leipzig: Verlag von Heinsius Nachfolger, 1935. [약자: Z]

Ad Matthaeum Alberumde coena dominica epistola (1524), Z III.

Amica exegesis, id est: expositio eucharistiae negocii, ad Martinum Lutherum (1527), Z V, 548-758.

Zwingli an Luther (Zürich, 1. Apri 1527), Z IX 78-81.

Zwingli an Ambrosius Blarer (Zürich, 4. Mai 1528), Z IX, 451-467.

Zwingli an Vadian (Zürich, 20. Oktober 1529), Z X, 316-318.

Zwingli an Konrad Sam und Simpert Schenk (Zürich, 18. August 1530), Z XI, 68-70.

Zwingli an Bürgermeister und Rat zu Memmingen (Zürich, 10 Oktober 1530), Z XI 185-188.

Zwingli an Capito und Bucer (Zürich, 12. Februar 1531), Z XI 339-343.

츠빙글리(Huldrych Zwingli)와 미코니우스(Oswald Myconius)

이신열 _ 고신대학교 교수

05

05

츠빙글리(Huldrych Zwingli)와
미코니우스(Oswald Myconius)

이신열
고신대학교 교수

I. 시작하면서

제네바 태생의 종교개혁 연구가 도비네(Jean-Henri Merle d'Aubigné, 1794-1872)는 스위스의 츠빙글리와 미코니우스와의 관계를 독일의 루터와 멜랑히톤의 관계에 비유하기도 했다.[1] 그렇다면 양자의 관계에 대한

---

1 Jean-Henri Merle d'Aubigné, *Histoire de la réformation du seizième siècle*, trans.

이해는 16세기 스위스, 특히 취리히(Zurich) 종교개혁에 대한 더 자세한 이해에 큰 도움을 준다고 볼 수 있다. 미코니우스는 취리히에서 츠빙글리와 함께 사역하면서 그를 다양한 방식으로 도왔던 취리히 종교개혁의 중요한 인물이었다. 비록 그가 멜랑히톤처럼 우리에게 잘 알려진 인물은 아니지만 그의 생애와 신학에 대한 연구는 츠빙글리를 이해하는데 많은 도움을 제공할 것으로 보인다. 이 글에서는 츠빙글리와 미코니우스의 관계를 이해하기 위해서 다음 네 단락으로 나누어서 고찰하고자 한다: 츠빙글리의 동료들에 대한 간략한 소개, 미코니우스의 생애와 신학, 츠빙글리와 미코니우스의 관계.

II. 츠빙글리의 동료들에 대한 간략한 소개

츠빙글리(1484-1531)와 함께 활동했던 종교개혁자들로 하인리히 불링거(Heinrich Bullinger, 1504-1575), 레오 유트(Leo Jud, 1482-1542), 요하네스 외콜람파디우스(Johannes Ökolampadius, 1482-1531), 콘라트 펠리칸(Konrad Pelikan, 1478-1556), 그리고 오스왈트 미코니우스(Oswald Myconius, 1488-1552) 등을 들 수 있다.[2]

먼저 불링거는 츠빙글리의 그로스뮌스터(Grossmünster) 사역의 후계

Henry White, *For God and His People: Ulrich Zwingli and the Swiss Reformation* (Greenville, SC: Bob Jones University Press, 2000), 54. 이 번역본은 5권으로 발간된 원서의 축약본이다.

2 Oskar Farner, *Huldrych Zwingli: reformatorische Erneuerung von Kirche und Volk in Zürich und in der Eidgenossenschaft 1525-1531* (Zurich: Zwingli Verlag, 1960), 53-63.

자로 널리 알려져 있을 뿐 아니라 1549년에 제네바(Geneva)의 종교개혁자 칼빈(John Calvin, 1509-1564)과 취리히 협약(Consensus Tigurinus)을 체결하여 성찬론에 관한 일치에 이르렀다.³ 그는 1531년 츠빙글리 사망 이후 취리히에서 츠빙글리의 뒤를 이어 그곳의 종교개혁을 완성했던 인물이었다. 그는 카펠(Kappel)의 수도원 라틴어 학교에서 가르쳤는데 1523년에 츠빙글리를 처음 만났고 1527년에는 약 5개월 동안 취리히에서 츠빙글리와 함께 지내면서 그의 설교를 듣고 히브리와 헬라어를 학습하는 가운데 그와 신학적 사고를 공유하게 되었다. 두 사람의 연령 차이는 거의 20살이었으므로 불링거는 츠빙글리를 그의 스승이자 동료로 생각했다. 두 종교개혁자의 공통점은 인문주의자로서 지식을 공유했다는 점을 들 수 있는데 이 기간의 만남을 계기로 츠빙글리 또한 그의 어린 친구를 무척 좋아했고 존중하기 시작했다고 볼 수 있다.

유트는 독일 알사스 출신으로서 사제의 아들이었으며 츠빙글리의 초기 설교를 간략하게 수기로 기록한 인물로 알려질 정도로 일찍부터 그와 친분을 유지했다.⁴ 그는 츠빙글리의 사역지였던 아인지델른(Einsiedeln)에서 1518년에 목사 안수를 받았으며 츠빙글리가 취리히로 떠난 뒤 아인지델른에서 후계자가 되었다. 그러나 1519년에 유트는 츠빙글리를 따라 취리히로 가게 되었고 거기에서 츠빙글리와 함께 취리히 종교개혁의 핵심으로 자리잡게 되었다.⁵ 유트는 츠빙글리의 친구였는데 둘 사이의 친

---

3   Patrik Müller, *Heinrich Bullinger*, 박상봉 옮김, 『하인리히 불링거』 (수원: 합신대학원 출판부, 2015); 박상봉, 『불링거: 취리히 종교개혁을 완성하다』 (서울: 익투스, 2021).

4   Oskar Farner, *Huldrych Zwingli III: Seine Verkündigung und ihre ersten Früchte, 1520-1525* (Zürich: Zwingli Verlag, 1954), 29-94; 황정욱, "레오 유트의 생애와 사상", 『칼빈 시대 유럽 대륙의 종교개혁가들』 (부산: 개혁주의학원, 2014), 32-58.

5   G. R. Potter, *Zwingli* (Cambridge: Cambridge University Press, 1976), 19; Bruce Gordon, "Transcendence and Community in Zwinglian Worship: The Liturgy

분은 츠빙글리의 결혼식을 통해서 잘 드러난다. 츠빙글리는 1522년 봄에 1517년 전투 시에 부상의 결과로 사망한 한스 마이어(Hans Meyer)의 미망인 안나 라인하르트(Anna Reinhart)와 결혼했다. 그러나 교회법의 문제를 피하기 위해서 공식적 결혼식을 미룬 상태로 지내다가, 약 2년이 지난 1524년 4월 2일이 되어서야 유트의 주례로 결혼식을 치르게 되었다.[6] 1525년에 그는 예언자회(Prophezei)에서 펠리칸과 테오도르 비빌리안더(Theodore Bibliander, 1509-1564)와 함께 사역자들을 양성했다.[7] 또한 1525년에 취리히에서 로마 가톨릭의 미사가 폐지되고 복음주의적 성찬이 도입되는 과정에 큰 역할을 담당하기도 했다. 그는 츠빙글리가 사망한 후에 심한 우울증에 시달렸고 이로 인해 취리히에서 지도자 역할을 담당하기에 어려움이 있었다.[8] 이 시기 이후에 일시적으로 그는 영론파인 카스파르 쉬벵크펠트(Caspar Schwenkfeld, 1489/90-1561)의 영향을 받아 유아 세례를 부인하기도 했지만 1534년 이후에 개혁파 진영으로 돌아오게 되었다.

외콜람파디우스는 바젤(Basle)의 종교개혁자로 1523년부터 대학에서 교수로 사역하기 시작했으며 이 시기부터 츠빙글리와 교제하기 시작했

---

of 1525 in Zurich", R. N. Swanson (ed.), *Continuity and Change in Christian Worship* (Woodbridge: Boydell, 1999), 145-50; Carl Pestalozzi, *Leo Judä: Nach handschriftlich und gleichzeitlich Quellen* (Elberfeld: R. L. Friderichs, 1860), 6-14. 페스탈로찌는 대부분의 20세기 연구가들의 주장과는 달리 1519년부터 1523년까지 유트가 아인지델른에서 종교개혁자로서 사역을 시작했다고 주장한다.

6 Joachim Rogge, *Anfänge der Reformation: Der junge Luther (1483-1521) & Der junge Zwingli (1484-1523)*, 황정욱 옮김,『종교개혁 초기: 청년 루터 (1483-1521) & 청년 츠빙글리 (1484-1523)』(천안: 호서대학교출판부, 2015), 455.

7 Karl-Heinz Wyss, *Leo Jud: Seine Entwicklung zum Reformator, 1519–1523* (Frankfurt am Main: Peter Lang, 1976).

8 Müller,『하인리히 불링거』, 66-69.

다.[9] 그는 이 도시를 종교개혁의 도시로 만드는데 크게 기여했다. 그는 츠빙글리와 아주 친밀한 관계를 유지하면서 사역했지만 그에게 전적으로 의존적인 인물은 아니었다. 그의 작품들은 당대에 전 유럽에 널리 읽혀지기도 했다.[10] 외콜람파디우스는 그의 후계자로 간주되기도 했지만 카펠 전투에서 1531년 10월 11일에 츠빙글리가 사망한 후 정신적으로 큰 충격에 휩싸이게 되었고 그 이후 건강이 급격하게 악화되어 같은 해 11월 24일에 사망했다. 그의 갑작스런 사망으로 불링거가 12월 8일에 27세의 젊은 나이에 취리히 교회의 의장(Antistes)으로 선출되었다.

마지막으로 펠리칸은 츠빙글리의 동료로서 취리히의 예언자회에서 주로 히브리어를 가르쳤다.[11] 알사스(Alsace)의 루파흐(Rouffach)에서 출생한 펠리칸은 원래 프란시스칸(Franciscan) 수도사였는데 서서히 종교개혁에 가담하게 되었다. 그는 취리히로 오기 전에 바젤에서 1523년부터 3년 동안 히브리어 교수로서 사역했다. 츠빙글리의 히브리어 교사였던 야콥 세포린(Jakob Ceporin, 1499-1525)이 1525년 12월 20일에 갑자기 세상을 떠나게 되자 츠빙글리는 펠리칸을 초청했고 그는 취리히에서 1526년부터 히브리어와 헬라어를 가르쳤다. 그는 개신교도들 가운데 최초인 1501년에 히브리어 문법서를 저술하기도 했는데 그 후 30년 동안 취리히에서 교수로 사역했다.

---

9   Bruce Gordon, *The Swiss Reformation* (Manchester: Manchester University Press, 2002), 110; Karl Rudolph Hagenbach, *Johann Oekolampad und Oswald Myconius die Reformatoren Basels: Leben und ausgewählte Schriften* (Elberfeld: R. L. Friederichs, 1859).

10 Gordon, *The Swiss Reformation*, xviii.

11 Emil Silberstein, *Conrad Pellicanus: ein Beitrag zur Geschichte des Studiums der hebräischen Sprache in der ersten Hälfte des XVI. Jahrhunderts* (Berlin: von Rosenthal, 1900); Christoph Zürcher, *Konrad Pellikans Wirken in Zürich, 1526-1556* (Zürich: Theologischer Verlag, 1975).

III. 미코니우스의 생애와 신학

미코니우스는 츠빙글리의 초기 사역에 큰 역할을 담당했으며 나중에 츠빙글리의 적이 되었던 재세례파 콘라드 그레벨(Konrad Grebel, 1498-1526)에 의해 츠빙글리와 바디안(Vadian)과 더불어 하나님과 유사한 왕들(reges Divis adsimiles)로 간주되기도 했다.[12] 이 단락에서는 그의 생애와 신학에 대해서 간략하게 살펴보고자 한다.

1) 생애

미코니우스는 1488년에 루체른(Lucern)에서 태어났다. 그의 성은 가이스휘슬러(Geisshüsler)였고, 그의 아버지는 방앗간 주인이었다. 따라서 그는 Molitoris(라틴어 molitor)라고도 불리워졌는데 미코니우스라는 이름은 에라스무스가 그에게 지어주었던 헬라식 이름으로 알려져 있다.[13] 그는 루체른에서 라틴어 문법 학교를 졸업한 후 바젤 대학에서 1514년부터 1516년까지 고전을 공부했다. 1516년에 그는 학교 교사로서 취리히로 부름을 받아 사역했는데 1518년 말에는 당시 아인지델른(Einsiedeln)에서 사역했던 츠빙글리를 취리히로 초청하는데 당시 시장이었던 뢰이스트(Marx Röist, 1454-1524)와 함께 중요한 역할을 담당하기도 했다.[14] 1519

---

12 Rogge, 『종교개혁 초기』, 423. 이와 대조적으로 에라스무스(Desiderius Erasmus)는 미코니우스를 '어리석은 사람' (homo ineptus)으로 평가절하하기도 했다. Gordon, *The Swiss Reformation*, 178.

13 Rainer Henrich, "Einleitung", in Oswald Myconius, *Briefwechsel 1515-1552, Teilband 1 Briefe 1515 bis 1541, Rainer Henrich (ed.)* (Zürich: Theologischer Verlag Zwingli, 2017), 9-10.

14 Potter, *Zwingli*, 44-46; W. P. Stephens, *Zwingli: An Introduction to His Thought*, 박경수 옮김, 『츠빙글리의 생애와 사상』 (서울: 대한기독교서회, 2007), 44-45. 미코니우스는 1518년 10월 28일 취리히의 사제직에 공석이 있다는 사실을 알렸고 그가 이

년부터 1522년까지 츠빙글리의 추종자로서 루체른에서 로마 가톨릭과의 대결하면서 종교개혁을 추진했다. 많은 어려움 가운데 미코니우스는 츠빙글리와 서신을 교환하면서 그가 겪는 어려움을 해결하기 위해서 조언을 구하기도 했다.[15] 그는 1523년에 아인지델른의 성베드로교회에서 약 6개월 정도 사역했는데 이는 취리히로 떠난 유트의 사제직을 물러 받은 것이었다.[16] 그는 1524년부터 츠빙글리의 초청을 받아 취리히의 문법 학교 교장으로 취임하면서 츠빙글리와 동역하기 시작했는데 이 동역은 츠빙글리가 사망한 1531년까지 지속되었다.

그의 사망 이후 미코니우스는 바젤 교회의 의장(Antistes)으로 선출되었는데[17] 바젤의 종교개혁자 외콜람파디우스가 츠빙글리 사망의 충격을 이기지 못하고 갑자기 사망했기 때문이었다. 미코니우스는 취리히 태생의 메간더(Kaspar Megander, 1495-1545)와 함께 츠빙글리의 후계자로서 취리히에서 사역하기를 원했지만 이들이 로마 가톨릭과의 전쟁이 계속되어야 한다는 견해를 표방했기 때문에 시 의회는 이들 가운데 하나가 아니라 만장일치로 불링거를 선택했던 것으로 보인다.[18] 미코니우스는 츠

자리를 채웠으면 좋겠다는 서신을 츠빙글리에게 보냈다. 같은 해 12월 3일에 미코니우스가 보낸 두 번째 서신에는 츠빙글리를 청빙하는데 몇 가지 어려움이 있다고 밝히는데 이는 츠빙글리와 아인지델른의 유력 인사의 딸 사이에 발생했던 불미스러운 일을 지칭하는 것으로 보인다. 그러나 츠빙글리가 유명한 설교자라는 사실이 더 설득력을 얻게 되었고 시 의회는 12월 11일 17대 7로 츠빙글리의 청빙을 결정했다. 청빙이 결정되자 그는 12월 27일 일반 사제(Leutpriester)로 사역하기 위해서 아인지델른에서 취리히로 이사했다.

15 William M. Blackburn, *Ulrich Zwingli: The Patriotic Reformer* (Philadelphia: Presbyterian Board of Publication, 1868), 148-60; D'Aubigné, *For God and His People*, 65-67, 92-96.

16 D'Aubigné, *For God and His People*, 99.

17 Melchior Kirchhofer, *Oswald Myconius, Antistes der Baslerischen Kirche* (Zürich: Orell, Füßli und Compagnie, 1809).

18 Gordon, *The Swiss Reformation*, 140.

빙글리의 후계자로 27세의 젊은 나이의 불링거가 지명된 것을 무척 기뻐했다고 전해진다. 도비네는 미코니우스가 불링거의 설교를 들었을 때, 그를 츠빙글리의 불사조(phoenix)로 간주할 정도로 그에게 감탄했다고 밝히기도 했다.[19]

1534년에 칼슈타트(Andreas Karlstadt, 1486-1541)가 바젤에서 사역하게 되면서 미코니우스와 칼슈타트 사이에 충돌이 불가피하게 발생했고, 그 결과 미코니우스는 큰 어려움을 겪게 되었다. 왜냐하면 칼슈타트가 독일의 급진 종교개혁과 재세례파의 대표적 인물로서 루터와도 논쟁을 벌인 경력을 지닐 정도로 개신교에 위험한 인물로 간주되었기 때문이었다.[20] 미코니우스는 부처(Martin Bucer, 1491-1551)와 카피토(Wolfgang Capito, 1478-1541)의 조언에 힘입어 루터란들과 화해를 추구했다. 루터와 아무런 관계도 원하지 않았던 칼슈타트는 미코니우스의 이런 태도를 못마땅하게 여겼을 뿐 아니라 미코니우스에게 박사 학위가 없다는 사실을 상기시키면서 그를 경멸하는 태도를 보였다.[21]

같은 해 1월 21일에 미코니우스가 작성한 바젤신앙고백서(The First Basel Confession)가 시 의회에 의해 공식적으로 채택되었는데 이 고백서는 그의 전임자 외콜람파디우스가 1531년에 작성한 짧은 신앙고백에 토대를 둔 것이었다.[22] 2-3년 후에 알사스의 뮐하우젠(Mühlhausen) 시 의회

---

19 D'Aubigné, *For God and His People*, 262.

20 Calvin A. Pater, *Karlstadt as the Father of the Anabaptist Movements: The Emergence of Lay Protestantism* (Toronto: University of Toronto Press, 1984).

21 Gordon, *The Swiss Reformation*, 146-47.

22 Philip Schaff (ed.), *The Creeds of Christendom I* (New York: Harper & Brothers, 1876), 387; Richard Stauffer, "Das Basler Bekenntnis von 1534", in Hans Rudolf Guggisberg & Peter Rotach (red.), *Ecclesia Semper Reformanda: Vorträge zum Basler Reformationsjubiläum 1529-1979* (Basel: Friederich Reinhardt, 1980), 28-49.

도 이 고백서를 정식으로 채택했는데 이 고백서는 19세기까지 계속해서 바젤에서 정식으로 사용되었지만 1872년에 무효화되었다.

취리히에서 히브리어를 교수했던 비블리안더는 미코니우스를 강력하게 추종했지만 그는 이탈리아의 인문주의 영향력 아래 놓여 있었고 예정론을 반대하고 보편 구원론을 주장하는 인물로 앞서 언급된 대로 버미글리와의 논쟁에 휩싸이기도 했다. 미코니우스는 1552년에 사망했는데 그는 약 20년 동안 바젤에서 지속적으로 개혁신학을 추구하는 삶을 살았다.

2) 신학

이 단락은 미코니우스의 신학을 개혁주의적 특성을 중심으로 고찰하되 다음과 같이 두 가지로 나누어서 살펴보고자 한다. 첫째, 츠빙글리 사망 후 바젤의 교회 의장으로서 그의 사역에 나타난 신학적 사고를 살펴보되 그의 바젤신앙고백서를 중심으로 고찰하고자 한다. 둘째, 루터파와 개혁파 사이에 벌어졌던 성찬론 논쟁과 관련하여 성찬론에 대한 미코니우스의 견해에 대해서 살펴보고자 한다.

i) 바젤신앙고백서 (1534)

미코니우스가 작성한 이 신앙고백서는 그의 바젤 사역 전임자 외콜람파디우스의 신앙고백에 토대를 두고 이를 확장한 것으로 알려져 있다. 고백서는 모두 12개의 항으로 구성되어 있다: 하나님, 인간, 우리를 위한 하나님의 돌보심, 참 신인이신 그리스도, 교회, 우리 주님의 성찬, 출교의 사용, 정부, 신앙과 행위, 심판의 날, 명령된 것과 명령되지 않은 것, 재세례파의 오류에 대항함. 또한 본문에는 주로 성경 구절로 구성된 25개의 각주가 달려 있는데 이를 간략하게 살펴보면 다음과 같다.

먼저 하나님에 관해서는 삼위일체 하나님, 창조, 그리고 섭리에 대해서 간략하게 설명한다. 또한 이 고백서는 독특하게도 하나님에 대한 조항 다음에 바로 인간을 다룬다. 인간은 하나님에 의해 지음 받은 피조물로서 의와 거룩함을 지녔지만 의도적으로 타락했고 저주의 대상이 되었다는 설명이 제공되는데 그가 하나님의 형상으로 지음 받았다는 언급은 주어지지 않는다. '인간을 위한 하나님의 돌보심'이라는 제목을 지닌 제3항은 타락으로 인간이 저주 받았고 하나님의 원수가 되었지만 하나님은 인류를 돌보신다는 섭리와 이에 대한 성경적 증거들로 구성되어 있다.

제4항은 참 하나님이며 참인간이신 그리스도에 대한 신앙을 고백하되 그가 신적 말씀, 즉 하나님의 말씀이었는데 인간의 본성과 결합하여 하나의 인격을 지닌 존재로 우리의 형제가 되셔서 우리가 그를 통해서 하나님의 기업이 되게 하셨다는 사실을 설명한다. 또한 사도신경의 내용에 근거해서 그의 사역에 대해서 간략하게 고찰한다.

제5항과 제6항은 교회와 성찬을 다루는데 먼저 5항에서는 교회의 하나 됨과 교회에서 사용되는 두 가지 성례로서의 성찬과 세례를 언급한 후에 교회가 평화와 사랑으로 일치를 이루어야 한다는 사실을 강조한다. 6항에서는 성찬에 대한 해설에서 이 성례를 통해서 그리스도가 모든 참되게 믿는 자들에게 참된 임재를 제공하신다는 기술을 시도하는데[23] 이 항의 독특성은 성찬의 종말론적 성격을 두드러지게 드러낸다는 사실에서 찾을 수 있다.

제7항은 치리 가운데 출교에 대해서만 다루고 다른 징계에 대해서는

---

23   Jan Rohls, *Reformed Confessions: Theology from Zurich to Barmen*, trans. John Hoffmeyer (Louisville: Westminster John Knox, 1998), 227.

설명하지 않는 점이 눈에 띈다. 출교의 목적은 전적으로 위반자를 회복하는데 놓여 있음 또한 아울러 강조된다.

정부에 대해서 다루는 제8항은 기독교 정부에 대한 견해를 제공하는데 하나님께서 정부를 그의 종으로 세우셨고 거기에 검과 가장 높은 외적 능력을 허락하셔서 선한 자에 대한 보호와 악한 자에 대한 보복과 처벌을 가능하게 하셨다는 설명을 제공한다.

제9항은 신앙과 행위에 대해서 다루는데 구원에 관한 고백이 교회와 국가에 대한 고백보다 뒤에 위치한다는 사실이 독특하다. 행위는 사랑의 열매이자 신앙의 열매이므로 믿는 자의 행위는 그들의 죄에 대한 만족을 제공하지 않는다는 성경적 가르침이 제공된다.

제10항은 종말에 대해서 다루는데 9항에서 언급된 신앙의 열매라는 표현을 사용하면서 이와 더불어 가식 없는 사랑으로 영생이 획득된다고 고백한다.

제11항은 아디아포라를 다루는데 제목은 '명령된 것'과 '명령되지 않은 것'으로 명명되었으며 마지막으로 제12항에서 재세례파의 오류를 반박하는 항목을 따로 설정한 것은 1520-30년대 취리히와 바젤의 상황을 염두에 둔 상황적 고려에 근거한 것으로 보인다.

이 신앙고백서는 논란이 제기될 가능성을 지닌 것으로 보인다.[24] 예를 들면, 제6항의 성찬에 대한 기술은 미코니우스가 루터파와 개혁파 양쪽의 견해를 지지하는 것으로 해석될 수 있는 애매모호한 내용(그리스도의 임재에 대하여 지나치게 일반적인 기술에 그친 점)이 오해의 가능성을 지

---

24 Karl Barth, *The Theology of the Reformed Confessions*, trans. Darrell G. Guder and Judith Guder (Louisville: Westminster John Knox, 2005), 76-77. 바르트는 이 신앙고백서가 논란을 제기하지 않으며 대체로 츠빙글리적 성격을 지닌다고 평가했다.

니기 때문이다.²⁵ 그러나 이 고백서가 19세기까지 계속해서 바젤에서 공예배 시에 고백되고 활용되었다는 사실은 이 문서의 가치가 인정되었음에 대한 방증으로 볼 수 있다.

ii) 성찬에 대한 견해

츠빙글리 사후 미코니우스는 1532년부터 바젤 교회 의장으로 사역을 시작했다. 그의 바젤 사역은 그가 사망하기까지 약 20년이나 지속되었다. 1534년에 독일 재세례파의 대표격인 칼슈타트가 바젤에서 사역을 시작하면서 미코니우스는 루터의 대적이었던 그와 상당히 불편한 관계에 놓일 수밖에 없었다. 이런 상황은 미코니우스가 개혁파 진영의 취리히와 베른과는 달리 루터파들과 유연한 관계를 유지하려는 노력을 기울였던 사실을 어느 정도 정당화한다고 볼 수 있다.²⁶ 이렇게 살펴보면 미코니우스가 양 진영의 성찬론을 중재하고 화해하는 역할을 담당했다는 사실이 더 의미있게 다가온다고 볼 수 있다.

그의 성찬론은 루터파의 공재설(theory of consubstantiation)을 지지하는 경향을 지닌 것으로 간주되기도 했다.²⁷ 2017년에 미코니우스의 서신들(1516-1552)을 새롭게 편집하여 출판한 불링거 연구가 헨리히(Rainer Henrich, 1955-)는 이런 오해를 불식시키고 미코니우스의 성찬론을 부처

---

25 이와 달리 헨리히는 이 고백서에 나타난 미코니우스의 성찬론이 츠빙글리적 요소를 지닌다고 평가한다. Henrich, "Einleitung", 33.
26 베른의 종교개혁자로 츠빙글리의 입장을 강경하게 대변하고 추종했던 인물로는 메간더를 들 수 있는데 그는 특히 취리히의 불링거와 불편한 관계를 유지했다.
27 그의 초기 전기 작성자 판탈레온 (Heinrich Pantaleon, 1522-1595)은 미코니우스가 루터의 견해를 채택했으며 이에 대한 증거를 제시하시기도 했다. Henrich, "Einleitung", 32.

의 성찬론, 즉 개혁파 성찬론과 더 가까운 것으로 평가했다.[28]

미코니우스의 성찬론은 성찬의 떡에 그리스도께서 실제로 임재하신다는 실재론(theory of real presence)을 주장한다는 점에 있어서 루터와 로마 가톨릭의 견해에 동의하지만 이 실재론은 그의 몸이 실제로 임재한다는 것이 아니라 그리스도 자신의 실재적 임재를 가리키는 것이었다. 여기에서 그리스도 자신의 임재란 그리스도의 영을 통한 임재, 즉 영적 임재와 일맥상통하는 요소도 부인되지 않는다. 이런 미코니우스의 견해는 츠빙글리의 상징적 임재설(theory of symbolical presence)과 유사하면서도 다른 일면을 지닌 것으로 보인다.[29] 왜냐하면 츠빙글리의 성찬론에는 상징적 임재의 차원과 영적 임재의 차원이 공존하고 있기 때문이다. 그러나 츠빙글리의 상징설은 사실상 루터가 주장한 실재론을 강력하게 부인하는데 여기에서 츠빙글리와 미코니우스의 차이점이 잘 드러난다.

부써의 영향을 많이 받은 미코니우스의 성찬론에는 실재설과 영적 임재설이 공존하지만 그가 오해받았던 그리스도의 몸의 실재에 대한 견해는 발견되지 않을 뿐 아니라 상징설적 견해도 잘 드러나지 않는다. 이는 칼빈의 주장과 상당한 유사점을 지닌 것인데 영적 임재설과 그리스도의 몸이 아닌 그리스도 자신의 실재적 임재를 주장하는 것으로 보인다. 달리 말하면, 미코니우스의 성찬론은 그리스도의 실재론을 토대로 영적 임재의 차원을 포괄하지만 이를 상징적으로 해석하는 츠빙글리의 견해와는

---

28 Henrich, "Einleitung", 32. David J. Engelsma, "Martin Bucer's 'Calvinistic' Doctrine of the Lord's Supper", *Mid-America Journal of Theology* 3/2 (1987), 169-95; 황대우, "마르틴 부써 (Martin Bucer)의 성찬론," 「생명과말씀」 11 (2015), 218-45.

29 버넷은 미코니우스가 바젤에서 월 1회 성찬식을 시행하면서 성찬 설교를 했는데 이 설교에 그리스도께서 육체적(leiblich) 임재를 주장하는 표현이 등장한다고 지적한다. Amy Nelson Burnett, *Teaching the Reformation: Ministers and Their Message in Basel, 1529-1629* (New York: Oxford University Press, 2006), 61-62.

다른 것으로 보이는데 그의 성찬론은 츠빙글리보다 부처와 칼빈의 견해에 다 가깝다는 평가가 가능하다고 볼 수 있다.[30] 결론적으로, 적어도 성찬론과 관련된 미코니우스의 견해는 상당히 개혁신학적 차원을 지닌 것으로 보이는데 부처의 영향력이 상당히 큰 것으로 나타났다.

IV. 츠빙글리와 미코니우스의 관계: 서신 교환(1518-1519)을 중심으로[31]

이 단락에서는 츠빙글리와 미코니우스가 서로 교환한 서신을 중심으로 두 종교개혁자의 관계를 고찰할 것인데 이 시도는 주로 연대기 순서로 진행될 것이다. 이에 앞서 먼저 논의의 범위를 제한하는 것이 필요한 것으로 보인다.

대부분의 츠빙글리 연구가들은 1518년 10월 29일에 취리히에서 미코니우스가 츠빙글리에게 보낸 편지를 이들의 서신 교환의 시작으로 간주한다.[32] 이렇게 시작된 서신 교환은 1524년 2월에 미코니우스가 츠빙글리의 초청을 받아 취리히의 프라우뮌스터(Fraumünster)에서 사역을 시작하면서 종료된다. 미코니우스의 마지막 서신은 그가 1523년에 아인지

---

30 물론 앞 단락에서 제시된 바젤신앙고백서에 나타난 미코니우스의 성찬 이해에 나타난 불분명함과 애매모호함이 어떤 방식으로 해소되어 개혁신학적 성찬 이해에 도달하게 되었는가에 대한 부분은 앞으로 연구되어야 할 부분에 해당된다.
31 츠빙글리가 1522년까지 종교개혁자로 성장하는 과정을 그의 동료 또는 주위의 종교개혁자들과의 서신 교환에 비추어 본 글로는 다음을 참고하시오. Oskar Farner, "Zwinglis Entwicklung zum Reformator nach seinem Briefwechsel bis Ende 1522", *Zwingliana* 3/1 (1914), 65-87.
32 Myconius, *Briefwechsel 1515-1552, Teilband 1 Briefe 1515 bis 1541*, 116.

델른에 체류할 때 작성한 것이었다.[33] 1524년부터 두 종교개혁가가 취리히에서 동역하게 되면서 서신을 교환할 이유가 종결되었고 그 이후부터 1531년 츠빙글리의 사망까지 이들의 서신 교환은 발생하지 않았다고 볼 수 있다.

1518년부터 1523년까지 약 6년 동안 두 인물이 주고받은 서신의 횟수는 총 48회인데 미코니우스가 28회, 츠빙글리가 20회 각각 작성했다. 이 단락에서는 이들의 관계를 집중적으로 조명하기 위해서 서신의 연대를 1518년과 1519년의 2년으로 한정하여 이 시기에 작성된 8편(미코니우스 3편, 츠빙글리 5편)의 서신을 골라 분석하고자 한다.

1) 미코니우스가 츠빙글리에게 (1518년 10월 29일)

이 서신에서 미코니우스는 먼저 츠빙글리에게 어떻게 헬라어를 독학하게 되었는가에 대해서 묻고 그가 취리히의 사제직에 관심이 있는가(si daretur Zwinglium apud Tigurum conspici Paroecianum)에 대해서도 의견을 타진한다.[34]

2) 츠빙글리가 미코니우스에게 (1518년 10월 29일 후)[35]

이 서신은 10월 29일에 미코니우스가 보낸 서신에 츠빙글리의 답신인

---

33 Huldrych Zwingli, *Huldrich Zuinglii Opera, vol. 7*, ed. M. Schuler et J. Schulthess (Zurich: Frederic Schulthessiu, 1830), 322-23. 이하 *Opera*로 약칭함.

34 *Opera 7*, 52.

35 이 날은 성모 마리아(Divae virginis) 자헌 기념일로서 11월 21일을 가리킨다. '자헌 기념일'이란 마리아의 부모가 마리아를 성전에 봉헌한 것을 기념하는 날인데 이 축일의 시작은 6세기 중엽, 로마 황제 유스티아누스가 예루살렘에 세운 마리아봉헌기념성당의 봉헌식에서 비롯되었다. 1472년 교황 식스토(Sixtus) 4세에 의해 공식적 축일로 선포되었다.

데 여기에서 먼저 취리히에서 다가오는 수요일(proxima Mercurii die)[36]에 아침 또는 점심 식사를 하면서(prandeo) 그의 헬라어 강독에 대해서 논의하고자 제안한다. 식사를 함께 나눌 정도로 관계가 친밀함을 잘 드러내는 대목에 해당된다. 계속해서 그는 미코니우스의 조언 없이 자신의 취리히 행을 결정하기를 원하지 않는다(non sine tuo consilio rem aut agam aut praeteribo)고 밝히기도 한다. 츠빙글리에게 미코니우스가 얼마나 신뢰할 만한 친구인가를 잘 드러내는 표현이기도 하다.

3) 츠빙글리가 미코니우스에게 (1518년 12월 2일)

먼저 츠빙글리는 파불라(Laurentinus Fabula)가 취리히에 청빙되었다는 소문이 잔더(Michael Sander)에 의해 불식되었다고 밝힌다. 그 결과 이제 그가 이 사제직을 원한다는 사실이 경쟁자들에 의해서 더욱 강화되었다고 말한다. 그리고 취리히로의 청빙이 아직 최종적으로 시 의회에 의해서 결정되지 않았지만 츠빙글리는 앞으로 그가 취리히에서 할 일에 대한 자신의 구상을 미코니우스에게 밝힌다. 자신의 계획은 복음서의 저자 마태를 온전히(ex integro) 설교하는 것인데 이는 독일인들이 들어보지 못한 일(inauditum Germanis hominibus opus)이라고 덧붙인다.[37] 시 의회의 결정이 그에게 긍정적으로 내려진다는(convenerat) 가정하에 (Convenerat apud me, ...) 이 주장을 했던 것으로 볼 때, 이 시점에서 자신의 취리히 행에 대해서 상당한 자신감을 지니게 된 것으로 볼 수 있는데 이 대목에서 츠빙글리는 그의 희망을 그의 사랑하는 친구와 함께 나누

---

36 각주 33에 의하면 11월 27일에 해당된다.
37 *Opera* 7, 53.

고 있음을 발견하게 된다.

4) 미코니우스가 츠빙글리에게 (1518년 12월 3일)

미코니우스는 하루 전에 작성한 츠빙글리의 서신에 대한 고마움을 전한다. 그리고 앞선 서신에 언급된 파불라가 취리히에 청빙되었다는 사실은 단지 거짓 신화에 불과하다고 츠빙글리에게 밝힌다(Fabula manebit fabula ... nescio quot beneficiis irretitum).[38] 미코니우스는 츠빙글리가 음악을 무척 사랑한다는 사실을 많은 이들이 불편하게 생각하지만, 그들이 그의 가르침에 대해서는 자랑스럽게 여긴다고 전한다. 계속해서 미코니우스는 츠빙글리를 취리히의 시장 뢰이스트에게 추천했다고 밝힌다. 이미 취리히의 많은 평신도들과 성직자들이 츠빙글리를 실력을 갖춘 사제로 인정한다는 사실 또한 전한다. 이 서신에서 미코니우스는 츠빙글리가 취리히의 사제로 청빙될 것을 확신하는 듯한 어조를 지니고 있는데 이는 친구에 대한 미코니우스의 전적 신뢰를 잘 드러내는 부분으로 볼 수 있다.

5) 츠빙글리가 미코니우스에게 (1519년 11월 26일)

이 서신에서 츠빙글리는 페스트로 허약해진 상태에서 겪고 있는 어려움에 대해서 솔직하게 알려준다.[39] 또한 미코니우스가 취리히를 떠나 루체른의 문법 학교 교장으로 사역 중이었기 때문에 츠빙글리는 그의 부

---

38 *Opera 7*, 53.
39 페스트는 취리히에 1519년 8월에 발생했고 츠빙글리는 그해 9월에 이를 앓기 시작했으며 12월 30일에 최종적으로 완쾌되었다(heri tandem ultimum ceratum de ulcere abieci pestis). *Opera 7*, 104; Potter, *Zwingli*, 69-70. 이에 대해서 이 단락의 8)을 참고하시오.

재를 아쉬워한다. 두 친구 사이에 서신 교환이 약 1년 동안 중단되었는데 츠빙글리는 이 기간에 헤디오(Kaspar Hedio)가 그에게 미코니우스의 소식을 전해주었다는데 그가 바빠졌기 때문에 츠빙글리는 본인이 직접 서신을 작성하게 되었다고 밝힌다. 이 서신은 츠빙글리가 자신에 대한 부정적인 감정을 포함해서 다른 사적인 감정을 친구 미코니우스에게 솔직하게 전하는 서신으로 두 사람이 얼마나 깊은 관계를 지닌 돈독한 친구였는가를 입증하는 대목이다. 예를 들면, 츠빙글리는 공부하기 위해서 피사(Pisa)로 떠난 그의 아들이 자신에 대해서 비관적으로 느낀다 (... cuius filius Pisis agit fors potius quam studiet, pessime de me sensit his diebus.)[40]고 친구 앞에서 거리낌 없이 표현할 정도로 미코니우스를 향한 그의 진솔한 마음을 가감 없이 고백한다.

6) 츠빙글리가 미코니우스에게 (1519년 11월 30일)

11월 26일의 서신과 마찬가지로 츠빙글리의 이 서신도 페스트로 연약해진 그의 상태를 있는 그대로 반영한다. 앞 서신에서 츠빙글리는 페스트로 부정적인 사고에 사로잡혀 괴로워했다는 사실이 부각되었다면 이 서신에서 페스트로부터 벗어나는데 집중하고 있음을 볼 수 있다. 츠빙글리는 이제 페스트가 남긴 흔적(reliquiarum), 깨어진 추억(memoria), 지친 영혼(spiritus)에서 탈피하여 희망을 찾아 나선 것이다.[41] 그는 미코니우스와 교환하면서 강독했던 필리레누스(Philirenus)의 〈필리리눔(Philirinum)[42]〉이란 글을 언급하면서 거기에 나타난 평화와 순화

---

40 *Opera 7*, 98.
41 *Opera 7*, 99.
42 Farner, "Zwinglis Entwicklung zum Reformator nach seinem Briefwechsel bis Ende

(οἰκοσιτιαν)에 대해서 설교하기를 원한다고 전한다. 이 서신에서 츠빙글리는 페스트의 악몽에서 서서히 벗어나게 되었다고 미코니우스에게 전했는데 이를 통해 그는 미코니우스로부터 위로와 격려를 갈망했다고 볼 수 있다.

7) 미코니우스가 츠빙글리에게 (1519년 12월 28일)

미코니우스는 매일 츠빙글리의 서신을 기다린다고 밝힌다. 왜냐하면 앞서 밝힌 바와 같이 츠빙글리가 페스트의 굴레에서 벗어나고 있다는 확신을 지녔기 때문이었다. 그는 더 이상 츠빙글리의 상황에 대해서 언급하지 않았고 루체른은 대적(i.e. 로마 가톨릭)이 기독교 교리에 대해서 츠빙글리와 미코니우스가 침묵해야 한다는 팜플렛으로 가득 찼다고 호소한다(Sed ut chartula haec impleatur, dicunt, nos duos solos non esse eos, qui Christi religionum queant sustentare).[43] 이 서신을 통해서 미코니우스는 츠빙글리에게 그의 루체른 종교개혁이 상당히 어려운 형편에 놓여 있음을 알리기를 원했기 때문이었다.

8) 츠빙글리가 미코니우스에게 (1519년 12월 31일)

츠빙글리는 이 서신에서 그가 어제 페스트의 고통에서 완전히 벗어났다고 선언한다. 그는 취리히에 2,000명이 넘는 적그리스도의 세력, 즉 이단들이 존재하며 그는 이들과 지속적으로 악한 싸움에 임하고 있다고 밝

1522", 80-81. 파너는 츠빙글리가 주장하는 '순화'를 에라스무스적 개념에 근거한 전쟁을 부인하는 평화로 이해하는데 이는 나중에 그의 기독교 군사라는 영적 개념으로 변모하게 된다.

43 *Opera* 7, 102.

한다.[44] 츠빙글리는 이 어리석은 세상에 아무도 복음에 동의하지 않는다고 보았다. 이것이 츠빙글리가 미코니우스에게 루체른의 시민들을 더욱 더 잘 가르치라고 명령하는 이유이다. 이 서신을 통하여 이제 막 페스트를 극복한 츠빙글리가 자신의 체험을 바탕으로 로마 가톨릭의 비난과 공격으로 어려움에 처한 미코니우스에게 새 힘을 불어 넣어주는 유익한 동료의 모습을 보여준다는 사실을 파악할 수 있다. 여기에서 하나님의 은혜와 도우심으로 페스트를 극복한 츠빙글리가 다른 종교개혁자들과 함께 더욱 든든하게 하나님의 사람으로 세워지고 있음을 발견할 수 있다.

V. 마치면서

16세기 스위스의 두 종교개혁자 츠빙글리와 미코니우스와의 관계를 고찰하는 이 글을 마치면서 다음과 같은 몇 가지 결론을 생각해 볼 수 있다.

첫째, 두 종교개혁자는 상호 존중과 사랑을 바탕으로 아름다운 친구 관계를 계속적으로 유지했다. 츠빙글리가 아인지델른에서 사제로 사역하던 시절에 취리히에 있던 미코니우스가 그를 그곳의 사제로 추천하는 과정에 나타난 상호 존중은 무척 아름다운 모습이 아닐 수 없다. 비록 츠빙글리가 아인지델른에서 불미스러운 일로 어려움을 겪었지만 미코니우스는 그가 이 사제직을 충실히 수행할 것이라는 신뢰를 바탕으로 그를 추천할 수 있었다. 또한 츠빙글리는 루체른의 사역에서 로마 가톨릭의 적대적

---

44 *Opera* 7, 104.

행위로 많은 어려움을 겪고 낙심하고 있던 미코니우스를 1524년에 취리히로 초청해서 동역자의 길을 걸었던 사실 또한 이런 상호 존중과 사랑에 기초한 것이었다.

둘째, 이들의 교제는 학문을 사랑하고 추구하는 정신 위에 세워진 교제이었다. 이들의 서신 교환을 살펴볼 때 이들은 학문적 교제를 통해서 서로를 존중하고 신뢰하는 관계를 더욱 증진시킬 수 있었다. 특히 1518년 10월 29일 이후의 츠빙글리의 서신을 살펴보면 두 사람이(11월 7일에 만나서) 취리히에서 함께 식사하면서 츠빙글리의 헬라어 강독에 대해서 의논하려는 계획은 이 교제가 지닌 학문적 차원을 잘 보여주고 있다.

셋째, 16세기 스위스 독일어권 종교개혁 연구의 지평이 확대될 수 있다는 사실은 무척 고무적이다. 지금까지 이 연구는 츠빙글리와 불링거 중심으로 진행되었는데 도비네가 츠빙글리와 미코니우스의 관계를 루터와 멜랑히톤의 관계로 비유한 것에 착안하여 미코니우스라는 바젤의 교회 의장에 대한 연구가 더욱 활발하게 진행되기를 희망한다. 1914년에 파너가 츠빙글리의 동료 종교개혁자들과의 서신 교환에 나타난 종교개혁자로서 그의 성장 과정에 대한 연구를 진행한 이후 서신 중심의 연구는 사실상 답보 상태에 머물러 왔다. 그러나 2017년에 헨리히에 의해서 그의 서신들이 편집되어 출간된 것은 상당히 고무적이며 이는 본격적인 미코니우스 연구를 위한 밑거름으로 작용할 것이라는 기대감을 상승시키게 한다.

츠빙글리와
재세례파 제자들

박찬호 _ 백석대학교 신학대학원 교수

06

06

츠빙글리와 재세례파 제자들

박찬호
백석대학교 신학대학원 교수

1. 들어가는 말

1523년 7월 츠빙글리는 1차 논쟁에 제출하였던 67개 논제에 대한 해설을 발간하여 자신의 개혁 프로그램에 대해 상세하게 설명하였다. 이 가운데 마지막 67번째 논제에서 츠빙글리는 이자와 십일조 그리고 유아 세례에 대해 논하고 있다. 하지만 본격적으로 유아 세례가 문제가 된 것은 1525년 1월 3차 논쟁에서였는데 츠빙글리과 그의 반대자들 사이의 논쟁은 일방적이었다. 3차 논쟁 후 츠빙글리와 재세례파 제자들의 대결은 극단으로 치우쳐 비극적인 결말에 이르게 된다. 재세례파와의 대결에서 츠빙글리의 주된 관심은 어떤 면에서 세례 자체보다는 재세례파의 과격한 주장이 종교개혁에 미칠 영향이었다. 국가로부터 교회를 분리해서 생각할 수 없는 상황에서 유아 세례 문제는 매우 중요한 문제였을 것이다. 하지만 국가로부터 교회의 자유가 일반적으로 인정을 받는 시대라고 한다면 유아 세례의 문제에 대한 토론은 다소 달라지지 않을 수 없을 것이다.

루터와 츠빙글리가 활동했던 비텐베르그와 취리히 양쪽 모두에서 이들보다 더 급진적인 개혁을 주장하는 사람들이 등장했다. 이들은 루터와 츠빙글리의 개혁이 타협이라고 주장했다. 교회의 전통이 성경을 구속하고 있는 시대에 필요한 것은 혁명이지 개혁이 아니다. 비텐베르그에는 안드레아스 칼슈타트(Andreas Karlstadt, 1486-1541)와 토마스 뮌처(Thomas Müntzer, 1489-1525)가 있었고 취리히에는 콘라드 그레벨(Conrad Grebel, c. 1498-1526)과 펠릭스 만츠(Felix Manz, c. 1498-1527)와 같은 사람들이 있었다. 나중에 칼빈이 활동하였던 제네바에서는 마이클 세르베투스(Michael Servetus, 1509/11-53)와 세바스찬 카스텔리오(Sebastian Castellio, 1515-63)가 여기에 해당한다. 이들이 주장하고 이루고자 하였던 종교개혁은 루터와 칼빈 등의 관주도의 주류 종교개혁(magisterial reformation)[1]과 달리 급진적이고 근원적인 종교개혁(radical

---

1 Alister E. McGrath, 『종교개혁 사상』, 최재건 역 (서울: 기독교문서선교회, 2006), 30에서 역자는 '종교개혁'이라는 용어가 때로 재세례파를 제외하고 루터파와 개혁파가 결부될 때 '관주도적 종교개혁'(Magisterial Reformation)이나 '주류 종교개혁'(Mainstream Reformation)이라 불린다고 번역하고 있다. '관주도'라는 말은 종교개혁이 관주도로 이루어졌다는 의미를 갖기에 오해의 소지가 있는 용어라고 할 수 있다. 다만 국가를 비롯한 공권력과 좋은 관계에서 이루어진 개혁이라는 의미로 이해되어야 할 것이다.

reformation)이라고 할 수 있다.

급진 종교개혁에는 다양한 부류의 집단이 소속되어 있는데 크게 세 가지로 분류할 수 있다.[2] 첫째는 복음적 이성주의자들(evangelical rationalists)이다. 이들은 신앙생활에서 인간의 이성을 권위로 생각했던 사람들이다. 성경 말씀이나 기독교 교리 가운데 이성으로 수용할 수 있는 것들만 받아들이려고 했던 자들이다. 파우스투스 소시누스(Faustus Socinus, 1539-1604), 마이클 세르베투스, 세바스챤 카스텔리오 등이 이런 부류에 속하는 사람들이었는데 이들은 18세기 이신론자들과 19세기 자유주의자들의 출현을 예고하는 자들이라고 할 수 있다.

둘째는 신령주의자들(spiritualists)인데 이들은 신앙생활의 권위를 성경 말씀보다 성령의 조명과 직통 계시를 더 중요한 권위로 인정하면서 역동적인 신앙을 중시하였다. 이 부류에 속하는 사람들에 의해 독일 농민전쟁(German Peasant's War, 1524-25)이나 뮌스터 폭동(Münster Revolt, 1534-35) 등이 일어났다. 이 부류에 속하는 대표적인 사람이 토마스 뮌처라고 할 수 있다.

급진 종교개혁의 세 번째 부류는 성서적 아나뱁티스트들(biblical anabaptists)이다. 이들은 성경, 특히 신약 성경의 권위를 매우 중시하였다. 이들은 지나치게 성경에 집착하는 '천진난만한 성서주의자들'(naive biblicists)이었다. 이 부류에 속하는 대표적인 사람들이 콘라드 그레벨과 펠릭스 만츠 그리고 마이클 자틀러(Michael Sattler, 1490-1527) 등의 스위스 형제단(Swiss Brethren)과 발타자르 휘브마이어(Balthasar Hübmeier,

---

2   김승진, 『근원적 종교개혁: 16세기 성서적 아나뱁티스트들의 역사와 신앙과 삶』 (대전: 침례신학대학교출판부, 2011), 40.

1480-1528) 그리고 메노 시몬스(Menno Simons, 1496-1561) 등이다.

츠빙글리가 직면했던 재세례파는 츠빙글리가 주도하였던 소그룹 성경 공부 모임이었던 "예언 모임"에서 기원하였다. 콘라드 그레벨과 펠릭스 만츠를 중심으로 하는 스위스 형제단은 위에서 언급한 대로 하면 성서적 아나뱁티스들이었으며 온건한 재세례파라고 할 수 있다.[3] 1523년 10월 삼일에 걸쳐 개최된 2차 공개토론회는 재세례파 운동의 태동과 밀접한 연관이 있다. 이른바 "10월 논쟁"을 통해 재세례파 제자들은 스승인 츠빙글리에게서 일종의 영적인 괴리감과 배신감을 느끼게 되었다. 1525년 1월에 개최된 3차 공개토론회는 유아 세례에 대해 토론하였는데 토론회는 츠빙글리의 승리로 끝났고 이 3차 공개토론회를 통해 츠빙글리와 그의 제자들인 재세례파가 적대하며 분열하는 결정적인 계기가 되었다.

2. 츠빙글리와 예언 모임

츠빙글리는 1523년 이른바 "10월 논쟁"을 통해 미래에 스위스 형제단이 되는 일련의 사람들과 갈등 관계에 놓이게 되는데 이들과의 갈등은 츠빙글리에게 옛 신앙을 고수하는 자들과의 논쟁보다 여러 측면에서 더욱 고통스러운 것이었다. 왜냐하면 그들은 츠빙글리와 함께 종교개혁에 동참했고 용감하게 싸워주었던 사람들이었기 때문이었다. 이들은 츠빙글리와 마찬가지로 성경으로 돌아갈 것을 주장했었는데, 이제는 츠빙글리를 격렬하게 반대하고 나섰다. "시 의회 의원의 아들인 콘라드 그레벨

---

3 전준봉, "칼뱅과 재세례파의 교회론 연구: 교회와 국가와의 관계를 중심으로," 「개혁논총」 50 (2019), 103f.

과... 펠릭스 만츠는 인문주의 교육을 받은 새로운 취리히의 시민들이었는데, 이들은 성서 강독회에도 참여했었다."⁴

콘라드 그레벨은 1498년경 취리히 시 의회 의원이었던 융커 제이콥 그레벨(Junker Jacob Grebel)의 2남 4녀의 하나로 출생하였다. 상대적으로 여유로운 가정 환경 덕에 그레벨은 1514년부터 바젤과 비엔나대학에서 공부하였고 파리에서 공부하기도 하였다. 하지만 불미스러운 사건에 연루되어 그레벨은 아버지의 분노 섞인 소환 통보를 받고 1520년 7월에 아버지 집으로 돌아오게 되었다. "그는 스스로 실패자요 낙오자라고 생각하며 당분간 절망감 속에서 집안에 칩거하였다."⁵

의욕 상실에 빠져 고민하던 그레벨은 당시 취리히의 종교개혁자요 목회자인 츠빙글리를 중심으로 젊은이들이 모여 성경을 공부한다는 소문을 듣게 되었다. 츠빙글리의 지도 아래 시몬 스텀프(Simon Stump), 게오르게 빈더(George Binder) 등이 희랍 고전을 함께 읽기도 하고, 원어 성경을 공부하며 토론을 하고 있었다. 1521년 11월에는 플라톤의 글들을 읽고 있었다. 당시 그레벨의 옛 친구들인 발레틴 츄디(Valentin Tschudi)와 암만(J. J. Ammann)이 그 모임에 참여하고 있었고 1522년 초에는 펠릭스 만츠가 열 번째 회원으로 가입하였다. "처음에는 그들의 주된 관심사는 종교적인 것이 아니라 인문적인 것이었지만, 점차 그들은 희랍어와 히브리어를 비롯한 성서 언어들을 공부하게 되었고 원어 성경을 읽는데 집중하게 되었다."⁶

---

4 Peter Opitz, 『울리히 츠빙글리: 개혁교회의 예언자, 이단자, 선구자』, 정미현 역 (서울: 연세대출판문화원, 2017), 54.
5 김승진, 『근원적 종교개혁』, 91.
6 김승진, 『근원적 종교개혁』, 91.

이 모임은 결국 "예언 모임"(prophecy meeting)이라는 이름을 얻게 되었는데 츠빙글리가 의도적인 계획을 가지고 만들었다고 할 수 있다. "츠빙글리는 자신의 종교개혁을 수행함에 있어서 젊고 유능한 젊은이들을 훈련하고 제자화하여 이들의 적극적인 후원에 힘입어 취리히시를 개혁하고자 하였다."[7]

펠릭스 만츠는 1498년 취리히에서 출생하였다. 에라스무스나 하인리히 불링거와 마찬가지로 만츠는 가톨릭 신부의 사생아였다. 그의 아버지는 그로스뮌스터 성당의 참사회 회원으로 보조신부 사역을 감당하고 있었기에 만츠에게는 어린 시절 공부를 할 수 있는 특권이 주어졌고 라틴어와 성서 언어인 히브리어와 헬라어를 배울 수 있었다. 특히 그는 히브리어에 출중한 실력을 드러내었다. 1522년부터 만츠는 츠빙글리과 함께 신약 성경을 공부하는 젊은이들의 모임인 "예언 모임"에 참여하였고 츠빙글리의 사랑하는 제자가 되었다.[8]

츠빙글리와 그의 제자들 사이의 갈등이 본격화된 것은 제2차 취리히 논쟁(1523년 10월)을 통해서였다. 하지만 이런 갈등은 제1차 취리히 논쟁(1523년 1월)에 이미 잠재되어 있었다고 할 수 있다.

---

7 김승진, 『근원적 종교개혁』, 91.

8 이 예언 모임은 직접적인 관련성이 확인되고 있지는 않지만 1525년 "렉토리움"(Das Lectorium)이라는 이름으로 문을 열었고 나중에 이름이 바뀌어 "프로페자이"(Prophezei)라고 불리우게 된 일종의 신학교의 전신이라고 할 수 있다. '예언'이라고 하는 말은 지금의 설교라고 이해하면 좋을 것 같다. "종교개혁 시행의 중심은 츠빙글리의 창안인 '예언'이었는데 이것은 곧 이어서 많은 도시나 다른 나라에서 모방되었고 영국에서는 독립파들이 거기에 상당한 변형을 주면서도 그 이름을 보존하기까지 했다" [Jaques Courvoisier, 『개혁신학자 츠빙글리』, 이수영 역 (서울: 한국장로교출판사, 2002), 25].

3. 재세례파의 태동과 비극

1523년은 첫 번째 취리히 논쟁 후에 취리히 시 의회가 츠빙글리의 종교개혁 운동을 제도적인 측면에서 인준한 해임과 동시에 사람들이 새롭게 신앙과 사회 생활에 있어서 지켜야 될 실제적인 의무들도 발표된 중요한 해였다. 츠빙글리는 67개 논제의 67번 조항에서 이자와 십일조 문제 그리고 유아 세례와 종부 성사 등에 대해 말하였고, 이 문제는 농민 운동과 맞물리며 츠빙글리의 종교개혁 운동에서 핵심 쟁점이 되었다. 67번 조항은 다음과 같다: "사람이 이자와 십일조와 유아 세례를 받지 못한 아이들과 종부 성사에 대해서 토론하길 원한다면, 나는 기꺼이 그와 토론하고 내 의견을 말하고자 한다."[9] 농민 운동에 참가한 사람들은 이자와 십일조 제도에 대한 츠빙글리의 비판에 근거하여 이자와 십일조의 획기적인 경감이나 폐지를 주장하였으며 더 나아가 모든 지배 권력에 대한 종말론적인 폐기까지도 주장하였다.[10]

츠빙글리는 67번 조항에 대한 설명에서 유아 세례를 받지 못한 아이들이 지옥에 떨어지는 것은 아니라고 주장하고 있다. 이런 주장을 츠빙글리는 자신의 설교에서 했고 그것 때문에 논란이 야기되었음을 인정하고 있다. 하지만 츠빙글리는 그들이 구원받았음을 확신한다고 자신이 주장하

---

9 Huldrych Zwingli, "67개조 논제에 대한 해제,"『츠빙글리 저작 선집 2』, 임걸 역 (서울: 연세대학교출판문화원, 2018), 513.

10 Ernst Saxer, "해설,"『츠빙글리 저작 선집 1』, 임걸 역 (서울: 연세대학교출판문화원, 2014), 199. 장수한에 따르면 독일 농민 전쟁(1524-1526)의 "12개 요구 사항"의 작성자는 크리스토프 샤펠러(Christopher Schappeler)와 제바스티안 로체(Sebastian Lotzer, c. 1490-1525)인데, "로체는 샤펠러의 제자였고 샤펠러는 의문의 여지 없이 츠빙글리의 추종자였다"[장수한, "독일 농민 전쟁(1524-1526)에 미친 Martin Luther의 영향,"「복음과 실천 55/1」(2015), 151].

지는 않았다고 말하고 있다. 왜냐하면 "우리는 하나님의 심판에 대해서 모르기 때문"이다.[11] 요약하자면 유아 세례에 대한 적극적인 반대나 적극적인 변호보다는 당시 가톨릭교회의 잘못된 주장에 대해 논박하고 있는 것이다. 즉 유아 세례나 세례가 구원에 필수적이라는 주장에 대해 츠빙글리는 부정적인 입장이었던 것을 볼 수 있다.

1523년 6월에 발간된 『하나님의 정의와 사람의 정의』에서 츠빙글리는 교회의 권위와 가톨릭교회의 질서를 고수하려는 사람들의 주장에 반대하면서 동시에 "극단주의자들" 곧 하나님의 소명이라고 주장하는 사람들의 견해를 반박하고 있다. 이들 "극단주의자들"은 모든 인간적 질서의 폐지를 주장하면서 그 결과에 대해서는 전혀 고려하지 않는 사람들이라고 할 수 있다. 또한 츠빙글리는 "현실고수주의자들" 곧 복음적인 설교에 있어서 경제 질서와 국가 제도의 권한과 자격에 대한 비판은 타당하지 않다고 주장하는 사람들도 비판한다.[12] 여기에서 츠빙글리가 지적하고 있는 극단주의자들이 바로 재세례파에 해당하는 사람들이라고 할 수 있다. 그리고 이들 재세례파의 눈에는 츠빙글리가 "현실고수주의자들"로 보였을 것이다.

재세례파 운동의 태동과 밀접한 관련이 있는 토론회는 1523년 10월 26-28일에 개최된 제2차 취리히 신학 논쟁이었다. 이른바 "10월 논쟁"(October Disputation)으로 알려진 이 토론회에는 10여 명의 신학 박사들과 350여 명의 성직자들 그리고 900여 명의 시민들이 참석하였는데 토론회의 열기는 1차 논쟁 때보다 훨씬 더 뜨거웠다. 3일 동안의 토론회

---

11 Zwingli, "67개조 논제에 대한 해제," 515.
12 Ernst Saxer, "해설", 199.

에서 다루어질 주제는 사전에 정해져 있었는데 첫째 날에는 교회 내에서의 성상과 성화의 사용에 대하여, 둘째 날에는 미사(Mass)에 관하여, 셋째 날에는 연옥(Purgatory)에 대하여 공개토론을 하게 되어 있었다.[13]

문제는 둘째 날에 발생하였다. 그날의 토론 주제였던 미사는 로마 가톨릭교회가 화체설에 입각하여 드리는 또 다른 희생 제사적 예배 의식이었기에 미사 행위는 우상 숭배적인 양상을 갖는 것이며, 따라서 미사는 폐지되어야 하고, 주의 만찬(Lord's Supper)은 성경 말씀에 따라 예수 그리스도께서 십자가 상에서 피 흘리시고 찢기신 고난을 기념하는 의미로 이해되어야 한다. 이는 츠빙글리의 상징설이 구체화되는 계기가 되었다.[14] 그날의 일정이 마쳐갈 즈음에 취리히 시장이 "미사에 대해서는 충분히 토론하였으니, 시 의회 의원들에게 최종 결정을 하시도록 맡기고 오늘의 토론회를 종료한다"고 선언하였다. 이에 대해서 콘라드 그레벨이나 시몬 스텀프와 같은 츠빙글리의 제자들은 무언가 분명한 결론이 내려지기를 기대하였고 여기에서 츠빙글리와 그의 제자들 사이의 충돌이 있게 되었다.[15]

연옥에 관한 토론이 예정되어 있던 셋째 날의 일정은 그 전날의 토의가 아직 완결되지 않은 상황이었기에 절차상의 문제를 놓고, 참석자들 사이에 격렬한 말싸움이 전개되었고 츠빙글리는 시 의회에 최종적인 결정권

---

13 김승진, 『근원적 종교개혁』, 69.
14 츠빙글리의 성찬론에 대해서는 박찬호, "츠빙글리의 성찬론," 주도홍 외 공저, 『한 권으로 읽는 츠빙글리의 신학』(서울: 세움북스, 2019), 194-212.
15 김승진, 『근원적 종교개혁』, 70f. 그 자리에서의 콘라드 그레벨의 발언과 츠빙글리의 답변, 그리고 이에 대한 스텀프의 반박, 그리고 츠빙글리의 이에 대한 답변에 대해서는 김승진, 『근원적 종교개혁』, 71f를 참조하라. 김승진은 이에 대해 이것이 "취리히 시 의회 의원들의 정치적 후원을 입으며 추진해 왔던" 츠빙글리의 종교개혁 운동의 한계라고 지적하고 있다 (72).

이 있음을 암시하는 발언을 하였다. 그러자 콘라드 그레벨을 비롯한 츠빙글리의 제자들은 스승의 태도에 크게 실망하였고 연옥에 관한 토론은 제대로 이루어지지 못한 채 마무리되었다.

이 "10월 논쟁"을 통해 교회와 국가의 관계에 대한 견해에 있어서 츠빙글리와 그의 제자들 사이의 차이가 분명히 드러나게 되었다. 신학자들과 신앙인들이 모여 영적인 문제에 대해 토론하고 결정한 사항들에 대해 누가 최종적인 권위를 가지느냐 하는 문제가 제기되었던 것이다. 츠빙글리는 영적인 문제라 할지라도 성속을 총괄하는 취리히 시 의회에 최종적인 권위가 있기에 시 의회 의원들이 최종적인 결정을 내려야 한다는 입장이었다면 츠빙글리의 제자들은 영적인 문제는 영적인 권위 즉 교회에 의해 최종 결정되어야 한다는 입장이었다.[16]

1523년 10월에 있었던 2차 취리히 논쟁 이후 결정적으로 취리히에서 재세례파가 출현하게 되는 1525년 1월까지 무슨 일이 있었는가? 1524년 7월 스위스 북동부와 남독일에서 농민 봉기가 일어나기 시작했으며, 이 농민 봉기는 1525년 엘자쓰(Elsass) 지방과 튀링겐(Türingen), 그리고 1526년 7월에는 스위스 남부 지방을 휩쓸게 된다. '불평하는 자'(Beschwerden)의 원조로 지목받아 츠빙글리는 뉘른베르크(Nürnberg)에서 열린 제국 의회(1522-24)에 소환되었다. 당시 교황 아드리안 6세(Adrian VI, 1459-1523, 재위 1522-1523)는 개신교도들과의 신학적인 타협은 거절하였지만 개신교 종교개혁의 요구 사항에 따라 가톨릭교회를 개혁하려 한 것으로 알려져 있다. 물론 그의 짧은 재위로 이런 노력은 무산되고 말았다. 페터 빈첼러에 따르면 뉘른베르크 제국 의회는 일면 교황

---

16 김승진, 『근원적 종교개혁』, 73.

과 황제에 반대하는 사람들에게 힘을 실어 주었다. "제국 의회는 '선동적인 설교를 못하게 막았으나 소위 말하는 순수한 복음의 선포'는 허용하길 원했다."17

1524년 12월에 출간된 츠빙글리의 『누가 사회를 혼란스럽게 만들었는가』라는 글은 츠빙글리의 "대표적인 정치 사회 비판 논쟁 문서"라고 할 수 있다. 이 글에서 츠빙글리는 "복음을 증오하게 만드는 네 번째 부류의 사람들"로 재세례파를 지목하고 있다. 이들은 "사랑이 많은 것을 자랑하는 것이 아니라, 복음에 관한 지식이 많다고 뽐내는 사람들(고전 13:4)"이다.18 이들에 대한 츠빙글리의 설명을 살펴보자.

> "한편으로 그들은 어떤 국가 권력도 인정하지 않습니다. 그런데 그들은 다른 한편으로 국가 권력을 소유하기 원합니다. 그들은 '국가 권력에 종사하는 사람은 진정한 그리스도인이 아니다'라고 말합니다. 그들은 당장 자기들만의 교회를 가지기를 원합니다. 그들은 '어느 국가도 복음의 설교를 막을 권리가 없습니다. 오늘날 사람들은 잘못 가르치는 설교자를 죽여도 된다'고 주장합니다. 그런데 다음 날 그 사람들은 아무런 권한도 없으면서 잘못 가르치는 설교자들이 멋대로 설교하는 것을 방치하고 있습니다. 그들은 우리가 어린이에게 세례를 줄 때, '우리 그리스도교 안에서 어린이 세례를 주는 것만큼 혐오스럽고, 소름끼치고, 죄악된 일이 없다'고 외치고 있습니다… 그리고 그들은 싸우

---

17   Peter Winzeler, "해설," 『츠빙글리 저작 선집 1』, 385.
18   Huldrych Zwingli, "누가 사회를 혼란스럽게 만들었는가," 『츠빙글리 저작 선집 1』, 417.

는 사람들이 영에 속한 사람들이 아니라 육에 속한 사람들이라는 사실을 알지 못합니다(고전 3:1)."[19]

이들의 유아 세례에 대한 반대에 대해 츠빙글리는 다음과 같이 말하고 있다:

"곧 내 생각은 우리 인간이 얼마나 약한 존재인가를 깨달았을 때 나온 생각이며 유아 세례에 반대하는 사람들이 '마치 큰 죄를 발견한 것처럼' 아기에게 세례를 준다고 한탄하는데, 거꾸로 내 생각은 우리가 아기 세례를 줄 때 그 어떤 잔혹한 일도 일어나지 않는다는 사실에서 나온 것입니다. 나는 오히려 아기 세례에서 이삭을 낳은지 팔일 만에 할례를 베푼 아브라함의 후손들을 봅니다."[20]

신약 시대의 세례를 구약의 할례에 연결시키고 있는 이런 주장의 배후에 언약 신학에 대한 생각이 츠빙글리에게서 싹트기 시작하고 있는 것을 확인하게 된다.

제3차 공개토론회는 1525년 1월 17일에 개최되었는데 그 주제는 유아 세례 문제였다. 그레벨과 만츠 등은 신약 성경의 구절들을 인용하면서, 신앙고백을 하는 신자들에게만 세례를 베풀어야 하며, 자발적으로 신앙고백을 할 수도 없고 하지도 못하는 유아들에게 세례를 베푸는 것

19　Zwingli, "누가 사회를 혼란스럽게 만들었는가," 418.
20　Zwingli, "누가 사회를 혼란스럽게 만들었는가," 426.

은 성경적이지 않다고 역설하였다. 이에 대해 츠빙글리는 유아 세례의 정당성을 옹호하며 이미 유아 세례를 받은 자들에게 다시 세례를 받아야 한다고 주장하는 자들을 향해 "소나기 같은 웅변"(torrent of words)을 쏟아 놓으며 자신들의 제자들이었던 자들을 비난하였고 그들에게 "Wiedertäufer"(Rebaptizers, Anabaptists, 다시 세례를 베푸는 자)라고 비난하며 조롱섞인 별명을 붙여주었다. 토론회는 츠빙글리의 승리로 끝났고 이 3차 공개토론회는 결과적으로 츠빙글리와 그의 제자들인 스위스 형제단이 적대하며 분열하는 결정적인 계기가 되었다.[21]

토론회 후 취리히 시 의회는 8일 안에 아이들에게 세례를 주라고 강제하면서 그렇지 않으면 추방하겠다고 하였다. 하지만 며칠이 지난 1525년 1월 21일 밤 펠릭스 만츠의 집에서 10여 명이 모여 제이콥 가문의 게오르게 블라우록(George Blaurock, c. 1491-1529)이 그레벨에게 재세례를 요구하였고 그레벨은 블라우록에게, 블라우록은 다른 15명에게 재세례를 베풀었다. 드디어 취리히시에 재세례파가 등장하게 된 것이다.[22] 개혁자들과 이들 재세례파들 간의 만남 혹은 토론이 3월과 11월에 있었지만 별다른 합의나 진전을 보지는 못하였다. 1526년 3월 7일 취리히 시 의회는 재세례를 행하는 자는 누구든지 익사당하게 될 것이라고 선언했고 1527년 1월 5일 최초의 희생자로 펠릭스 만츠가 죽임을 당하였다.[23]

오피츠는 만츠가 저지른 범죄가 종교적인 것이 아니였음을 말하고 있다. 만츠는 이교도로 죽임을 당한 것이 아니었다. 즉 만츠는 정치적으로 위중한 것과 선출된 시 집행부 결정에 불복종을 반복했던 것 때문에 죽임

---

21 김승진, 『근원적 종교개혁』, 75f.
22 William R. Estep, 『재침례교도의 역사』, 정수영 역 (서울: 요단출판사, 1985), 34f.
23 W. P. Stevens, 『츠빙글리의 생애와 사상』, 박경수 역 (서울: 기독교서회, 2007), 147.

을 당했다. 만츠의 어머니와 형제들은 형 집행 장소에 도달하게 될 때까지 그가 주장을 철회하도록 독려하였지만 만츠는 죽음에 이르기까지 그가 저지른 일을 뉘우치라는 회유 요청을 거부하였다.

> "이러한 유형의 범죄는 처음 있는 일이었으나 이미 일반적으로 유효한 법에 따라 처벌이 이루어진 것이다. 그가 이전에 감옥에서 석방되었던 것은 자의에 의한 것은 아니었으나, 다시 세례를 주지 않겠다고 법 절차에 상응해서 서약했었기 때문이었다. 그것은 바로 하나님 앞에서 한 것과 다름없었다. 그러나 그는 기독교적 행정부의 권위를 인정하고 싶지 않았기 때문에, 바로 이러한 서약을 어기게 된 것이었다."[24]

1525년 1월부터 1527년 사이 만츠는 졸리콘과 추르, 아펜젤 등을 다니며 전도 활동을 하였고 재세례를 행했다. 그리고는 여러 번의 투옥을 경험하였다. 그는 1525년 10월 8일 그뤼닝겐의 힌빌에서 감옥에 갇혔다가 일시 탈옥하였으나 10월 31일에 다시 체포되었고, 그레벨과 블라우록과 함께 취리히의 위치 타워(Witch's Tower) 감옥에 투옥되었다. 다시 위치 타워 감옥을 탈출한 후 14일이 지난 뒤에 만츠는 재세례를 베풀었고 1526년 10월 12일에 그뤼닝겐 숲 속에서 체포되었다. 이때 그레벨은 이미 세상을 떠난 상태였기에 만츠는 스위스 형제단의 지도자로 부상해 있었다.[25]

---

24 Opitz, 『울리히 츠빙글리』, 57f.
25 김승진, 『근원적 종교개혁』, 105f. 그레벨은 1526년 여름 8월경 전염병에 걸려 죽음을 맞이하였다(96). 그레벨이나 만츠 모두 30세 어간에 죽었다.

4. 츠빙글리와 재세례파 결별에 대한 평가

"10월 논쟁"에서 드러난 츠빙글리와 그의 제자들 사이의 갈등의 원인은 영적인 문제의 결정권이 당시의 시 의회에 있는가 아니면 교회에 있는가의 문제였다. 장기적으로 보았을 때 이 문제에 대한 바른 답은 츠빙글리가 아니라 그의 제자들 쪽의 주장이었다. 당연하게 교회의 영적인 문제에 대한 결정권은 국가가 아니라 교회에 있다고 할 수 있다. 이런 맥락에서 보면 취리히에서의 츠빙글리와 그의 제자들인 재세례파와의 반목은 보다 급진적으로 교회 자체의 영적 권세를 주장할 것이냐 아니면 인내심을 가지고 조금 더 기다릴 것이냐의 문제였다고 할 수 있다. 그런 면에서 당대의 문맥에서는 츠빙글리가 옳았지만 원칙적인 면에서는 그의 제자들의 주장도 틀린 주장은 아니었다고 할 수 있다. 츠빙글리와 스위스 형제단 사이의 보다 핵심적인 차이점은 국가 교회(state church)에 대한 견해였고 그 핵심에 유아 세례 문제가 있었다고 할 수 있을 것이다.

취리히에서는 1527년 1월부터 재세례파에 대한 공개 처형이 자행되었으며 츠빙글리가 살아있었던 동안에 3명, 그 이후 1571년까지 또 3명 도합 6명의 재세례파 사람들이 처형되었다. 취리히 종교개혁의 어두운 일면을 반영한 이러한 사건에 대한 죄책 고백이 스위스 개혁교회를 중심으로 1983년에 이루어졌고, 2004년에는 하인리히 불링거 탄생 500주년을 맞아 취리히 교회 당국은 공개 처형이 있었던 리마트 강가에 속죄와 화해의 기념비를 마련하였다.[26]

페터 오피츠는 재세례파 사람들이 처형된 것은 취리히 의회의 결의 사

---

26 정미현, "하나님의 정의와 인간의 정의," 225, 각주 7.

항, 즉, 정치, 사회적 혼란기에 공적으로 유효한 법령을 거듭해서 무시한 것에 대하여 일반적인 집행의 테두리 안에서 이루어진 것이지 종교적으로 "박해"를 받은 것이 아니라고 말하고 있다. 즉 재세례파의 유아 세례 거부는 "기독교 정치 공동체와 사회의 법질서의 범주 안에 소속되는 것을 거부하는 것"이었다.[27]

하지만 그럼에도 이들 재세례파들은 "기독교가 단지 일반적 문화로 전락한 곳에서 기독교 신앙을 의식화함으로써 일정한 박해를 경험하게 된 것"이었으며 "츠빙글리 자신도 그가 인식한 복음을 위하여 순교자가 될 각오를 했었기 때문에 이러한 사람들의 태도를 이해하였고 이러한 일이 진행되는 과정도 스스로 공감할 수 있었다."[28]

한때 자신의 제자들이었던 재세례파들이 박해를 받고 심지어 처형을 당하는 것에 대해 츠빙글리는 어떻게 대응했을까? 오피츠는 츠빙글리가 취리히 시당국에 의해 이들이 단지 가볍게 처벌 받을 수 있도록 오랫동안 노력하였다고 말하고 있다. "선처를 청원하는 것이나 제안을 하는 것 이외에 츠빙글리가 할 수 있는 일이란 사실 별달리 없었다. 츠빙글리는 수년 전에 함께 히브리 성서를 공부했던 펠릭스 만츠를 처형하라고 요청한 것도 아니었고 그렇다고 만류한 것도 아니었다. 그는 결코 가볍지 않은 마음으로 이처럼 피할 수 없는 결과를 허용한 것이었다."[29]

오피츠는 츠빙글리가 직면했던 초기 "재세례파"를 1527년의 슐라이트하임 신앙고백이나 메노 시몬스의 문헌들을 중심으로 결집된 후기 "재세례파"와 분명히 구별해야 한다고 주장하고 있다. 그레벨은 참된 교회에

---

27   Opitz, 『울리히 츠빙글리』, 58f.
28   Opitz, 『울리히 츠빙글리』, 58.
29   Opitz, 『울리히 츠빙글리』, 60.

대하여 "십자가 아래"에 모인 잠재적 순교자들의 무방비적인 작은 공동체라고 주장함으로써 사회와는 일정 부분 단절을 도모하는 재세례파의 한 유형인 "자유교회"의 선구자가 되었다.[30]

오피츠는 초기 "재세례파"인 스위스 형제단과 후기 "재세례파"인 메노파를 구별해야 하지만 그럼에도 츠빙글리와 메노파 사이에 기독교를 이해하는 데에 있어서의 뚜렷한 유사성이 존재한다고 주장하고 있다: 재세례파가 강조한 정치 권력으로부터의 독립성에 대한 의지, 고백교회적 성격의 기독교, 전 세계적으로 펼쳐진 기독교 평화 운동과 함께 메노파 교회는 그들이 그레벨과 그와 가까왔던 취리히 친구들을 어떻게 대표하고 있는지를 보여준다. "단지 이들이 그러한 생각을 자유롭게 펼칠 수 있는 여건이 그리 넉넉하게 허용되지 않았던 것은 정치, 종교, 문화적으로 제약된 한계 때문이었다."[31]

7. 결론

지금까지 츠빙글리와 그의 제자들이었던 재세례파의 관계에 대해서 살펴보았다. 츠빙글리와 재세례파 사이의 갈등의 가장 핵심적인 문제는 교회와 국가의 문제였고 시간이 지나면서 유아 세례 문제가 전면에 등장하게 된다. 츠빙글리와 그의 제자들이었던 재세례파의 결별은 당시의 문맥에서만 제대로 이해할 수 있는 문제라고 할 수 있다. 영적인 문제에 대한 의결권이 영적 기관인 교회에 있어야 한다는 츠빙글리의 제자들의 주

---

30 Opitz, 『울리히 츠빙글리』, 56.
31 Opitz, 『울리히 츠빙글리』, 60f.

장은 정당한 주장이기는 하였지만 모든 공권력에 대하여 부정적인 입장을 취하며 유아 세례를 부정하고 공권력의 권위를 무시한 것은 종교개혁의 대의를 위협하는 중요한 사안이었다고 할 수 있다. 물론 영적인 문제에 있어서 국가로부터 교회의 독립을 기본 전제로 받아들이는 현재적인 관점에서는 유아 세례에 대한 토론은 좀 더 개방적으로 이루어질 필요가 있을 것이고 이들 재세례파에 대한 평가도 새롭게 이루어질 필요가 있다.

츠빙글리와 칼뱅의 연속성과 불연속성:
베른과 제네바를 중심으로

07

임종구 _ 대신대학교 교수

07

츠빙글리와 칼뱅의 연속성과 불연속성: 베른과 제네바를 중심으로

임종구

대신대학교 교수

I. 들어가는 말

한국에서의 종교개혁과 관련된 연구는 이제 조사(Research)에서 성찰(Reflection)의 단계로 넘어가고 있다. 최근 츠빙글리와 스위스 종교개혁에 대한 연구 역시 성찰의 측면이 부각되고 있다.¹ 비텐베르크 중심의 전개에서 취리히를 포함하여 두 방면의 종교개혁을 수용하고 루터나 츠빙글리가 아닌 지역을 중심으로 한 종교개혁 운동으로 보려는 경향이 종교개혁의 연구에 새로운 전개로 자리잡고 있다. 스위스 종교개혁은 츠빙글리로 시작하여 칼뱅에 의해 완성되었다고 보는 것이 가장 일반적인 전개일 것이다. 그러나 1세대 종교개혁자들과 2세대 종교개혁자들 사이에 존재하는 시간적 간격과 상황을 고려하더라도 신학자들과 지역 사이에는 병립하기 힘든 차이가 존재한다. 스위스 종교개혁의 츠빙글리와 칼뱅이라는 인물과, 독일어권과 프랑스어권이라는 언어와, 시 의회와 교회의 관계에 따라 다양한 모습이 나타났다. 본 연구는 츠빙글리와 칼뱅 사이에서 발견되는 신학과 실천에 있어서의 연속성과 불연속성을 베른과 제네바를 중심으로 살펴보는 것이다. 칼뱅 시대의 제네바 목사회 회의록인 RCPG²(1546-1564)에는 베른과 제네바 사이에 존재하는 신학적인 차이점이 구체적인 갈등으로 나타난 사건들이 기록되어 있다. 이런 사건들은 마치 스위스 개혁교회 그룹 안에서 뚜렷한 성향을 가진 두 개의 그룹이 존재했다는 것을 실증한다. 이런 갈등은 차이를 극복하기 힘들 정도의 모습을 보여준다. 이런 차이는 일부는 극복되고 일부는 간격을 좁히지 못한 상태를 보여준다. 그러나 본 연구의 의도는 차이를 부각하려는 것에 목적이 있는 것이 아니라 그 차이의 원인이 무엇이며, 차이를 어떻게 극복하

---

1   스위스 종교개혁 제503주년을 기념하여 주도홍을 대회장으로 열린 츠빙글리 종교개혁 기념학술대회는 한국 교회 종교개혁에 대한 연구가 한단계 발전하여 나아간 계기가 되었다고 평가할 수 있을 것이다. 이 학술대회에는 스위스 취리히대학의 페터 오피츠와 독일 훔볼트대학의 베커 교수를 비롯하여 국내 15명의 학자가 발제에 참여하였다. 이 학술대회의 연구물들은 같은 해 "종교개혁자 츠빙글리의 삶과 개혁신학"이라는 제목으로 출간되었다.
2   제네바 목사회 회의록-Registres de la Compagnie des pasteurs de Genève

였는가 하는 것을 살펴봄으로써 오늘날 세계와 한국 교회에서 신학적, 실천적 갈등의 문제에 대하여 종교개혁의 역사에서 교훈을 얻고자 한다.

II. 스위스 종교개혁과 츠빙글리

스위스 종교개혁은 츠빙글리를 선구자로 칼뱅을 완성자로 보는 연대기적 계승 구도로 전개하는 것이 일반적이지만 누구에게 무게를 더 두느냐의 문제는 학자들 간에 분분하다. 안드레아스 뮐링(Andreas Mühling)은 2004년 불링거 탄생 500주년을 전후로 스위스 종교개혁을 1531년을 기점으로 불링거와 칼뱅의 구도로 보려고 하는 반면[3], 취리히대학교 페터 오피츠(Peter Opitz)와 독일 훔볼트대학교의 유디스 베커(Judith Becker)는 츠빙글리의 지위를 개신교와 개혁신학의 중심인물로 전개한다.[4] 한편 에미디오 캄피(Emidio Campi)는 취리히 종교개혁의 역사에서 결정적이었던 1523년에서 1531년 사이의 연대기만을 다루면서 1531년 이후의 피터 마터 베르밀리와 불링거가 조명되지 못한 점을 언급하면서 1531년 이후를 불링거의 시대라고 명명하기도 했다. 이 모든 것은 결국 한 위대한 개혁자가 강단에서 숨을 거둔 것이 아니라 전장에서 숨을 거둔 결과라는 츠빙글리의 단명의 생애에서 찾을 수밖에 없을 것이다.

---

[3] 안드레아스 뮐링, "칼빈과 스위스 연방," 헤르만 셀더하위스, 『칼빈핸드북』 (서울: 부흥과개혁사, 2013), 137.

[4] 유디스 베커, "울리히 츠빙글리와 개혁교회의 역사," 40-83., 페터 오피츠, "1523년 츠빙글리의 논쟁과 하나님의 말씀을 듣는 교회의 시작," 주도홍, 『종교개혁자 츠빙글리의 삶과 개혁신학』 (용인: 킹덤북스, 2022), 86-116.

1. 스위스 종교개혁의 전개 과정

츠빙글리는 스위스 연방 국가의 꿈을 위해 노력하였다. 그러나 1531년 카펠 전투에서 패배하면서 스위스는 연방 국가가 아닌 각각의 칸톤에 힘이 주어졌다. 7개 주는 로마 가톨릭 신앙을 고수하였고, 4개 주는 개혁신앙을, 5개 주는 중립적이었다. 23개의 예속 도시에서는 로마 가톨릭이 16개, 중립이 5개, 개혁신앙은 2개의 도시뿐이었다.[5] 중요한 것은 프랑스어권 도시들은 모두 개혁신앙으로 돌아섰다는 점이다. 또한 경제적 중심 도시들은 대부분 개혁신앙으로 돌아선 반면 농촌 지방의 칸톤들은 옛 신앙에 머물렀다. 이로서 스위스 종교개혁은 언어권에 따라서, 정주 형태에 따라서 종교개혁의 지형도가 바뀌었다. 종교개혁의 도시들 가운데서도 언어권에 따라서 종교개혁의 강조점과 특징이 다르게 나타났다. 초기 개혁신앙의 도시들은 모두 독일어권의 도시들이었고, 츠빙글리의 신학을 모토로 하였다. 그러나 1536년 제네바가 개혁신앙을 받아들이면서 칼뱅과 프랑스어권 도시들과의 신학적 차이점들로 인한 갈등이 구체화 되었다.

스위스 종교개혁은 취리히를 중심으로 확산되었다. 취리히(1524), 베른(1528), 바젤(1530)으로 개혁이 확산되면서 전통적인 동맹이 와해되었다. 가령 베른, 프리부르, 제네바의 동맹은 1526년에 깨어진다. 그것은 베른이 개혁을 선택한 반면, 프리부르는 옛 질서에 남았기 때문이다. 제네바는 1536년에 개혁을 선택하는데 이 과정에서 정치, 군사적 역학이 개입

5　로마 가톨릭을 고수한 7개의 칸톤으로는 우리, 슈비츠, 운터발덴, 루체른, 추크, 프라이부르크, 졸로투른이었고, 이 칸톤에 예속된 16개의 마을도 동일하였다. 개혁신앙을 받아들인 4개의 칸톤은 취리히, 베른, 바젤, 샤프하우젠과 예속된 모라와 그랑송이 전부였다. 중립을 지킨 5개의 칸톤은 글라루스, 장크트 갈렌, 아펜첼, 투르가우, 아르가우와 예속된 5개의 마을이었다. 스토페르, 『스위스 종교개혁』 (서울: 기독교문서선교회, 1989), 192.

되었다.[6] 베른은 프랑스어권 도시 중 보를 공작령으로 얻어내었고 로잔 관구를 흡수하면서 제네바에 대한 잠재적인 지배를 꿈꿀 수 있었다. 마침내 1536년 1월 베른의 군대가 제네바를 향해 진격했고, 제네바는 개혁신앙을 받아들였다. 따라서 취리히의 종교개혁은 베른을 중심으로 신학적인 흡수 이전에 정치, 군사적인 역학의 관계가 있었다는 점을 고려한다면 왜 그토록 스위스 주류 세력들이 교회의 개혁에 대하여 반감을 가졌는가를 이해할 수 있다. 젊은 개혁자는 이런 현실적인 문제들을 풀어나가기 위하여 각 도시의 신학자들과 교류를 쉬지 않았다. 그런 노력의 한 결실이 바로 '취리히 일치신조'라는 결과로 나타난 것이다.

2. 츠빙글리와 베른교회의 관계

스위스 연방 안에서 독립적인 칸톤도 있었지만 영지 형태의 제휴 지방이라는 도시가 존재했는데 이들은 공통 영토 내에서 동일한 신앙고백을 가지는 형태였다. 그러나 1531년 제2차 카펠 전투 이후 츠빙글리가 꿈꾸던 개혁과 연방 국가의 꿈은 수포로 돌아가고 개혁교회와 옛 신자들은 불안한 정치 형태로 존재하게 되었다.[7] 베른은 스위스 주 가운데서 독일어권에 속했고, 가장 큰 규모의 칸톤이면서 귀족적이었다. 할러(Berthold

---

[6] 제네바는 동맹이 와해되면서 독립을 희망하였다. 그러나 베른에 지고 있는 막대한 채무가 걸림돌이 되었다. 1536년 12월 성탄절까지 10,000에퀴(ecus, 4,700 플로린)을 상환할 것을 합의하고 시의회는 6%의 이자로 채무 비용을 국민들로부터 헌납받았다. E. William Monter, Studies in Genevan Government (Geneva: Libraire Driz, 1964), 14.

[7] 제네바는 사보이 공국의 지배를 벗어나기 위해 1526년 프라이부르크와 베른과 함께 제휴 지방 도시로서의 지위를 얻었지만 1536년 8월 7일 베른과 "영원한 협정"을 맺고 베른이 제네바에 제약 없는 자치권을 행사하게 되었다. 이 협정은 1558년 다시 갱신되어 영원히 지속하기로 협의하였다. 자체 군사가 없는 제네바로서는 다른 선택지가 없었던 것이다. 안드레아스 필링, "칼빈과 스위스 연방", 139-141.

Haller), 마이어(Sebastian Meyer), 콜프(Francis Kolb), 마누엘(Nicolas Manuel)이 개혁을 주도하였는데 이들은 모두 츠빙글리의 친구들이었다. 1518년 마이어를 중심으로 개혁 활동이 시작되었고, 1527년의 선거에서의 승리와 1528년 베른 논쟁을 통해 개혁파가 승리를 거두었다.[8]

표1. 베른 파송 제네바 목사의 명단[9]

	이 름	국적	활동 지역	활동 기간	비고
1	Guillaume Farel	Gap in Dauphine	Geneva 뇌샤텔	1532	추방→뇌샤텔 Designated 'Master' Pastor in Geneva 베른 파송
2	Peter Viret	스위스 보	오르베 제네바 로잔	1531 1541 1542	베른 파송 1542년 로잔으로 귀환
3	Antoine Froment	도피네, Mens	제네바	1533	1553 제네바의 공증인 1562 간통으로 추방 1574 공증인으로 복귀 베른 파송 목사
4	Antoine Saunier		Geneva	1536-1538	College de la Rive 학장 1538 추방 후임: Castellio
5	Jacques Baud	Geneva	Celigy	1536-1543	Deposed
6	Christophe Fabri	Geneva	Geneva	1536	dit Libertat
7	Pierre Caroli		Alençon, 뇌샤텔	1524 1536	1536: 뇌샤텔, 로잔의 목사 베른 파송
8	Jean Calvin	Noyon in Picardy	Geneva 스트라스부르 Geneva	1536-1538 1538-1541 1541-1564	추방→스트라스부르 Designated 'Master' Pastor in Geneva
9	Elie Corault		Geneva	1536-1538	추방, 시각장애인
10	Marcout			1538-1540	1538년 베른 파송 목사 1540년 자진 베른으로 귀환

---

8 1528년 베른 논쟁에서 츠빙글리가 구체적으로 베른에 영향을 미치게 된다. 당시 츠빙글리, 할러, 콜프, 외콜람파디우스, 카피토, 부처가 활동하였고 츠빙글리가 최종 승인한 10개 항의 신앙고백이 선포되었다. 필립 샤프, 『스위스 종교개혁』 박경수 역, (서울: 크리스챤 다이제스트, 2004), 113-116.
9 임종구, 『칼빈과 제네바 목사회』 (서울: 부흥과 개혁사, 2015), 259.

11	Morland			1538-1540	1538년 베른 파송 목사 1540년 자진 베른으로 귀환
12	Henri de la Mare		Geneva Jussy	1536-1543 1543-1546	1538년 베른 파송 목사 1546 면직
13	Jacques Bernard		Geneva Satigny	1536 1542	1538년 베른 파송 목사

베른에서의 승리는 바젤에 영향을 주어 1529년에 예배 의식을 담은 법령집이 나오고 1530년 개혁이 선언되었다. 샤프하우젠 역시 베른의 승리 이후 1529년에 개혁파가 승리를 거두게 된다. 베른 논쟁의 승리 이후 제네바는 베른의 종교를 그대로 수용하게 된다. 표1.에서 볼 수 있는 것처럼 베른에서 사실상 목사 파송권을 가지고 있었다. 목사 선출과 임명에 대하여 부분적인 자율권을 가지게 된 것은 1541년 교회 법령을 통하여 제네바 목사회가 조직된 이후라고 할 수 있다. 제네바에서는 베른에서 파송된 기욤 파렐(Guillaume Farel), 피에르 비레(Peter Viret), 앙투앙 프로망(Antoine Froment)이 활동하였다. 로잔 역시 베른의 통제하에 있었다. 베른은 로잔 아카데미를 세우고 비레, 카롤리, 베자, 파렐로 하여금 가르치게 하였다. 사실상 1528년의 베른 논쟁이 베른과 제네바, 로잔의 신학의 배경이 되었고, 그 중심에 츠빙글리가 있었다. 츠빙글리의 신학이 지배하고 있었다고 평가할 수 있을 것이다.

3. 베른과 제네바교회의 관계

1528년 베른 논쟁을 기점으로 제네바와 로잔은 베른의 정치 종교적 역학 관계에 놓이게 된다. 베른은 파렐에게 제네바 종교의 모든 권한을 부여하였고, 파렐은 프랑스어권 도시에 영향을 미쳐 1530년에는 뇌샤텔에,

1532년에는 제네바에 복음을 전하였다. 1534년과 1535년에 신학 논쟁이 있었고, 그 해 8월에 파렐이 생피에르에서 설교하였다. 그리고 1536년 1월 베른의 군대 6,000명이 두 달 정도의 전투를 벌였고, 3월 말에 주교가 제네바를 떠났다. 앙투앙 프로망과 기욤 파렐이 활동하였다. 1536년 5월 21일에 200인 의회에서 복음을 따라 살기로 결정하였다.[10]

이렇게 츠빙글리의 신학을 수용한 베른이 정치적인 힘을 이용하여 프랑스어권 도시들인 로잔과 제네바, 뇌샤텔을 실효적으로 지배하면서 스위스 종교개혁이 전반부가 무르익어 갈 무렵, 파렐의 추천으로 칼뱅이 제네바교회에 합류하게 된다. 칼뱅은 그 해 바젤에서『기독교강요』를 출간하였고, 시 의회로부터 제네바의 성경 교사로 임명되었지만 그 존재감은 아직 제대로 알려지지 않았다. 그러나 10월의 로잔 회의와 베른 회의에 참석하고 1537년에는 제네바 시 의회에 '교회 설립 시안'을 제출하면서 제네바에서의 본격적인 개혁을 시작하였다. 그러나 제네바 시민들과 성찬을 위한 신앙고백에 서약하는 문제로 갈등이 시작되면서 이제 자리를 잡은 취리히의 신학과 새로운 제네바의 신학은 성찬 문제로부터 갈등이 표면화되었다.[11] 이런 갈등에 대하여 베른은 타협점을 찾기 위하여 칼뱅, 파렐과 협상을 벌이게 되고 1538년 상당한 양보가 이루어진 타협안이 제시되었다.

표2.를 통해 볼 수 있는 것은 주로 예배 의식과 성찬의 구체적인 방법에 대한 부분인데 타협안에 드러나지 않는 부분들도 있다. 가령, 떡의 문

10　임종구,『칼빈과 제네바 목사회』, 186-195.
11　1538년 제네바는 개혁 진영이 시행정 장관을 선출하는 선거에서 패배하고 3월 11-12일에 열린 시의회는 새로운 제네바식 성찬이 아닌 베른 방식의 성찬을 결정하기에 이른다. CO, 21, 222.

제로서 무교병을 사용하는 문제와 미신적인 유아 세례명에 집착하는 부분이 정서적으로는 더 강력한 반발에 부딪혔다. 수정안에는 성찬의 횟수가 매주에서 한 달에 한 번으로, 세례반의 사용을 수용하고, 4가지의 로마 가톨릭 축제를 승인하는 것이었다. 또한 교회 법령의 제정과 치리의 시행, 목회자의 수급과 교구의 정비, 타락한 풍습과 문화가 개선되어야 한다는 의지를 표명하고 있다. 그러나 타협안은 거부되었다. 1538년 4월 파렐과 칼뱅은 설교만 하고 성찬 집례를 거부하였으며 이 사건이 있은 후 바로 소집된 200인 대의회는 칼뱅과 파렐, 코르에게 72시간 이내에 제네바를 떠날 것을 명령하기에 이르렀다. 추방 명령 이후에 베른의 중재로 타협안이 제출되었으나 5월 26일 시 의회는 추방을 최종 승인하였다. 우리는 이것을 제네바에서의 신학적 갈등으로만 볼 것이 아니라 좀 더 전선을 확대하면 치리히와 제네바의 갈등이며, 츠빙글리의 신학과 칼뱅의 신학이 구체적인 부분에서 차이를 확인하면서 갈등 구조를 이루었음을 알 수 있다.

표2. 제네바교회 설립 시안 기초 법령과 수정 법령[12]

	Article 1537	Articul 1538	비고
법안 제출	1536년 11월 10일	1538년 4월 27일	
정식 명칭	Articles concernatnt l'organisation de l'église et du culte à Genéva	Articuli a Calvino et Farello propositi ad pacem Genevae restiuendam	

---

12 임종구, 『칼빈과 제네바 목사회』, 368.

주요 항목	1. 교회 질서의 근간은 성만찬의 질서와 권징이다 2. 성찬은 매주 행하여져야 함 3. 시편 찬송, 교리 교육의 시행 4. 결혼 등의 질서를 바로잡고 소송과 판결을 감당할 치리회가 필요로 하다.	1. 베른과의 갈등에 대한 괴로운 마음이 베어 있다. 2. 복직에 대한 기대가 반영되어 있다.	1. 시 의회에 제출된 최초 원본은 청원조의 어투로 전개되고 있다. 2. 시안에서 매주 성찬의 시행을 3번이나 강조하고 있다. 3. 거룩한 성찬의 유지를 위한 출교와 권징은 6번이나 반복 강조되고 있다.
유지 항목		1. 공식 예배에 시편 찬송 도입 2. 목사와 장로로 구성된 치리	1. 교육에 관해서는 전체 삭제되어 있다.
타협 항목		1. 성찬은 한 달에 한 번 시행 2. 세례 수반 승인 3. 4가지 축일 승인 4. 무교병의 사용	1. 성찬의 시행이 매주에서 한 달에 한 번으로 후퇴 2. 세 가지 일치에서 모두 양보
보완 항목		1. 설교는 보장되어야 한다. 2. 복직된다면 명예를 회복해 주어야 한다. 3. 교회 법령이 제정되어야 한다. 4. 충분한 목회자의 수급 5. 효과적 목양을 위해 교회를 여러 교구로 편성할 것. 6. 타락한 문화와 풍습이 개선 되어야 한다.	1. 국경선에서 베른까지 늦게 나서서 중재했던 긴박했던 순간에 수정안을 작성했던 개혁자의 교회 건설을 향한 염원을 볼 수 있다. 2. 이 개혁자는 끝까지 참다운 교회 건설의 열망에 사로잡혀 있다.

III. 츠빙글리와 칼뱅의 연속성과 불연속성

그렇다면 스위스 종교개혁에서 취리히와 제네바, 츠빙글리와 칼뱅의 연속성과 불연속성이 엄연히 존재한다는 사실을 밝히는 것은 어렵지 않다. 에미디오 캄피는 스위스 종교개혁의 연속성(공통점)을 성경, 구원, 교회의 본질로, 불연속성(차별성)을 교회와 국가의 치리, 성례, 언약 신학으로 정리하였다.[13]

---

13 에미디오 캄피, 『스위스 종교개혁』 김병훈 역, (서울: 합신대학원출판부, 2016), 13-83.

1. 연속성과 불연속성

캄피의 논지를 정리해보면 첫째, 성경에 대한 이해로서 1528년 베른 논쟁은 '거룩한 교회의 유일한 머리는 오직 예수 그리스도이시며, 그 교회는 하나님의 말씀으로부터 태어난다'고 하였는데 그것은 불링거와 칼뱅에게로 연속적인 흐름을 지속하였다. 둘째, 구원에 있어서도 칭의의 법정적인 측면뿐만 아니라 츠빙글리는 하나님의 선물과 은혜로서의 그 근원을 하나님의 예정과 선택으로까지 나아갔다. 이것은 츠빙글리와 칼뱅의 논지가 만나는 지점으로 하나님의 예정에 대한 이해의 공통적 견해에 대한 가능성을 엿보게 한다. 셋째, 교회의 본질에 있어서는 츠빙글리는 교회의 두 측면 보이지 않으며 신비한 영적 측면과 보이면서, 지상적이며 식별할 수 있는 측면을 말하였다. 이런 이해는 칼뱅의 참신자들의 보이지 않는 거룩한 교회와 고백하는 교인들의 보이는 그러나 지상의 불완전한 연대로서의 교회라는 이해에서 연속적인 흐름을 유지한다.

한편 불연속성은 첫째, 교회와 국가의 권징권의 문제로 츠빙글리는 개혁과 연방 국가를 염두에 두었으므로 두 왕국론의 틀 안에서 바라보지 않고, 하나님의 왕국이 세속 사회의 질서 속에서도 적용되어야 함을 강조하였다. 이런 경향으로 취리히에서는 일 년에 두 차례 총회가 개최되었고 평신도를 비롯한 대표들이 참석하여 교회의 제반 업무를 처리하였다. 이것은 취리히를 넘어 스위스 연방의 개혁교회들의 모델이 되었다. 그러나 바젤과 스트라스부르에서는 교회의 권징을 시행함에 있어서 국가 권력이 개입되는 것보다 교회의 회의를 통해서 진행하려고 했다. 이것이 스트라스부르에서는 어느 정도 제도로 자리를 잡았고, 칼뱅이 여기서 제네바의 치리 제도를 가져온다. 그러나 제네바에서도 교회의 치리는 완전히 자리를 잡지 못하였고, 1552년 이후 페랭파가 추출되면서 칼뱅의 의도가 적용되었다. 1561년 교회 법령에 이런 염원이 반영되었다. 둘째, 성찬의 문제는 앞에서 살펴본 바와 같이 칼뱅은 상당 부분을 후퇴하였으나 올바른 성찬 신학이 자리잡는 일을 결코 포기하지 않았다. 셋째, 캄피는 언약 신학의 차이를 개진하였으나 사실상 가장 눈에 보이는 차이점은 바로 예정론의 수용에 있었다. 성찬 신학이 '취리히 일치신조'를 통하여 어느 정도 접근을 이루었다면 칼뱅 연대에서 거의 접근조차 힘들었던 부분이 바로 '영원 예정에 대한 교리'였다. 예정 교리는 스위스의 프랑스권 도시와 독일어권 도시 사이에서 성찬 교리만큼이나 일치점을 찾지 못했고, 베른과 제네바에서는 영원 예정에 대한 교리의 해석 차이로 상대방 목사를 체포, 투옥하고 강제 추방하는 등의 갈등이 일어났다. 칼뱅의 제네바 사역 기간에 그가 가장 강렬하게 투쟁하며 잃지 않으려고 했던 신학적 부분이 예정론이었고, 실천적 부분이 성례론이었다. 베른 지역의 제네바 영지에서 예정론을 설교하던 목사는 구금되어야 했다. 제롬 볼섹을 기소하고, 심문하는 과정, 그리고 목사회의 최종 의견서에서 영원 예정에 대한 교리는 칼뱅의 기독교강요와 일치된 신학을 제네바 목사회가 가지고 있었다는 것을 알 수 있다.

그러나 에클레시아와, 트롤리에, 앙리 드라 마르 등은 이 교리에 반대했고, 피에르 아모와 자크 브르고뉴와 같은 인사들은 칼뱅에 반대했다. 자크 브르고뉴는 볼섹을 위한 청원서를 두 번이나 제출하기도 했다.[14] 제네바 목사회 회의록(RCPG)를 보면 예정 교리로 인한 갈등을 해소하기 위한 칼뱅의 호소가 공적 서신을 통하여 발견되고 있다.

---

14 목사회 기소문 3번 항에서 볼섹은 이 교리는 조작된 교리이며 신학에 유능하고 양식을 가진 자들 중에 소수만이 받아들였고, 고대의 박사들이 이 교리를 거부하였다고 하였다. RCPG, I, 85; Hughes, 143.

표3.[15] 제롬 볼섹 사건에 대한 스위스 주변 도시들의 답변서 분석[16]

	Neuchâtel	Zürich	Basle		
			Basle	Simon Sulzer	Myconius
발신	1551년 12월 22일	1551년 11월 27일	1551년 11월 21일	1551년 11월 21일	1552년 1월 9일
인사	제네바의 가장 거룩한 모임의 목회자인 우리의 존경스러운 형제들과 동역자들, 교리와 경건함의 뛰어남으로 알려진 주님의 종들에게 안부를 전하는.	제네바에 그리스도의 교회의 가장 뛰어나고 신실한 목회자들과 가장 존경스러운 박사들과 사역 동역자들과 가장 귀한 형제들에게	가장 높고 학식 있는 그리스도의 종들, 제네바 교회의 목회자들과 주님 안에서 그의 존경스러운 형제들과 동역자들에게 인사의 말을 전한다.	주님 안에서 가장 뛰어나고 존경스러운 동역자 칼뱅에게 안부를 전한다.	제네바에서 그리스도의 성직자이고 학구적이고 경건한 장 칼뱅에게
반응	*십자가에서 승리하신 그리스도께서 사탄이 모든 무력으로 공격하고 있는 당신들의 교회를 지키시기를... *그럼에도 불구하고 당신들의 교회가 매일 일어나고 자라고 더욱 빛나고 엄청나게 거룩해지는 것을 막을 수 없다. *제롬이라는 사람은 제일 더러운 돼지보다도 거룩함을 알지 못하는 자이다.	*주님께서 맡겨주신 교회가 고충중이라는 소식을 듣기에 굉장히 슬퍼한다. *제롬 사건에 대해 상호 이해로 연합할 수 없는지 모든 방법으로 살필 것을 제안한다. *볼섹도 매너가 없지만 당신들도 교정의 필요가 심하게 느껴진다. *그래서 우리가 모르는 포로 된 자의 사슬을 조이고 싶지 않다.(사 42:2).	*우리는 이 제롬이라는 사람을 모르고 그도 우리를 알지 못할 것을 확신한다. *그가 우리를 한편이라고 주장하는 것은 거짓이다. *우리는 길게 생각하지 않고 이 문제를 전통적인 방식으로 단순하게 처리하고 싶다.	*당신의 교회가 고생하는 것에 우리는 굉장히 슬프다. *왕의 칙령으로 많은 순교자의 피흘림이 진행되고 있다. *왕의 명령으로 누구든지 종교 때문에 고문하는 것을 금지한다고 하니 당신들의 정보가 과장되었다고 생각된다.	*1월 4일에 감옥에 있는 볼섹에게서 편지를 받았다. *그는 바젤의 의견에 동의했기 때문에 지금 감옥에 있다고 했다. *그래서 우리는 여기에 대해서 당신들의 해명을 듣고 싶다.
해석	*하나님은 그리스도 안에서 영원으로 선택하시고 그의 뜻대로 이루신다. *우리는 그분의 유기의 뜻을 비난할 수 없다.(롬 9:16,18,20)	*우리는 하나님께서 영원전에 택하사 그리스도 안에서 품으신 것을 믿는다.(롬 9:16, 엡 1:4) *우리의 믿음은 성령과 말씀으로 인한 은혜이며 은혜 속에서 믿음을 유지, 성장시킨다.(빌 1:29, 눅 17:5)	*우리는 제한 속죄를 믿는다(요 6:44, 3:19). 그러나 유기된 자들은 불평이 있을 것이다. *예정론이나 선택의 지식보다는 믿음으로부터 시작하는 것이 낫다.		
행동	*우리 형제 칼뱅이 쓴 『기독교강요』보다 예정론에 대해 잘 설명한 것은 없다. 제롬에게 어떤 사람이라도 물고 뜯게 하라 오히려 스스로 돌에다 치는 결과를 가져올 것이다. *그의 언행은 하나님의 비상한 주권에 대한 최고의 경멸이다. 이런 불경을 용납할 수 없다.	*새 생명을 얻은 자는 인생의 모든 단계에서 은혜로 살아간다.(고후 3:5, 빌 2:13, 요 8:36, 고후 3:17, 롬 7:15,25, 사 143:2) *불신자의 불신은 하나님이 아닌 그들에게로 귀착시켜야 한다.(시 18:30;145:17)	*이 답변 외에 더 이상의 논쟁에 뛰어들고 싶은 마음이 없다. *이 사람에게 자신을 지원해줄 사람을 다른 곳에서 찾으라.	*세 개의 복음 그룹이 합의했다.(베른, 치리히, 바젤) 먼저 베른과 접촉하고 취리히와 샤프하우젠과도 연락할 것이다.	*만일 당신들의 교리와 우리의 교리가 다르다면 기회에 명확히 선언하겠다. *오시안더를 조심해야 한다.
서명	Neuchâtel	Zürich	Vuolfgangus Vuissenburgus Marcus Persius M. Simon Sultzerus Jacobus Truckenbrot Thomas Gyrfalonius Valentuus Boltz Osvaldus Myconius	M. Simon Sultzerus	Osvaldus Myconius

---

15 임종구, 『칼빈과 제네바 목사회』, 313.
16 *RCPG*, Ⅰ, 126-129; *Hughes*, 180-184.

회의록에는 43건의 서신[17]이 수록되어 있다. 제네바 목사회가 발신한 서신이 20건, 수신한 서신이 24건이다. 발신 서신을 보면 교회에 15건, 개인에 5건이 발송되었고, 도시별로는 베른이 6건, 프랑스에 4건, 뇌샤텔, 몽벨리야르, 로잔에 각 2건, 스위스 전체와, 스트라스부르, 취리히에 각 1건, 수신인이 모호한 1건이 있다. 공적 서신의 상당 부분이 예정 교리와 관련된 갈등의 문제와 관련이 있다. 또한 뇌사텔과 치리히, 바젤 등에 보낸 공개질의서에 나타난 반응을 보면 츠빙글리와 칼뱅의 신학의 불연속성을 확인할 수 있다.

IV. 나가는 말

본 연구를 통하여 1531년 츠빙글리의 사후, 베른과 제네바를 중심으로 심화되어진 츠빙글리와 칼뱅의 신학적 연속성과 불연속성을 살펴보았다. 특히 1528년 베른 논쟁 이후 츠빙글리의 신학과 칼뱅의 신학이 독일어권과 프랑스어권 도시를 중심으로 갈등이 격화되었고, 1541년 제네바 교회 법령의 제정 이후 제네바 목사회가 목사 시험 및 추천권을 가져오고

---

17 회의록(1546-1564)에 기록된 43건의 서신은 다음과 같다. 서신의 항목 번호는 RCPG에 나오는 서신의 순번을 따랐다.
  17. 1551년 볼섹이 제네바의 행정 장관에게 보내는 개인 서신
  18. 1551년 11월 9일, 브로고뉴가 볼섹을 변호하며 목사회에 보낸 개인 서신
  19. 1551년 11월 11일, 브로고뉴가 볼섹을 변호하며 선처를 당부하는 개인 서신
  20. 1551년 11월 14일, 볼섹에 대한 스위스 개혁 도시들에게 보내는 공개질의서
  21. 1551년 11월 21일, 17번 공개질의서에 대한 바젤의 답변 서신
  22. 1551년 11월 21일, 17번 공개질의서에 대한 바젤의 슐처(Sulzer)의 개인서신
  23. 1551년 11월 27일, 17번 공개질의서에 대한 취리히의 답변 서신
  24. 1551년 12월 22일, 17번 공개질의서에 대한 뇌사텔의 답변 서신
  25. 1552년 1월 9일, 17번 공개질의서에 대한 바젤의 미코니우스(Myconius)의 개인 서신
  38. 1554년 10월 4일, 제네바 목사회가 베른의 대표에게 보내는 예정 교리에 대한 서신
  39. 1554년 10월 4일, 제네바 목사회가 베른의 목사회에 보내는 예정 교리에 대한 서신

1559년 제네바 아카데미가 세워지는 과정을 통하여 칼뱅의 신학이 안정화의 단계에 들어가는 것을 살필 수 있다. 그러나 제네바 목사회 회의록을 통해 드러나는 취리히와 제네바의 신학적 갈등은 큰 간격이 있었음을 확인할 수 있다. 여기서 에미디오 캄피나 안드레아스 뮐링의 주장에 구체적인 논거를 제공할 수 있을 것이다. 그러나 츠빙글리를 제외하고 스위스 종교개혁을 논할 수 없고, 그의 사후에 심화된 갈등에도 불구하고 츠빙글리의 신학적 면모와 개혁자로서의 인격을 생각한다면 그가 오래 생존하였다면 더 발전된 스위스 종교개혁과 개혁교회의 성숙을 추정해보는 것을 무리가 아닐 것이다. 이런 추정은 불링거와 칼뱅이 예정 교리의 차이를 극복하지 못하였음에도 불구하고 성찬 교리의 일치를 일구어내는 것에서 그 가능성을 찾을 수 있을 것이다.

현재 한국 교회의 신학적 다양성과 갈등, 세계 교회가 직면한 신학적 위기의 상황에서 스위스 종교개혁자들이 보여주는 관용과 인내, 그리고 연합과 일치를 위한 성숙한 대화와 존중의 정신에서 일정한 교훈과 가능성을 발견할 수 있다. 특히 칼뱅은 끝까지 불링거와의 편지를 중단하지 않았다. 취리히와 베른 시 의회와 목사회를 존중하면서 공적 서신을 멈추지 않았던 것이다.

07 참고 문헌

RCPG_Registres de la Compagnie des pasteurs de Genève

Bergier, Jean-François(ed), *Registres de la Compagnie des pasteurs de Genève au temps de Calvin 1546-1553* Tome Premier. Geneva: Droz, 1964.

Kingdon, Robert M.(ed), *Registres de la Compagnie des pasteurs de Genève au temps de Calvin 1553-1564* Tome. Ⅱ. Geneva: Droz, 1962.

Fatio, Olivier et Labarthe, Olivier(ed), *Registres de la Compagnie des pasteurs de Genève 1565-1574* T. Ⅲ. Geneva: Droz, 1969.

Labarthe, Olivier et Lescaze, Bernard(ed), *Registres de la Compagnie des pasteurs de Genève 1575-1582* T. Ⅳ. Geneva: Droz, 1974.

Labarthe, Olivier et Tripet, Micheline(ed), *Registres de la Compagnie des pasteurs de Genève 1583-1588* T. Ⅴ. Geneva: Droz, 1976.

Citron, Sabine et Junod, M. Claude(ed), *Registres de la Compagnie des pasteurs de Genève 1589-1594* T. Ⅵ. Geneva: Droz, 1980.

Cahier, Gabriella et Grandjean, Michel(ed), *Registres de la Compagnie des pasteurs de Genève 1595-1599* T. Ⅶ. Geneva: Droz, 1984.

Cahier Gabriella et Campagnolo, Matteo(ed), *Registres de la Compagnie des pasteurs de Genève 1600-1603* T. VIII. Geneva: Droz, 1986.

Campagnolo, Matteo, Courvoisier, M. Louis et Cahier Gabriella(ed), *Registres de la Compagnie des pasteurs de Genève 1604-1606* T. IX. Geneva: Droz, 1989.

Cahier Gabriella, Campagnolo, Matteo et Courvoisier, M. Louis(ed), *Registres de la Compagnie des pasteurs de Genève 1607-1609* T. X. Geneva: Droz, 1991.

Cahier Gabriella, Campagnolo, Matteo et Courvoisier, M. Louis(ed). *Registres de la Compagnie des pasteurs de Genève 1610-1613* T. XI. Geneva: Droz, 1993.

Cahier Gabriella et Campagnolo, Matteo(ed). *Registres de la Compagnie des pasteurs de Genève 1614-1616* T. XII. Geneva: Droz, 1995.

Fornerod, Nicolas, Boros, Philippe, Cahier Gabriella et Campagnolo(ed), *Registres de la Compagnie des pasteurs de Genève 1617-1618* T. XIII, Geneva: Droz, 2001.

Philip E. Hughes, *The Register of The Company of Pastors of Geneva in The Time of Calvin*, Wipe and Stock, 1966.

Monter, E. William. *Calvin's Geneva*, Huntington, NY: Robert E. Krieger Publishing Company, 1975.

_____. *Studies in Genevan Government (1536-1605)*. Geneva: Librairie E. Droz, 1964.

Emodoi Compi,『스위스 종교개혁』김병훈 역. 서울: 합신대학원출판부, 2016.

Schaff, philip.『교회사 전집 7: 독일 종교개혁』박종숙 역. 서울: 크리스챤다이제스트, 2004.

_____,『교회사 전집 8: 스위스 종교개혁』박경수 역. 서울: 크리스챤다이제스트, 2004.

Selderhuis, J. Herman.『칼빈』조숭희 역. 서울: KOREA.COM, 2009.

_____,『칼빈핸드북』김귀탁 역. 서울: 부흥과 개혁사, 2013.

주도홍,『종교개혁자 츠빙글리의 삶과 개혁신학』용인: 킹덤북스, 2022.

임종구,『칼빈과 제네바 목사회』서울: 부흥과 개혁사, 2015.

츠빙글리와 칼빈의 국가론 비교

안인섭 _ 총신대학교 신학대학원 교수

08

08

츠빙글리와 칼빈의 국가론 비교

안인섭
총신대학교 신학대학원 교수

I. 들어가는 글

교회가 국가와 어떤 관계를 가져야 하는지는 한국이나 미국의 국회 의원과 대통령 선거때마다 보수와 진보를 떠나 초미의 관심사로 떠오르는 주제다. 그러나 16세기 종교개혁 시대로 들어가 보면 더 밀접한 관계가 있었다는 것을 발견하고 놀라게 된다. 심지어 종교개혁 당시 한 국가나 지역의 종교개혁의 성공은, 원하든 원하지 않든, 국가와의 관계 속에서 결정될 수밖에 없었다.[1] 스위스의 취리히나 제네바, 그리고 네덜란드의 종교개혁은 그 도시나 국가가 신성 로마 제국으로부터 독립하는 것과 맞물린 문제였다.[2] 이런 맥락에서 개혁교회를 출범시켰던 츠빙글리와 종교개혁의 종합적 열매라고 할 수 있는 제네바의 칼빈의 교회와 국가론을 비교하는 것은 후대의 개혁주의자들에게 큰 의미가 있을 것이다.

현재 한국 교회는 국가와 사회 속에서 성경적인 가치를 더 드러내는 역할을 해야 하지만, 오히려 사회의 염려가 되고 있다고 비판 받고 있는 현실이다. 그러나 박해 받고 있었던 종교개혁자들은 오히려 역사의 미래적 발전의 원동력이 되었다.

따라서 본고에서는 개혁파 종교개혁자 츠빙글리와[3] 칼빈의 교회와 국가론을 비교하여, 지금의 한국 교회가 국가와 어떤 바람직한 관계를 형성해야 할지 그 방향을 모색해 보고자 한다.

II. 츠빙글리의 교회와 국가

1. 하나님의 지배하에 있는 두 개의 구별된 공동체

츠빙글리는 교회와 국가를 두 개의 공동체가 아니라 하나님의 절대적

---

1 안인섭, 『종교개혁 역사연구』 (용인: 킹덤북스, 2022), 37-38.
2 안인섭, "츠빙글리의 사회 윤리 사상" 「신학지남」 제86권 (2019): 165-191.
3 츠빙글리의 국가론에 대한 상세한 내용은 필자의 다음의 글을 참조하라. 안인섭, "츠빙글리의 국가론에 근거한 통일을 향한 기독교의 책임," 「기독교와 통일」 제13권 1호 (2022), 7-36.

인 지배하에 있는 동일한 공동체로 보았다.[4] 물론 츠빙글리의 신학 자체가 "애국주의(patriotism)"와 관련이 있다는 것을 인정하게 되지만,[5] 그는 그리스도의 왕국을 매개로 해서 교회와 시민 모두를 통합했다. 국가는 인간의 정의가 하나님의 정의에 수렴하는 기관이다. 교회는 내적인 정의를 감당하며 국가는 외적인 정의를 맡는다. 츠빙글리는 교회와 국가는 내적이고 외적 관련을 갖는데, 다만 그 역할이 구별된다고 본 것이다. 그러므로 츠빙글리는 신학적 내용은 목회자들이 맡으며 위정자는 신학적 문제에 개입하는 것이 아니라 스위스 국민들의 삶을 책임져야 한다고 강조했다.[6]

2. 내적인 의에서 외적인 의로

츠빙글리에 의하면 하나님의 정의는 완전한 것이며 인간적인 것을 초월한다. 그러나 인간적인 정의는 하나님의 정의에서 나온 것이지만 불완전한 것이며 타락한 인간의 본성을 위한 것으로 국가 권력과 연결된다.[7] 츠빙글리는 인간의 의를 하나님의 의와의 관계성 속에서 바라보았다. 하나님의 정의는 반드시 인간의 정의로 나가는 것이지 결코 대립되는 개념이 아니다. 인간은 먼저 교회에서 내적인 의를 얻은 후에 외적으로 국가를 통한 의로 나간다. 루터가 하나님의 정의와 인간의 정의 간의 긴장성(tension)을 강조했다면, 그와는 달리 츠빙글리는 이 둘이 서로 모순적인

---

4   W. P. Stephens, *The Theology of Huldrych Zwingli* (Oxford: Clarendon Press, 1986), 7-8.
5   W. P. Stephens, *The Theology of Huldrych Zwingli*, 282.
6   츠빙글리, "스위스 연방에 대한 간곡한 경고," 377.
7   츠빙글리, "하나님의 정의와 사람의 정의," 235-247.

것이 아니라 내적인 의에서 외적인 의로 점진적으로 발전해 나가는 것으로 해석했다. 츠빙글리는 그의 국가론을 종말론적 관점에 세우고 있다.[8] 따라서 국가에 보다 긍정적인 의미를 부여하고 있다.

츠빙글리의 교회와 국가론을 루터와 비교한다면 유사한 면도 있고 차별성도 존재한다. 국가를 죄의 결과로 보거나, 국가의 통치자를 하나님이 세우셨다고 이해하는 것이나, 기독교인들이 공적인 직무를 수행할 수 있다고 보면서 급진 재세례파들과 차별화하는 점에서 츠빙글리는 루터와 대립하지 않는다. 그렇지만 츠빙글리가 루터와 갈라지는 중요한 지점은, 하나님의 정의와 인간의 정의의 관계에서 루터보다 츠빙글리가 국가에 보다 긍정적이고 적극적인 역할을 부여했다는 것이다.[9]

3. 교회와 국가의 구별성과 상호 관계성

츠빙글리는 교회와 국가를 혼합시키거나 분리시키지 않고 구별된 것으로 보았다. 두 기관 모두 하나님이 부여하신 영역이 있다. 교회의 권력과 국가의 권력은 그 성격이 다른 것이다. 츠빙글리는 그의 유명한 저서 『하나님의 정의와 사람의 정의』에서 교회와 국가의 관계를 체계적으로 정리해 주고 있다.[10] 첫째, 모든 권세는 하나님으로부터 왔기 때문에 복음을 증거하는 자는 국가 권력에 순종해야 한다. 둘째, 세상의 권력은 내적인 죄가 아니라 외적인 악행에 대한 정의를 집행하는 것이다. 셋째, 국가 권력은 정의로운 사람을 칭찬하고 보호해야 한다. 넷째, 이런 맥락에서

---

8 최윤배, "츠빙글리, 부처, 칼빈의 종말론," 「한국기독교신학논총」 38 (2005): 185-209.
9 A. McGrath, *Reformation: An introduction* (Oxford: Clarendon Press, 1986), 216.
10 츠빙글리, "하나님의 정의와 사람의 정의," 235-247.

국가 권력은 하나님의 종이라고 할 수 있다. 다섯째, 정의로운 통치자는 악을 행한 자를 처벌하며 죄 없는 국민은 처벌해서는 안 된다. 여섯째, 국가 통치자는 불의를 행한 자를 처벌하는 하나님의 종이기 때문에 칼을 가지고 집행할 수 있다. 일곱째, 국민들은 국가 권력자들을 무서워 해서가 아니라 양심을 위해서 복종해야 한다. 여덟째, 그러므로 국민은 위정자가 국정을 수행할 수 있도록 국가에 세금을 납부해야 한다. 아홉째, 그리스도인은 모든 빚진 사람들에게 갚아야 한다. 열째, 모든 사람들은 자신의 의무를 다해야 한다.

이런 문맥에서 츠빙글리는 내적인 정의가 아닌 외적인 삶을 통치하는 국가의 특징을 세밀하게 설명하고 있다. 츠빙글리의 교회와 국가의 구별성은 가톨릭의 그것과 다를 뿐 아니라, 루터의 두 왕국설이나 재세례파의 분리주의와도 다르다. 이런 츠빙글리의 교회와 국가의 관점은 츠빙글리 이후 칼빈과 같은 개혁주의자들에게 이어지는 공통적인 골격을 형성했다고 평가할 수 있을 것이다.

국가 권력은 악한 인간을 칼과 법에 의해 처벌함으로 공공의 행복을 증진시키지만, 교회와 성직자는 성령의 검인 하나님의 말씀을 설교함으로 하나님의 나라를 섬기는 것이다.[11] 츠빙글리는 교회와 국가의 구별성을 말하지만, 동시에 교회와 국가가 서로 하나님의 나라를 섬긴다고 하는 점에서는 상호 관계성이 있다는 것을 강조했다. 국가 권력이 성경의 정신대로 사용되면서 국민적 연합을 만들어 낼 때 복음의 정신은 그 권력을 더 강하게 하는 것이다.[12]

---

11 츠빙글리, "67개 논제에 대한 해제," 368-375.
12 츠빙글리, "하나님의 정의와 사람의 정의," 203-204.

4. 그리스도인의 청지기적 사회적 책임

교회와 국가가 서로 관련성을 갖는다는 츠빙글리의 관점은 자연스럽게 그리스도인의 사회적 책임의 영역으로 나간다. 츠빙글리가 공적인 삶의 영역에서 기독교인의 책임이 얼마나 중요한지를 강조했던 것처럼, 현대 사회에서도 그리스도인들의 책임은 여전히 막강하다고 강조할 수 있다.[13]

츠빙글리에 의하면 인간은 자유를 갖지만 청지기로서 사회적 책임을 갖는다. 그리스도인은 공적인 영역에서도 하나님의 의가 나타나도록 살아야 한다. 그리스도인의 사회 윤리에 대한 츠빙글리의 강조는 경제 윤리, 정치 윤리로 확산되며, 시민 사회 안에서 좋은 그리스도인이자 정의로운 시민이라는 그리스도인의 정체성에 대한 근대적인 특징을 제시해 주고 있다. 츠빙글리는 사회 안에 존재하는 가난한 자를 보호해 주지 않는 목자들에 대해서 "거짓 사제들"이라고 비판할 정도로 그리스도인의 사회적 책임을 인식하고 있다.[14]

츠빙글리는 만약 국가가 위기에 처했을 때 교회가 회개한다면 국가는 희망이 있다고 말한다.[15] 교회가 회개함으로 자기 중심에서 하나님의 은혜 중심으로 회복된다면 스위스 연방이 다시 화해됨으로 미래를 보장받을 수 있다는 것이다. 츠빙글리는 교회가 사회와 국가의 미래에 대한 막중한 책임 의식이 있다는 것을 강조하고 있는 것이다.

---

13 Gottfried W. Locher, "The change in the understanding of Zwingli in recent research," *Church History* 34, 1 (1965), 19.
14 츠빙글리, "목자," 347.
15 츠빙글리, "스위스 연방에 대한 간곡한 경고," 378.

5. 그리스도인의 국가에 대한 복종과 저항

츠빙글리는 그의 초기 저작부터 후기까지 일관되게 그리스도인의 국가에 대한 복종을 말해왔다. 모든 그리스도인은 한 사람도 예외 없이 세속 통치자에게 복종해야 한다. 왜냐하면 모든 권세는 하나님으로부터 나왔으며 더 나아가 악한 권력도 하나님으로부터 나왔기 때문이다.[16] 츠빙글리는 심지어 악한 독재자라도 신앙에 방해가 되지 않는다면 죄에 대한 심판과 인내의 시험이라는 차원에서 참고 견디라고 말한다. 그에 의하면 하나님을 믿지 않는 독재자는 악한 수단으로 부를 축적할 것이며 하나님을 두려워하는 위정자는 시민의 안녕과 평화를 중시할 것이다. 이런 면에서 보면 츠빙글리는 신앙을 가진 통치자에 대해 나름대로 기대를 가지고 있었던 것으로 보인다.

여기에서 중요한 질문이 제기될 수 있다. 츠빙글리가 그리스도인에게 국가에 복종할 것을 강조했다면, 폭정을 하고 있는 세상 권력자에 대해서는 어떤 생각을 가지고 있었을까? 츠빙글리는 독재자의 폭정에 대해서는 명확한 제한을 가하고 있다. 츠빙글리는 교회는 국가 통치자에 대해 책임감을 가지고 있어야 하며, 정부에 대해서는 선지자적 비판을 해야 할 뿐 아니라, 만약 국가가 그리스도의 통치에 어긋나게 되면 국가에 저항할 권리도 가지고 있다고 보았다.[17] 국가 통치자의 법이 하나님의 뜻과 반대되는 경우에 츠빙글리는 "사람보다 하나님에게 더 순종하라(행 5:29)"는 성경을 인용하고 있다.[18]

---

16 츠빙글리, "67개 논제에 대한 해제," 376-384.
17 Gottfried W. Locher, *Zwingli's Thought: New Perspectives*, 63-64.
18 츠빙글리, "67개 논제에 대한 해제," 387-388.

그러므로 츠빙글리에 의하면 위정자가 국민의 권리를 지키지 않고 하나님에 대한 경외심도 없고 이웃을 배려하지도 않는 폭군이 되었다면, 목회자는 그 폭군에 복종하는 것이 아니라 과감하게 나서서 국민들을 보호해야 한다는 것이 중요하다. 사울 왕에 대한 사무엘, 다윗에 대한 나단, 여로보암에 대한 하나님의 사람, 그리고 아합 왕에 대한 엘리야의 경우처럼, 목자는 정치 권력자가 정도에서 벗어났을 때 방관하지 말고 하나님의 말씀으로 비판해야 한다고 주장한다. 여기에서 츠빙글리의 강조점이 나타난다. 목회자가 위정자에 대항할 때 그 방법은 하나님의 말씀을 통해서 하라는 것이다. 세속의 정치 지도자도 하나님의 말씀에 순종해야 한다. 국가의 통치자가 자기 마음대로 통치하며 특권을 유지한다면 츠빙글리는 목자는 사람보다 하나님께 복종해야 하기 때문에 두려워하지 말고 권세에 저항해야 한다는 것이다.[19] 츠빙글리에 의하면 목회자의 역할은 권력을 남용하는 권력자를 제어하는 것이다. 따라서 목회자에게는 양을 위한 사랑이 필요한 것이다.

여기에서 한 걸음 더 나아가 본다면, 만약 통치자가 자신의 임무를 상실했을 때 이 권력자에 대해서 어떻게 저항할 수 있을까? 먼저 츠빙글리는 이런 폭군은 제거되어야 하며 그것은 어려운 일이 아니라고 말한다. 폭군에 대한 저항은 전쟁과 폭력의 방법으로 하는 것이 아니다. 흥미롭게도 츠빙글리는 여기에 대해서 매우 민주적이고 평화로운 방법을 제시한다. 만약 보통 선거를 통해 선출된 권력자가 위정자의 임무를 저버렸다면 츠빙글리는 "보통 선거"를 통해서 그를 제거하라고 제안한다. 이 얼마나 민주적이고 평화적인, 그리고 확실한 저항인가? 만약 소수가 군주를 선출

---

19   츠빙글리, "목자," 318-326.

했는데 그가 국민들을 고통스럽게 하는 군주로 전락해 버렸다면 츠빙글리는 이 악한 군주를 제거할 것을 널리 알리라고 말한다. 이 경우 비록 이 폭군이 사전에 자신을 제거할 것을 인지하게 될지도 모르지만, 츠빙글리는 정의를 위하고 그것이 하나님의 뜻에 맞는다면 죽음조차도 명예스러운 일이라고 강조하고 있다.[20]

그럼에도 불구하고 츠빙글리는 이 경우에도 현대인도 반드시 경청해야 할 이야기를 덧붙이고 있다. 츠빙글리는 악한 위정자에게 저항하고 그를 제거하는 경우에 있어서도, 국민의 일반적인 승인과 동의 없이 한 개인이 폐위시켜서는 안 된다는 것이다. 츠빙글리는 이처럼 위정자에게 저항하는 경우 조차도 민주적이고 적절한 절차를 제시해 주고 있다.[21]

III. 칼빈의 교회와 국가

1. 영혼-육체와 교회-국가의 관계

교회와 국가의 관계에 대한 칼빈의 사상을 체계적으로 이해할 수 있는 기본적인 이론은, 칼빈 자신이 밝히고 있는 것처럼, "영혼과 육체의 유비"라고 할 수 있다. 칼빈에 의하면 인간 안에는 두 세계가 존재하는데, 각각 다른 왕들과 다른 법들이 그 세계를 지배한다.[22] 하나는 "내적 마음에

---

20 츠빙글리, "67개 논제에 대한 해제," 407-411.
21 츠빙글리, "67개 논제에 대한 해제," 410.
22 칼빈의 교회와 국가에 대해서는 필자의 다음의 연구를 보라. 안인섭, 『칼빈과 어거스틴: 교회를 위한 신학』 (서울: 그리심, 2009).

존재"하며, 다른 하나는 "외적인 행동을 규제한다."²³ 칼빈은 영혼을 영적인 정부에, 육체를 국가에 비유하고 있다. 그의 『기독교강요』에서, 칼빈은 "인간은 이중 정부의 지배하에 있다"고 주장하고 있는데, 하나는 영혼의 지배이고, 다른 하나는 시민 정부의 지배이다. 칼빈은 "그리스도의 영적인 왕국과 국가의 권력은 완전히 구별되는 것들이다"라고 강조하지만, "정반대 되지는 않는다"고 주장한다.²⁴ 칼빈은 경건과 하나님을 공경하는 영적인 부분과, 법을 제정하는 책임이 있고, 인간성과 시민성에 대한 의무가 있는, 일시적이고 정치적인 영역으로 나누었다.²⁵

칼빈은 교회와 국가의 관계를 설명할 때마다, 1536년 기독교강요 초판 이래로, 이중의 정부라는 용어를 변함없이 사용해 왔다. 즉 영적인 정부와 정치적인 정부가 그것이다.²⁶ 칼빈은 이 기구들을 하나님이 제정한, 그리고 주 예수 그리스도의 권위에 굴복하는 기구로서 간주했다.

그리스도와 문화, 교회와 국가는, 칼빈의 견해에 있어서 매우 밀접한 관계를 가지면서 서로 분리될 수 없는 것이었다. 마치 영혼과 육체가 한 전인에서 나뉘어질 수 없듯이 말이다. 동시에 교회와 국가는, 영혼과 육체처럼, 서로 구별되는 것이다. 칼빈은 변함없이 교회와 국가 혹은 양심과 외적인 행동의 관계를 영혼과 육체의 유비를 사용하여 이해한다. 육체는 영혼을 위해서 존재한다. 시민 정부 또한, 사회의 평화를 증진시킬 뿐만 아니라, 하나님에 대한 외적인 경배를 보호하고 지켜야만 하며, 또한

---

23 OS IV. pp. 199-200. (= Institutes, 3.11.15).
24 OS V. pp. 471-2. (= Institutes, 4.20.1).
25 W.J. Bouwsma, *John Calvin: A Sixteenth Century Portrait* (Oxford: Oxford University Press, 1989), 204.
26 W. van 't Spijker, "The Kingdom of Christ According to Bucer and Calvin", in: *Calvin and The State*, (Ed.) P. de Klerk (Grand Rapids: Calvin Studies Society, 1993), 120-22.

건강한 경건의 교리, 그리고 교회의 위치를 변호해야만 한다. 그러므로 교회는 국가의 양심이다. 국가는 사회 내에서 교회의 후원자이다.[27] 칼빈의 이 견해는, 유럽의 정치적인 상황의 전개에 의해서 강화되었다. 영혼과 육체라는 칼빈의 유비는, 그의 교회와 국가에 대한 사상에서 종말론적인 특성을 또한 설명해 준다. 영혼은 영원하지만 육체는 사멸하기 마련이듯이 교회는 영원하지만 국가는 이 세상에서 일시적인 것이다.

결론적으로 칼빈의 교회와 국가의 관계는 그의 영혼과 육체의 유비에서 그 이론적 근거를 갖는다. 마치 육체가 영혼을 위해서 섬겨야 하듯이, 비록 국가가 교회에 부속되지는 않더라도 국가는 교회가 그 본연의 사역을 감당할 수 있도록 해야 한다. 이 교회 개혁자의 사상은 제네바의 정치적, 종교적 상황의 전개에 따라 점차 강화되어 갔으며 결국은 독특한 교회-국가를 창출할 수 있었다.

2. 평화와 신앙의 수호를 위한 교회와 국가의 파트너십

칼빈에 의하면 교회는 국가가 국민의 평화로운 삶을 보장하고 개인의 재산을 보존하는 고유한 기능을 다 할 수 있도록 적극 협력하고 격려해야 한다. 칼빈은 국가는 인간 사회 속에서 평화와 질서를 유지해 주는 역할을 가진다고 보았기 때문에,[28] 교회는 평화와 질서를 유지하려고 하는 국가에 대해서 적극 협조해야 한다. 칼빈의 이런 입장은 국가의 위정자에 대한 그의 태도에서도 나타난다. 칼빈에 의하면 위정자들은 공적 평화 유

27　참조. P.C. Holtrop, *The Bolsec controversy on Predestination from 1551 to 1555* (Lewiston, N.Y.: Edwin Mellen Press, 1993), 184-86.

28　*Institutes*. (1536), 6.C.36.; *Institututes*. (1559), 4.20.8.

지를 위해서 하나님에 의해 임명 받았기 때문에 "하나님의 대리자"라고까지 말할 수 있다.[29] 그러므로 교회는 하나님에 의해서 그 권위가 주어진 국가가 사회의 평화와 질서를 유지하는 본연의 사명을 다 할 수 있도록 협력해야 하는 것이다.

칼빈에 의하면 국가는 "사람들이 호흡하고 먹고 마시고 따뜻하도록 하는 이런 모든 활동을 포함한 생활 방도를 마련할 뿐 아니라, 그 이상의 일"을 하는[30] 신적인 기관이다. 여기에서 우리는 칼빈이 국가에게 평화와 질서의 유지라는 외적인 역할 이외에 보다 내면적이고 가치를 지향하는 책임도 있다는 점을 부과하고 있는 것을 알 수 있다. 특히 칼빈은 그의 삶의 후기에 갈수록 국가의 이런 기능에 더 많은 강조를 부여하고 있다. 예를 들어, 기독교강요의 초판에는 국가는 사회의 평화를 유지해야 한다는 언급은 있었지만, 국가에게 "건전한 교리와 예배를 존중하고 보호"해야 한다는 내면적인 임무를 부여한 적은 없었다. 그렇지만, 기독교강요의 최종판(1559년)은 이런 국가의 기능을 증보하고 있다.[31] 국가를 경영하는 사람들은 하나님의 영광을 보호하고 확대시키기 위해서도 노력해야 한다고 보았던 것이다.[32]

물론 칼빈이 표현한 액면 그대로의 역할은 16세기의 문맥에서는 그리 낯설지 않은 것이라고도 볼 수 있다. 그러나 오늘날의 시각으로 재해석해서 본다면 중요한 점은 국가는 인간의 존엄성과 인간의 내면적인 가치를 보호하고 중진하기 위한 책임을 가지고 있다는 것이다. 이런 사명을 수행

---

29 *Institutes*. (1536), 6.C.40., 6.C,43. ; *Institutes*. (1559), 4.20.4, 6.
30 *Institutes*., 4.20.3. (= OS. V. 473-474.).
31 *Institutes*., 4.20.2. "… externum Dei cultum fovere et tueri, sanam pietatis doctrinam et Ecclesiae statum defendere…"
32 *Institutes*, 4.20.9. (= OS V. pp. 479-480.), 4.20.3. (= OS.V. pp. 473-474.).

하는 국가는 "어느 소명보다도 신성하고 더 영예로운" 기관이다.[33] 말하자면 칼빈은 국가는 인간의 존엄성을 보존하고 후원하는 역할을 위임 받은 신적 기관이라는 것이다. 그렇기 때문에, 교회는 국가가 이와 같은 본질적인 사명을 다 할 수 있도록 생기를 불어 넣거나 더 잘 감당하도록 협력하는 기능을 감당해야 한다.

3. 컨시스토리를 통한 거룩한 공동체 건설

기본적으로 칼빈은 사회의 발전은 시민 개개인의 삶의 변화로부터 시작된다는 믿음을 가지고 있었다. 이런 의미에서 교회는 국가의 개혁을 위한 장소로 간주되었으며 그것은 다시 실천적이 되었다.[34] 평화와 조화를 위해서 칼빈은 그 권징권을 교회가 가지고 있는 것이 중요하다고 보았다.[35] 그러므로 교회와 국가 사이의 관계에 대하여, 권징에 대한 책임을 지고 있었던 컨시스토리의 구성에 주목할 필요가 있다. 이 조직체는 매년 위정자들에 의해서 선택된 12인의 평신도 장로들과, 1542년에는 9인이었고 1564년에는 19인이었던 목사회(the Venerable Company of Pastors)의 모든 구성원들로 짜여져 있었다.[36] 그들 모두는 위원회에서 선출되었는데, 소위원회(Little Council)에서 2명, 60인 위원회(Sixty)에서 4명, 그리고 200인 위원회(Two Hundred)에서 6인이었다. 사실상, 권징의 책임은 컨시스토리 법정을 구성했던 장로들과 목사들에게 놓여 있었다. 선발된

---

33 *Institutes*., 4. 20. 4. (= OS. V. 475).
34 W. Balke, *Calvin and the Anabaptist Radicals* (tr.)W.Heynen (Grand Rapids: Eerdmans, 1981), 223.
35 *Institutes*, IV, x, 27.
36 A.E. McGrath, *A Life of John Calvin* (Oxford: Blackwell, 1990), 111-112.

특별 평의원(the elected syndic)은 1560년까지는 회장으로 봉직했다. 그럼에도 불구하고, 컨시스토리는 교회의 법정이었지 국가의 법정이 아니었다.[37] 이것은 제네바에서 교회와 국가가 서로 구별되면서도 어떻게 서로 연합하여 신앙의 공동체를 세워 나가려고 했는지를 잘 설명해 준다.

이 제네바의 교회 지도자가 교회의 순결을 보호하는 최후의 방법은 수찬 금지였다. 칼빈은 공동체의 유지를 위해서 교회의 권징을 지속하려고 시도했기 때문에 제네바에 컨시스토리를 세웠는데, 이것은 장로들로 구성된 것이었다.[38] 장로들은 폭군의 출현을 예방하는 권위를 가지고 있었다.[39]

칼빈의 의하면, 권징을 시행하는 교회의 권리의 범주는 수찬 금지에 제한되는 것이었다. 교회는 어떤 세속적인 처벌을 시행할 수 없었다. 왜냐하면 칼빈은 그리스도의 영적인 왕권은 국가의 권리와는 다르다고 생각하고 있었기 때문이다.[40]

4. 그리스도인의 국가에 대한 복종 개념의 발전

칼빈은 위정자들은 복종을 받아야 한다고 주장했다. 왜냐하면 그들의 위치는 하나님에 의해서 임명된 것이기 때문이다.[41] 칼빈은 그리스도인들이 위정자들에게 대해서 마치 하나님에게 책임을 다해야 하는 것처럼

---

37 T. H. L. Parker, *John Calvin: A Biography* (Philadelphia: Westminster, 1975), 98-101.
38 Calvin, *Comm.* Acts 21:18.
39 W. Mueller, *Church and State in Luther and Calvin*, 120.
40 *Institutes*, 4. 20. 1.
41 Calvin, *Commentary on the Romans*, 13:1.

순종해야만 한다고 생각했다.[42] 이런 맥락에서, 칼빈은 권위에 저항하는 자들은 처벌을 받아야만 한다고 생각했다.[43] 그러므로 로마서 주석의 초판(1540년)의 시기까지, 칼빈은 위정자들이 하나님을 대리해서 행동하는 한 그들에게 저항하는 것을 허용하지 않았다는 것을 발견할 수 있다.

칼빈은 1551년에 출판된 로마서 주석의 제2판에서 위정자들은 하나님에 의해서 세워졌다고 묘사하여 이전과 동일한 의견을 제시하고 있다.[44] 그러나 2판에서 칼빈은 폭군과 불의한 권력의 사용은 하나님에 의해서 임명 받은 것이 아니라는 내용을 첨가했다.[45] 1551년 무렵의 칼빈은 불의한 국가 지배자들은 하나님에 의해서 그 권위가 주어지지 않는다고 강조함으로 그들에게 저항할 수 있는 신학적 가능성을 열어놓았던 것이다.

제네바에 대한 칼빈의 영향력은 1555년 선거에서 승리한 이후 급성장했다. 칼빈은 교회와 국가의 관계라는 주제와 관련하여 1556년에 출판된 3판에서 기존보다 더욱 강조된 입장을 보여주고 있다. 백성들이 위정자에게 복종할 때, 그것은 단순히 강요에 의해서 실천되는 문제가 아니다. 칼빈에 의하면 기독교인들이 국가 지도자에게 복종하는 것은 하나님께 받아들여지는 순종이 된다.[46] 오히려 하나님께 드려지는 종교적인 봉사의 영역과 연결이 된다. 칼빈은 그리스도인들이 국가의 정치적인 지배자에게 순종하는 책임을, 종교적인 의무로 강화해서 해석했다. 1556년 무렵의 칼빈에게 있어서 중요한 것은 복종 그 자체에 있지 않았다. 정의로운

---

42 Calvin, *Commentary on the Romans*, 13:1. and 5.
43 Calvin, *Commentary on the Romans*, 13:2.
44 Calvin, *Commentary on the Romans*, 13:1.
45 Calvin, *Commentary on the Romans*, 13:1.
46 Calvin, *Commentary on the Romans*, 13:7.

왕에 대한 복종의 타당성에 있었다.

5. 다른 종파에 대한 태도

칼빈은 진심으로 제네바에 거룩한 공동체를 세우길 원했다. 그의 모든 신학적, 목회적 역량이 이곳에 집중되었다고 말할 수도 있을 것이다. 그렇다면 칼빈은 다른 종파에 대해서 어떤 관점을 가졌는지가 궁금하게 된다. 칼빈에 의하면 교회는 선택된 자들의 전체의 수이다. 다시 말하자면, 하나님의 자녀들의 전체가 교회인 것이다.[47] 칼빈은 선택된 사람들, 즉 하나님의 자녀들과 패역한 사람들과 이방인들을 구별하는 것이 어렵기는 하지만 가능하다고 생각했던 것으로 보인다.

그런데 다른 종파에 대한 칼빈의 언급은 파문의 문맥에서 발견된다. 칼빈은 같은 신앙에 동의하지 않는 사람들, 또는 자신의 입으로 하나님에 대한 신앙고백을 부인하는 사람들은 현 교회에 거짓된 성도로 간주되었다.[48] 그러나 칼빈에게 있어서 중요한 것은 비록 심각한 범죄를 저질러서 처벌을 하는 경우에라도, 그들을 하나님의 손에서 버려진 사람들인 것처럼 절망하게 만들어서는 안 된다는 것이다.[49] 뿐만 아니라, 요컨대, 출교된 사람들이라고 하더라도, 칼빈에 의하면, 교회나 국가에 의해서 박해를 받지 말아야 한다는 것이 자신의 기본적인 입장이었던 것이었다.

47　*Institutes* (1st ed.), 2. 4. 21.
48　*Institutes* (1st ed.), 2.4.26. 다음을 참조하라. P. C. Holtrop, *The Bolsec controversy on predestination, from 1551 to 1555: The statement of Jerome Bolsec, and the Responses of John Calvin, Theodore Beza, and Other Reformed Theologians*. 2 vols. (New York and Ontario: Mellen, 1993).
49　*Institutes* (1st ed.), 2.4.27.

칼빈은 그의 기독교강요의 초판에서, 터키 사람들, 사라센 사람들, 그리고 다른 종교를 가진 사람들이라고 하더라도 인격적으로 대해야 할 것을 말하고 있다. 그들에게 정통 기독교 정통 신앙을 가르친다고 해서 가톨릭 사람들이 했던 바와 같이 "불과 물과 다른 일상 요소들의 사용을 금지시키고, 그들의 인간성을 부인하고 그들을 칼과 무기로 윽박지르는 방법"은 옳지 못하다고 명백하게 말하고 있는 것이다.[50] 이상에서 볼 수 있는 바처럼, 칼빈은 다른 종파에 대해서 폭력과 강제의 방법을 사용하는 것에 대해서 반대하는 입장을 가지고 있었던 것을 발견할 수 있다.[51]

IV. 비교 및 결론

이상에서 살펴본 츠빙글리와 칼빈의 교회와 국가관은 그들이 활동했던 지역의 배경에 따라 유사성과 차이점을 드러내고 있다. 츠빙글리는 인문주의자 출신의 가톨릭 사제로서 1519년 스위스 취리히 그로스뮌스터에서 성경 강해부터 시작하여 개혁교회의 종교개혁의 1번 주자가 되었다. 그에게는 스위스 연방의 연합과 독립을 이룩하는 것이 종교개혁의 성공과 직결되어 있었다. 한편 칼빈은 스위스가 아닌 프랑스 인문주의자 출신의 종교개혁자였다. 칼빈은 프랑스의 프란시스 1세의 박해를 피하던 중 이제 막 스위스 연방에 가입하게 된 신생 종교개혁 독립 도시 국가였던 제네바의 초청을 받아 목회자로 사역을 시작했다.

---

50 Calvin, OS I. 91. (= *Institutes*, 1536. 2. B. 28).
51 한편 1559년판 『기독교강요』에서는, 국가가 반대 종파에 대해서 폭력을 사용해서는 안 된다는 초판의 문장들이 생략되어 있다.

이상과 같은 배경은 이 두 개혁자들의 교회와 국가론에 대한 특징들을 형성하게 해 주었다. 먼저 유사성을 보자면 두 개혁자 모두 인문주의자 출신의 종교개혁자로서 국가의 역할에 적극적인 의미를 부여하는 쪽이었고, 이것이 후에 개혁파와 루터파의 차이점으로 나타나게 되었다. 개인의 경건한 삶과 국가 안에서 책임있는 시민으로 사는 것은 분리시킬 수 없다는 것이 츠빙글리와 칼빈이 공유하는 정신이었다. 이 두 개혁파 신학자에게 교회와 국가는 파트너십을 가지고 하나님을 섬기는 것이었다.

또한 츠빙글리와 칼빈은 모두 국가가 하나님의 말씀의 가르침 위에 서야 한다고 보았다. 따라서 츠빙글리와 칼빈은 모두 국가의 권위를 하나님이 주신 것으로 인정했기 때문에 교회는 복종해야 한다고 했지만, 불의한 위정자에게 무조건적으로 복종하는 것에는 둘 모두 반대하는 쪽이었다. 츠빙글리와 칼빈은 사회적 약자에 대해서 교회와 국가가 책임을 져야 한다고 보았다. 다만 츠빙글리보다는 칼빈이 보다 교회의 사역 참여를 강조하는 경향이었다.

그러나 츠빙글리와 칼빈의 교회와 국가론은 차이점도 보여주고 있었다. 츠빙글리는 스위스 연방 출신으로서 스위스 애국주의적인 정서가 배후에 있었으나, 칼빈은 프랑스 출신의 난민으로서 국가로부터 교회의 권위를 세우려는 방향을 향하고 있었다. 따라서 츠빙글리는 국가에 보다 권위를 부여하는 경향이라고 할 수 있고, 칼빈은 국가로부터 교회가 독립하는 것에 방점을 찍고자 했다.

더 나아가 츠빙글리보다는 칼빈이 국가에 평화 유지뿐 아니라 보다 기독교의 영적인 가치를 수호하는 것도 강조하고 있다. 왜 그럴까? 칼빈은 난민 출신의 개혁자로서 국가가 신앙의 가치를 보호해 주는 것이 얼마나 중요한가를 그 자신과 프랑스 개혁교회의 피의 역사를 통해서 매우 깊이 성찰하고 있었을 것이다.

    이상과 같이 츠빙글리와 칼빈의 교회와 국가론은 현대 기독교인에게도 강한 교훈을 준다. 교회는 그것이 보수이든 진보이든 하나의 정당이나 그룹을 지지하는 단체로 전락해서는 안 된다는 것이다. 한국 교회는 츠빙글리의 가르침처럼 하나님의 정의와 인간의 정의가 수렴하는 방향에 서서 국가를 상대해야 한다. 한국 교회는 칼빈의 신학처럼 영혼과 육체가 서로 구별되나 분리되지 않고 한 인간을 이루듯이, 교회와 국가는 각자의 역할을 수행함으로 하나님의 통치를 이루어가야 할 것이다. 국가와 사회를 향한 교회의 역할은 철저하게 하나님의 말씀에 기초해야 하며, 국가 안에서 하나님의 정의가 이루어지고 거룩한 공동체로 세워질 수 있도록 국가와 건강한 파트너십을 가져야 할 것이다.

08 참고 문헌

1. 1차 자료

Zwingli, *Schriften*. Edited by Thomas Brunnschweiler and Samuel Lutz, 4 vols. Zürich: TVZ, 1995.

_____. 『츠빙글리 저작 선집 1-4』. 임걸, 공성철 역. 서울: 연세대학교대학출판문화원, 2014~2018.

_____. "67개 논제에 대한 해제."『츠빙글리 저작 선집 2』. 임걸 역. 서울: 연세대학교대학출판문화원, 2018.

_____. "목자."『츠빙글리 저작 선집 1』. 임걸 역. 서울: 연세대학교대학출판문화원, 2014.

_____. "스위스 연방에 대한 간곡한 경고."『츠빙글리 저작 선집 1-4권』. 임걸 역. 서울: 연세대학교대학출판문화원, 2014.

_____. "하나님의 정의와 사람의 정의."『츠빙글리 저작 선집 1』. 임걸 역. 서울: 연세대학교대학출판문화원, 2014.

Ioannis Calvini Opera quae supersunt omnia. eds. G. Baum, E. Cunits and E. Reuss. 59 vols. Corpus Reformatorum 29-88. Brunswick and Berlin, 1863-1900.

Joannis Calvini Opera Selecta. eds. P. Barth & G. Niesel. 5 vols. München, 1926.

Ioannis Calvini Opera Exegetica. Vol. XIII. *Commentarius in Epistolam Pauli ad Romanos*. eds. T.H.L. Parker and D.C. Parker. Geneve, 1999.

2. 2차 자료

Balke, W. *Calvin and the Anabaptist Radicals*. Tr. W. Heynen. Grand Rapids: Eerdmans, 1981.

Bouwsma, W.J. *John Calvin: A Sixteenth Century Portrait*. New York/Oxford: Oxford University Press, 1988.

Holtrop, P.C. *The Bolsec Controversy on Predestination, from 1551 to 1555: The statement of Jerome Bolsec, and the Responses of John Calvin, Theodore Beza, and Other Reformed Theologians*. 2 vols. New York and Ontario: Mellen, 1993.

Locher, Gottfried W. "The change in the understanding of Zwingli in recent research." *Church History* 34, 1 (1965).

McGrath, A.E. *A Life of John Calvin: A Study in the Shaping of Western Culture*. Oxford: Blackwell, 1990.

_____, A.E. *Reformation: An introduction*, 4th ed. Oxford: Wiley-Blackwell, 2012.

Mueller, W. *Church and State in Luther and Calvin*. Nashiville, Tennessee: Broadman Press, 1954.

Parker, T.H.L. *John Calvin: A Biography*. Philadelphia: Westminster, 1975.

Spijker, W. van 't. "The Kingdom of Christ According to Bucer and Calvin," in *Calvin and The State*. Ed. P. de Klerk. Grand Rapids: Calvin Studies Society, 1993.

Stephens, W. Peter. *The Theology of Huldrych Zwingli*. Oxford:

Clarendon Press, 1986.

안인섭.『종교개혁 역사연구』용인: 킹덤북스, 2022.

_____. "츠빙글리의 국가론에 근거한 통일을 향한 기독교의 책임."「기독교와 통일」제13권 1호 (2022): 7-36.

_____. "츠빙글리의 사회윤리 사상."「신학지남」제 86권 (2019): 165-191.

_____.『칼빈과 어거스틴: 교회를 위한 신학』서울: 그리심, 2009.

하인리히 불링거의 섭리론에 대한 연구

유정모 _ 횃불트리니티신학대학원대학교 교수

09

09

하인리히 불링거의 섭리론에 대한 연구

유정모
횃불트리니티신학대학원대학교 교수

서론

하인리히 불링거(Heinrich Bullinger, 1504-1575)는 16세기 스위스 취리히 종교개혁의 지도자였던 울리히 츠빙글리(Ulrich Zwingli, 1484-1531)의 후계자로 초창기 스위스 개혁교회의 전통을 형성하는 데 사상적으로 그리고 교회 정치적으로 결정적 역할을 한 인물이었다. 가령, 불링거가 작성한 『제2차 스위스 신앙고백서』(The Second Helvetic Confession, 1566)는 주요 개혁교회 신앙고백 중 하나로 오늘날까지 그 가치와 권위를 널리 인정받고 있다. 또한 그의 여러 신학 저술은 17세기까지 유럽 전역에서 출판되었고 개혁교회의 경계를 넘어 많은 사람에게 읽히며 근대 초기 유럽 지성사의 발전에 큰 영향을 미쳤다.

하지만 오랫동안 불링거는 스위스 종교개혁의 양대 지도자인 츠빙글리와 요한 칼뱅(John Calvin, 1509-1564)의 그늘에 가려 학계와 교계의 별다른 주목을 받지 못했다. 최근 그에 대한 학자들의 관심이 국내외에서 고조되고 있으나 그의 역사적 그리고 사상적 중요성에 비하면 아직 그의 생애와 사상에 관한 연구는 여전히 불충분하고 미진한 상황이라고 할 수 있다. 그의 섭리론도 그러한 실례이다.[1] 불링거의 섭리론은 하나님의 주권과 인간의 자유에 관련된 개혁교회 신학의 핵심적인 내용을 다루기 때문에 초기 개혁교회 신학의 성격을 이해하는 데 중요한 정보를 제공하여 줌에도 불구하고 지금까지 국내외 학계에서 불링거의 섭리론에 관한 단독 연구는 출간된 적이 없다.[2]

따라서 본 연구는 츠빙글리의 후계자로서 취리히 종교개혁을 완성하고 그 유산을 유럽 전역에 확산시킨 불링거의 섭리론을 탐구함으로써, 먼

---

1 불링거의 섭리론은 특히 다음의 두 작품에서 잘 나타난다 Heinrich Bullinger, *Oratio de moderatione servanda in negotio providentiae, predestinationis, gratiae et liberi arbitrii* in Johann Heinrich Hottinger, Historiae ecclesiasticae Novi Testamenti (Zurich, 1667), VIII, Section 16, Part 4, pp. 763-827 (앞으로 *Historiae ecclesiasticae Novi Testamenti*로 표기), Heinrich Bullinger, *The Decades Of Henry Bullinger (1504-1575): Minister of The Church of Zurich* in a Single Volume, trans. H. I. ed. Thomas Harding (Cambridge: The University Press, 1849-1852) with Formatting, corrections, updated language, and additional notes by William H. Gross in 2017.

2 불링거의 신학에 대한 가장 최근에 이루어진 권위 있는 연구 중 하나라고 할 수 있는 다음 작품에서도 불링거의 섭리론은 겨우 2페이지에 걸쳐서만 다루어지고 있다. William Peter Stephens, *The Theology of Heinrich Bullinger* (Göttingen: Vandenhoeck & Ruprecht, 2019), 112-13.

저 그동안 간과되었던 불링거의 신학 사상과 그 특징을 밝히고, 더 나아가 이를 통해 16세기 스위스 종교개혁의 성격을 한층 깊이 있게 규명하고자 한다. 특히 본 연구는 츠빙글리와 불링거의 섭리론을 비교하여 양자 사이에 어떤 신학적 연속성과 불연속성이 있는지를 밝혀줌으로써 16세기 개혁교회의 사상적 발전 과정을 조명하고자 한다.

본론

I. 섭리의 존재와 범위

불링거는 개혁주의 전통의 일반적인 이해를 따라 섭리를 "모든 것에 대한"(omnium earum rerum) 하나님의 "일반적인 돌봄과 다스림"(generali cura & administratione)이라고 정의한다.[3] 즉, 하나님의 섭리는 그가 "효과적으로 보존하고 지혜롭고 공의롭게 통치하면서" 자신의 모든 피조물을 돌보는 "보존과 통치"(conservatio guberbatioque)라고 할 수 있다.[4] 불링거에 따르면 세상은 그 자신의 힘으로는 존재하거나 지속될 수 없고 스스로 움직이거나 활동할 수 없다. 하나님께서는 전능하신 능력으로 세상을 무에서 창조하셨고 그 창조자 하나님은 동일한 능력으로 세상을 지금도 보존하시고 다스리신다. 그는 이를 입증하기 위해 그의 『설교집』

---

3 *Historiae ecclesiasticae Novi Testamenti*, 766.

4 *Trahero Bullingero: de providentia dei eiusdemque praedestinatione, electione ac reprobatione deque libero arbitrio et quod deus non sit autor peccati*, March 3, 1553 in *Ioannis Calvini Opera Quae Supersunt Omni*, vol. 14, ed. Wilhelm Baum, Eduard Cunitz and Eduard Reuss (Brunswick and Berlin, 1875), 481.

(Decades)에서 요한복음 5장 17절, 사도행전 14장 17절 및 17장 28절 그리고 사이러스의 테오도렛(Theodoret of Cyrus, 393-457)의 『섭리론』(De Providentia)을 인용한다.[5] 하나님의 섭리에 대해서 다루고 있는 『제2차 스위스 신앙고백서』의 6장 1항에서도 불링거는 "우리는 하늘과 땅에 있는 모든 것이, 그리고 모든 피조물이 지혜로우시고 영원하시며 전능하신 하나님의 섭리로 유지되고 다스려진다는 것을 믿습니다."라고 고백한다.[6] 이에 대한 증거로 그는 시편 113편 4-6절, 시편 139편 3-4절, 로마서 11장 36절, 아우구스티누스의 『그리스도의 고난에 관하여』(De Agone Christi)의 8장에 호소한다.[7] 이외에도 불링거는 그의 저작 여러 곳에서 신적 섭리의 존재와 성격을 설명하기 위해 히브리서 1장 2-3절, 마태복음 10장 29-31절, 베드로전서 5장 7절과 같은 다양한 성경 구절을 인용한다.[8]

그렇다면 섭리가 미치는 범위는 어디까지인가? 불링거에 따르면 미시적으로는 개인의 모든 삶이 하나님의 섭리 가운데 있다. 우리의 머리카락도 다 세시는 하나님은 우리 생명의 날수를 포함하여 우리의 모든 것을 알고 계신다. 하나님은 우리의 모든 신체 기관을 보고 계시고 우리를 위해 큰일뿐만 아니라 작은 일에도 큰 관심을 가지고 계신다. 하나님은 섭리 가운데 우리를 모든 질병과 임박한 위험으로부터 보호해준다. 그뿐만 아니라 그는 우리를 먹이고 입히시며 보존해 주신다.[9] 불링거는 자신의 주장을 뒷받침하기 위해 시편 74편 16-17절, 시편 89편 8절과 11절, 시

---

5 Bullinger, The Decades, 658-59.
6 조엘 비키 & 싱클레어 퍼거슨 편집, 『개혁주의 신앙고백의 하모니』 신호섭 역 (서울: 죠이북스, 2023), 65-66.
7 비키 & 퍼거슨, 『개혁주의 신앙고백의 하모니』, 66.
8 예를 들어, 다음을 보라. Historiae ecclesiasticae Novi Testamenti, 766.
9 Bullinger, The Decades, 664.

편 104편 27절, 시편 139편 1-6절, 이사야 40장, 그리고 욥기 38장과 39장에 호소한다. 그는 또한 다니엘 2장 20-23절과 레위기 26장을 인용하면서 거시적으로 전쟁과 역병과 기근과 같은 세상의 사건들도 하나님의 섭리 가운데 있다고 역설한다.[10] 결과적으로 불링거에 따르면 하나님의 섭리는 세상의 크고 작은 모든 사건에 관계하고 하나님께서 섭리하지 않은 어떤 일도 발생하지 않는다. 그는 로마서 11장 33-36절을 언급하면서 인간은 이러한 하나님의 섭리를 측량하거나 판단할 수 없다고 주장한다. 하지만 분명한 것은 "하나님은 그의 섭리로 인간사를 지혜롭고 공의롭고 거룩하게 돌보신다."라는 것이다.[11]

하나님의 섭리가 보존과 통치라는 두 가지 요소로 구성되어 있고 섭리의 범위는 세상의 크고 작은 모든 일에 미친다고 설명하는 점에서 불링거의 섭리론은 츠빙글리의 그것과 연속성을 갖는다. 츠빙글리도 섭리를 "모든 사물에 대한 [하나님의] 영원히 그리고 절대 변함이 없는 통치와 돌봄"으로 정의한다.[12] 하지만 불링거와 츠빙글리의 섭리론은 이러한 내용을 설명하는 방법론적인 측면에서는 상당한 차이를 보인다. 츠빙글리는 좀 더 철학적이고 스콜라주의적인 논의를 펼치는 반면 불링거는 앞에서 보았듯이 신적 섭리의 특성을 설명할 때 대부분 성경 구절에 호소하는 경향을 보인다.[13] 불링거의 다음 진술은 이러한 특성을 잘 반영하여 준다. "그리고 [나는] 선지자나 사도들의 가르침에 반하는 철학적 논쟁들을 전적으

---

10   Heinrich Bullinger, *De origine erroris in divorum ac simulachrorum cultu* (Basel, 1529), A6-1-A6-2.

11   *Historiae ecclesiasticae Novi Testamenti*, 8:776, 807.

12   Ulrich Zwingli, "On the Providence of God," in *On Providence and Other Essays*, ed. William John Hinke (Eugene, OR: Wipf and Stock Publishers, 1999), 136.

13   Cf. Stephens, *The Theology of Huldrych Zwingli*, 81-97.

로 혐오한다. 우리는 오직 하나님의 말씀만을 주장하며 우리는 그의 섭리에 의해서 하나님께서 모든 것을 다스리신다는 것을 단순하게 믿고 가르친다."[14] 이러한 점에서 스티븐스(W. P. Stephens)는 "불링거의 접근은 성서적이지만 반면에 츠빙글리의 접근은 대체로 철학적이다."라고 주장한다.[15]

II. 섭리에 대한 잘못된 견해

섭리의 존재와 범위를 논의한 후에 불링거는 섭리와 관련된 잘못된 견해들을 비판한다. 불링거는 먼저 신이 세상의 일들에 더는 관여하지 않고 모든 것을 피조물의 본성과 판단에 맡긴다는 에피쿠로스학파의 견해를 비판한다. 하나님은 그의 섭리로 유한한 인간과 이들의 필요를 위해 만든 모든 것에 주의를 기울이며 돌보신다고 주장한다. 그는 이러한 내용이 성경 여러 곳에 분명하게 증거되어 있다고 말하면서 시편 139편 2-5절, 시편 21편 1-2절, 시편 89편 9-14절, 시편 104편 13-15절, 시편 104편 27-29절, 시편 145편 14절, 시편 147편 4-18절, 시편 135편 5-7절, 다니엘 2장 20-22절, 마태복음 10장 28-30절을 인용한다.[16] 이는 『제2차 스위스 신앙고백서』에도 잘 나타난다. 불링거는 6장 3항에서 시편 94편 3절, 7-9절을 인용

14　Bullinger, *The Decades*, 661.
15　W. P. Stephens, "Election in Zwingli and Bullinger: A Comparison of Zwingli's *Sermonis de providentia Dei anamnema* (1530) and Bullinger's *Oratio de moderatione servanda in negotio providentiae, predestinationis, gratiae et liberi arbitrii* (1536)," *Reformation & Renaissance Review* 7 (2005), 53.
16　Bullinger, *The Decades*, 659-61.

하면서 하나님의 섭리를 부인하는 에피쿠로스학파와 하나님이 인간사에 전혀 신경을 쓰지 않는다는 주장을 펼치는 자들을 정죄한다.[17]

다음으로 불링거는 섭리를 운명이나 운 또는 점성술과 같은 맥락에서 이해하는 견해를 반박한다. 특별히 그는 모든 일이 하나님의 섭리에 의해 이루어지기 때문에 인간은 스스로 일할 필요가 없으며, 만약 하나님이 우리의 도움이 필요하다면 우리가 원하든 원하지 않든 그는 우리를 일하게 하여 우리를 통해 이루고자 하는 일을 반드시 이룰 것이라는 운명론적 견해를 비판한다. 그는 구체적으로 성경에서 롯과 다윗의 예를 들어 이러한 견해를 반박한다. 롯은 하나님의 섭리로 소돔에서 구원을 받았다. 하지만 그는 천사로부터 소알로 가라고 명령을 받았고 이에 순종하는 행함이 필요했다. 시편 31편 14-15절에 나오는 것처럼 다윗도 하나님의 섭리에 자신을 온전히 맡겼지만, 사울에게서 도망하기 위해 그는 고민했고 자신이 할 수 있는 최선의 노력을 기울였다. 그러므로 불링거는 다음과 같이 말한다. "하나님의 섭리가 어떤 특정 방식으로 중간(제이) 수단을 통해 진행되는 것처럼, 하나님을 경외하며 자신을 수단에 적용하는 것과 그 자신의 방어를 위해 모든 수단을 동원하여 최선을 다하는 것이 그의 역할이었다."[18] 그는 사도행전 27장의 경우를 들어 사도 바울도 운명론에 빠지지 않았음을 보인다. 바울은 선원들에게 한 사람도 목숨을 잃지 않을 것이지만 그러기 위해서는 배에 머물러야 한다고 말했다.[19] 그러므로 불링거는 "수단은 하나님의 섭리에 속하였고 하나님은 그것에 의해서 일하신다. 그

17　비키 & 퍼거슨, 『개혁주의 신앙고백의 하모니』, 66.
18　Bullinger, *The Decades*, 662.
19　Bullinger, *The Decades*, 663.

러므로 그것들은 무시되면 안 된다."라고 주장한다.[20] 불링거는 궁극적으로 볼 때 인간의 모든 성공과 번영은 결국 하나님의 축복이고 반대로 모든 역경과 재앙은 하나님의 저주라고 주장한다. 왜냐하면 "인간의 일과 상태가 완전히 하나님의 섭리로 다스려지기" 때문이다. 하지만 그는 성공과 번영을 위해서는 인간이 할 수 있는 최선을 다해야 한다고 말한다.

> "그러나 그들은 이로 인해 손을 가슴에 두고 나태하게 앉아서 좋은 수단을 방치해서는 안 되며, 대신 하나님의 은혜를 따라 주의 길과 수단 또는 주의 계명과 규례를 경계하여 지켜야 합니다. 하나님의 섭리는 사물의 질서를 교란하지 않으며, 삶과 노동과 산업의 기능을 폐지하지 않으며, 공정한 분배와 순종을 없애지 않습니다. 오히려 [섭리는] 이러한 것들을 통해, 하나님의 도움을 받아 주님의 작정, 목적 또는 일하심에 종교적으로 헌신하는 사람들의 건강을 지킵니다."[21]

불링거는 『제2차 스위스 신앙고백서』(1566)의 6장 4항에서도 섭리가 인간의 노력을 부질없는 것으로 만든다는 잘못된 주장을 반박한다. 그는 하나님이 섭리로 다스리시니 모든 것을 그저 내버려 두라는 말이나 어떤 일에 관해서 신중히 처신할 필요가 없다는 주장은 잘못된 것이라고 주장한다. 그리고 불링거는 수단의 사용을 다음과 같이 장려한다.

---

20 Bullinger, *The Decades*, 663.
21 Bullinger, *The Decades*, 664.

"그럼에도 우리는 어떤 수단들이나 하나님의 섭리로 사용된다면, 그것이 유익한 열매를 맺지 못하더라도 정죄하지 않습니다. 도리어 우리는 하나님 말씀을 통해 우리에게 권고되는 한, 그 수단들을 우리 자신에게 적용하고 사용해야 합니다. 그러므로 모든 것이 하나님의 섭리에 의해 통치된다면 우리의 연구나 노력은 모두 아무런 열매를 맺지 못하는 소용없는 짓이라는 말이나, 만물이 하나님의 섭리로 다스려지도록 그저 내버려 두라는 경솔한 말들을 우리는 미워합니다. 또한 지금부터 우리는 어떤 문제에 관해서는 조심스럽게 처신하거나 행동할 필요가 없다고 말하는 것도 미워합니다."[22]

요컨대, 불링거는 "하나님은 만물에 그분의 목적을 정하신 것처럼 그 시작도 정하셨고, 우리가 마땅히 도달해야 할 목적을 성취할 수 있는 시기와 방편도 정하셨다."라고 역설한다. 그는 이를 입증하기 위해 사도행전 23장 11절, 사도행전 27장 22, 31, 34절, 야고보서 4장 13, 15절, 사무엘상 9장 16절을 인용한다.[23]

결과적으로 불링거에 따르면 섭리는 "하나님의 선한 뜻, 공정한 심판, 적절한 질서에 따라 가장 공평하고 공정한 수단을 통해" 이루어진다.[24] 특별히 하나님께서는 그의 섭리 사역을 위해 사람들을 수단과 도구로 사용하신다.[25] 성경에 나오는 수많은 사건은 관련된 사람들이 각자의 역할을

---

22 비키 & 퍼거슨, 『개혁주의 신앙고백의 하모니』, 66-68.
23 비키 & 퍼거슨, 『개혁주의 신앙고백의 하모니』, 68.
24 Bullinger, *The Decades*, 661.
25 *Historiae ecclesiasticae Novi Testamenti*, 767-77.

감당하지 않았다면 하나님의 뜻은 이루어질 수 없었다. 하지만 그는 "잠언에서 솔로몬은 인간은 몸과 영혼 그리고 내부와 외부의 모든 것이 인간을 도구로 움직이고 작용하는 하나님의 손에 있다고 증언한다."라고 말하면서 성경에서 쓰임을 받은 사람들의 마음은 잠언 21장 1절의 증언처럼 하나님에 의해서 이끌림을 받았다고 설명한다.[26] 결국, 스티븐스가 주장한 것처럼 수단과 관련하여 불링거의 입장은 "중간적"(mediating)이다. 즉, 불링거는 제일 원인은 인정하나 제이 원인을 무시하는 사람들뿐만 아니라 제일 원인이신 하나님의 행위를 간과하고 모든 것을 제이 원인에만 돌리는 사람 모두를 비판한다.[27]

한편 이상과 섭리와 수단에 대한 불링거의 이해는 츠빙글리의 그것과 상당한 차이점을 보인다. 츠빙글리는 인간이 어떤 사건의 원인이 아니고 도구에 불과하다고 주장한다.[28] 따라서 츠빙글리의 섭리론은 제이 원인의 원인으로서의 성격과 역할마저 부정할 정도로 숙명론적인 성격을 보인다.[29] 반면 불링거는 신적 섭리의 주권적 성격뿐만 아니라 제이 원인의 순전한 존재와 역할 모두를 인정한다. 가령 인간의 행위는 제이 원인으로서 우발적이고 자유로운 성격을 갖는다.[30] 그리고 하나님께서는 제이 원인으로서의 인간을 자신의 목적을 이루기 위한 수단으로 항상 지혜롭게, 공의롭게 그리고 거룩하게 사용하신다.[31] 이러한 불링거의 사상은 하나님만이 유일한 참원인이시고 인간을 포함한 피조물은 엄격하게 말해서

26　Bullinger, *De origine erroris in divorum ac simulachrorum cultu*, A7-1, A7-2.
27　Stephens, "Election in Zwingli and Bullinger," 49. (764)
28　Zwingli, "On the Providence of God," 183.
29　Zwingli, "On the Providence of God," 157.
30　Bullinger, *The Decades*, 561, 564.
31　*Historiae ecclesiasticae Novi Testamenti*, 8:776, 807; *Trahero Bullingero*, 481.

원인이 아니라고 주장하는 츠빙글리와는 분명하게 구분된다.[32]

III. 섭리와 죄의 원인

불링거의 섭리론에서 가장 핵심적인 주제는 하나님의 섭리와 인간의 죄의 관계성에 대한 논의이다. 특별히 그는 다음과 같은 질문들을 상세하게 논의한다. 악의 기원은 무엇인가? 하나님께서 섭리 가운데 모든 일을 주관하신다면 하나님이 인간 죄의 조성자가 되시는가? 아니면 죄의 책임은 인간의 선택에 있는가?

먼저 불링거는 하나님은 죄의 원인이 될 수 없다는 점을 세 가지 측면에서 설명한다. 첫째, 하나님은 선하신 분이시기 때문에 하나님은 죄와 악의 조성자가 될 수 없다. 그에 따르면 "하나님은 모든 길에서 의로우시고 모든 행위에서 거룩하시다."[33] 또한 "선하고, 올바르고 정의로우신" 하나님은 "모든 선의 조성자이자 유일한 근원"이다.[34] 그렇게 최고의 선이신 "하나님은 악을 의지하시지 않는다. 따라서 그는 악을 행하지도 않는다. 하나님의 의지는 거룩하고 선하다."[35] 둘째, 섭리가 초래하는 필연성은 인간의 자유를 무시하는 절대 필연성이 아니다. 불링거는 아담은 범죄하기 이전에 "충분히 온전한"(full integrity) 상태에 있었으며 그의 의지는

---

32 Zwingli, "On the Providence of God," 155.
33 *Historiae ecclesiasticae Novi Testamenti*, 8:821.
34 *Historiae ecclesiasticae Novi Testamenti*, 8:788.
35 *Historiae ecclesiasticae Novi Testamenti*, 8:785.

순전한 자유를 가지고 있었다고 주장한다.[36] 구체적으로 "아담은 매우 신적이고 순전하고 날카로운 지성을 가지고 있었다. 그의 의지는 자유로웠고 강압되지 않았으며 절대적으로 거룩했다. 그는 선을 행하거나 악을 행할 능력을 가지고 있었다."[37] 따라서 불링거는 아담이 범죄할 때 절대 필연성에 의해서 강요받지 않았다고 주장한다.[38] 그는 모든 것의 원인을 절대 필연성에서 찾으면 하나님을 죄의 조성자로 만든다고 역설한다.

> "여기서 어떤 사람들은 인간의 구원을 하나님의 은혜가 아니라 자유 선택의 공로에 귀속시킨다. 그러나 선택과 믿음의 선물 또는 하나님의 은혜에 대해 다른 견해를 가진 어떤 사람들은 모든 것을 절대적인 필연(absolutam necessitatem)으로 돌림으로써 그들은 하나님을 모든 악의, 모든 죄악의 조성자로 만들어버린다. 마치 우리가 우리의 죄 때문이 아니라 하나님의 죄 때문인 죽는 것처럼 말이다."[39]

셋째, 불링거는 악과 하나님을 분리하기 위해 '신적 허용'이라는 고전적 신학 개념을 사용한다. 그에 따르면 하나님은 누구도 죄를 짓도록 의지

---

36 Stephens, "Election in Zwingli and Bullinger," 51. Cf. *Historiae ecclesiasticae Novi Testamenti*, 8:791, 792-93.
37 Bullinger, *The Decades*, 561.
38 Bullinger, *The Decades*, 564. Stephens, "Election in Zwingli and Bullinger," 51. Cf. 불링거의 사상에서 신적 필연성과 인간의 자유가 어떻게 조화될 수 있는가라는 논의는 또 하나의 거대한 연구 주제로 본 논문에서는 분량의 제약 때문에 다루기 어렵다. 따라서 본 연구자는 이 주제를 후속 연구에서 다룰 계획이다.
39 여기에서 불링거는 하나님의 섭리를 인간의 자유 의지에 의존하게 만드는 펠라기우스주의의 견해를 비판하면서 동시에 하나님의 죄와 악의 조성자로 만드는 마니교의 견해도 정죄하고 있다. *Historiae ecclesiasticae Novi Testamenti*, 8:777.

하거나 강요하지 않으셨고 오직 그가 혐오하시는 것을 허락하셨을 뿐이다.[40] 이에 관해 불링거는『제2차 스위스 신앙고백서』에서 다음과 같이 진술한다.

"그러므로 성경에서 하나님이 사람의 마음을 강퍅하게 하시고 (출 7:13), 눈을 멀게 하시고(요 12:40), 상실한 대로 내버려 두셨다고(롬 1:28) 말할 때, 그분이 의로우신 심판자와 보복자로서 의로운 심판을 내리신 것으로 이해해야 합니다. 결론적으로 성경에서 종종 하나님이 어떤 악을 행하시는 것처럼 말하거나 그렇게 보이는 것은 사람이 악을 해하지 않았다는 것을 의미하는 것이 아니라 하나님이 그렇게 하도록 내버려 두시고 막지 않으셨다는 것을 의미합니다. 하나님이 원하셨다면, 공의로운 판단에 따라 그것을 막으셨을 것입니다. 그러지 않으셨다면, 그것은 요셉의 형제들이 죄를 지을 때 하신 것처럼 사람의 악을 선하게 사용하시려 했기 때문입니다."[41]

하나님이 죄와 관련이 없다면 죄의 원인은 어디에 있는가? 불링거는 인간의 죄와 악은 인간의 부패한 본성에서 비롯된다고 단언한다.[42] 구체

---

40 Cornelis P. Venema, *Heinrich Bullinger and the Doctrine of Predestination: Author of 'the Other Reformation Tradition'* (Grand Rapids, MI: Baker Academic, 2002), 65.
41 비키 & 퍼거슨,『개혁주의 신앙고백의 하모니』, 68. Cf. 불링거는 하나님이 죄의 조성자라는 고소를 반박하기 위해 하나님을 악의 원인인 것처럼 말하는 듯한 성경 본문들을 논의한다. 이에 관해서 다음을 참고하라. Stephens, "Election in Zwingli and Bullinger," 52-3.
42 *Historiae ecclesiasticae Novi Testamenti*, 8:790.

적으로 그는 죄의 원인이 인간의 자유로운 선택에 있다고 설명한다.[43] 아담의 범죄 이후 자신의 자유 의지로 자유롭게 범죄하는 인간의 상태에 대해서 불링거는 다음과 같이 설명한다.

> "둘째로 우리는 타락 이후의 사람이 어떠했는지를 살펴보아야 합니다. 실제로 그는 이해력을 빼앗기지 않았고 의지도 빼앗기지 않았으며, 돌이나 막대기로 변하지 않았습니다. 그럼에도 이것들은 사람 안에서 심히 변하여 타락 이전에 할 수 있던 것들을 이제는 할 수 없게 되었습니다. 그의 이해력이 어두워졌고 이전에 자유로웠던 그의 의지는 노예적 의지로 전락했기 때문입니다. 그 의지는 마지못해서가 아니라 기꺼이 죄를 섬깁니다. 그것이 무의지가 아니라 의지로 불리는 이유입니다. 그러므로 악이나 죄에 관한 한, 사람은 하나님이나 마귀의 강요에 의해서가 아니라 자기 자신의 뜻으로 악을 행합니다. 이 점에 있어 사람은 가장 자유로운 의지를 지니고 있는 것입니다."[44]

불링거에 따르면 인간의 마음이 죄를 향하도록 강퍅하게 되는 원인도 인간의 부패한 본성에 기인한다.

> "같은 맥락에서 하나님은 사람을 강퍅하게 만든다고 말한다. 주님이 사람을 부르실 때 그가 저항하며 자신을 천국에 합당하지

43　Bullinger, *The Decades*, 561.
44　비키 & 퍼거슨, 『개혁주의 신앙고백의 하모니』, 88-90.

못한 자로 만들면 하나님은 그를 내버려 두시는 것이다. 즉, 하나님은 사람을 그 자신의 부패한 본성에 맡기신다. 부패한 본성에 따르면 사람의 마음은 하나님의 은혜에 의해서만 연화되고 유연해질 수 있는 돌과 같다. 따라서 하나님이 은혜를 거두시기에 사람의 마음이 강퍅해지는 것이다. 우리가 스스로에게 맡겨지면 우리는 강퍅해진다."[45]

요컨대 "진정 최고로 선하신 하나님은 죄와 죽음의 조성자가 아니시고 인간은 바로 그 자신의 죄악 때문에 죽는다."[46] 하나님은 죄의 원인자가 아니라 오히려 창세기 50장 20절에 나오는 요셉의 경우와 같이 인간의 죄와 악을 선으로 바꾸시는 분이시다.[47] 따라서 불링거는 전쟁과 전염병 같은 세상의 모든 악은 하나님 때문이 아니라 인간의 죄악으로 발생한다며 다음과 같이 진술한다. "이것들의 원인은 다른 것이 아니라 인간의 죄이다. 왜냐하면 우리에게 악보다 선을 소망하시는 하나님은 선하신 분이시기 때문이다."[48]

이상과 같은 죄의 원인에 대한 불링거의 논의는 츠빙글리와 많은 차이를 보인다. 제이 원인으로서 인간의 역할을 부정하는 츠빙글리는 죄의 문제에도 인간은 도구일 뿐이며 원인이 아니라고 주장한다.

"그들은 원인자로서 율법을 어기고 죄를 지은 것이 아니라, 하

---

45 Bullinger, *The Decades*, 566.
46 *Historiae ecclesiasticae Novi Testamenti*, 8:821.
47 Bullinger, *The Decades*, 664.
48 Bullinger, *The Decades*, 664.

나님이 자유로운 그의 의지로 사용한 부수적인 도구로서 그렇게 한 것이다. 마치 어떤 집의 아버지가 물을 가지고 자기 마음대로 마시거나 바닥에 부어버리듯이 말이다. 만약 하나님이 어떤 행동을 수행하는 도구에게는 죄가 되는 어떤 행위를 하게 만들었더라도 그 행위가 하나님에게는 죄가 되지 않는다. 왜냐하면 하나님의 행동은 자유이기 때문이다. 하나님은 자신의 도구에게 결코 어떤 잘못된 일도 하지 않은 것이다. 왜냐하면 예술가의 도구들이 자신의 것이듯 모든 것이 그의 소유물이기 때문이다… 어떤 사람도 '그러면 강도는 죄가 없다. 왜냐하면 그는 하나님의 충동을 따라 죽였을 뿐이니까'라고 말해서는 안된다. 왜냐하면 강도는 율법을 어겼기 때문이다."[49]

심지어 츠빙글리는 모든 사건의 원인을 하나님의 섭리로 돌리며 하나님께서 인간이 죄를 짓도록 강요하신다는 표현까지 사용한다.[50] 하지만 만약 하나님이 죄의 유일한 원인이 되시고 인간은 도구에 불과하다면 죄의 책임은 하나님께 있는 것이 아닌가? 대적자들의 이러한 고소에 대하여 츠빙글리는 하나님이 죄의 "원인자, 운동자, 그리고 충동자"가 되시지만, 하나님께는 도구인 인간을 원하는 대로 사용할 자유가 있으므로 인간에게는 죄가 되는 어떤 행위가 하나님께는 죄가 되지 않는다고 주장한다.[51] 또한 하나님은 율법 아래 있지 않기에 그 어떤 죄의 책임에서도 자유롭다. 반면 악을 행한 인간은 비록 도구에 불과할지라도 율법 아래에 있기

---

49 Zwingli, "On the Providence of God," 183.
50 Zwingli, "On the Providence of God," 183.
51 Zwingli, "On the Providence of God," 181-82.

에 죄를 지은 것이다.[52]

이상과 같이 죄의 원인에 대한 츠빙글리와 불링거의 설명에서 발견되는 차이점은 취리히 종교개혁 1세대가 활동한 첫 번째 시기와 그들의 후계자들이 사역한 두 번째 시기 사이에 신학적 관심과 내용에 상당한 변화가 있었음을 시사해 준다.[53] 취리히 종교개혁의 초창기에 활동한 츠빙글리의 신학적 초점은 당시 로마 가톨릭의 펠라기안주의적 경향에 반대해 하나님의 절대 주권을 강조하는 것에 관심이 집중되었다. 하지만 츠빙글리의 섭리와 예정에 대한 설명이 제이 원인으로서 인간의 자유와 역할을 부정하는 듯한 뉘앙스를 강하게 풍기게 되자 종교개혁의 대적자들은 츠빙글리의 신학이 하나님을 죄의 원인자로 만드는 운명론이라며 공격을 하였다. 이에 대해 강한 문제의식을 느낀 불링거와 같은 후속 세대 종교개혁가들은 하나님의 절대 주권을 인정하면서도 동시에 하나님이 죄의 원인자가 아니라는 사실을 입증하는 것을 신학 작업의 주된 임무로 삼았다.[54] 이에 관해 스티븐스는 다음과 같이 진술한다.

> "그[불링게]는 그가 거절하는 두 가지 반대되는 견해(펠라기안주의와 마니교주의)를 언급한다: 전자는 우리에게 너무 많이 돌리고 후자는 하나님에게 너무 많은 것을 돌린다. 그가 어떤 사람들은 하나님의 은혜보다 구원을 자유 의지나 공로에 돌리고 다른 사람들은 절대 필연성을 강조하면서 하나님을 모든 악

---

52 Zwingli, "On the Providence of God," 183.
53 여기서 첫 번째 시기는 대략 츠빙글리가 생존하여 취리히에서 종교개혁 운동을 주도하던 시기(1519년-1531년)를, 두 번째 시기는 불링거가 츠빙글리의 후계자로 취리히 교회의 의장으로 선출된 1531년부터 그가 사망한 1575년까지의 기간을 가리킨다.
54 Stephens, "Election in Zwingli and Bullinger," 50.

의 조성자로 만든다. 마치 우리가 우리의 잘못이 아닌 하나님의 잘못 때문에 멸망하는 것처럼 말이다. 이러한 두 가지 관심이 불링거 작품을 형성했다. 비록 두 번째가 더욱 주요한 것이었지만 말이다."[55]

초이(Kiven S. K. Choy)도 불링거는 츠빙글리와는 달리 취리히 종교개혁 제이 국면의 초창기 단계였던 1536년 발표한 『섭리, 예정, 은혜 및 자유 선택에 대한 문제에서 지켜져야 할 규칙에 관한 연설』(Oratio de moderatione servanda in negotio providentiae, predestinationis, gratiae et liberi arbitrii) 이후 『설교집』 및 『제2차 스위스 신앙고백서』와 같은 다양한 저술들을 통해 초창기 종교개혁의 중요한 신학 주제였던 인간 의지의 속박 교리와 종교개혁 2세대의 공통된 관심인 "신정론적 관심"(theodical concern)을 한결같이 동시에 유지했다고 주장한다.[56] 비록 불링거가 츠빙글리의 섭리론을 드러내놓고 비판하지는 않지만, 결과적으로 그의 섭리론은 인간의 자유를 극소화하고 하나님이 죄의 조성자라는 인상을 주는 츠빙글리의 한계를 넘어서 제이 원인으로서 인간의 자유를 보장하는 동시에 하나님을 죄에 책임에서 자유롭게 하려는 신학적 노력을 적극적으로 펼치고 있음을 보여준다.[57] 그리고 이러한 변화는 비단 취리히의 불

---

55 Stephens, "Election in Zwingli and Bullinger," 50.
56 Kiven S. K. Choy, "Calvin's Defense and Reformulation of Luther's Early Reformation Doctrine of the Bondage of the Will" (Ph.D. dissertation: Calvin Theological Seminary, 2010), 144; 154.
57 베네마와 초이는 신적 필연성에 대한 불링거의 입장은 협력주의(synergism)로 기울었던 필립 멜랑히톤(Philip Melanchthon, 1497-1560)과 루터와 츠빙글리 같은 종교개혁 1세대만큼은 아니었어도 하나님의 절대 주권을 매우 강조했던 칼뱅 사이에 위치한다고 보았다. Venema, *Heinrich Bullinger and the Doctrine of Predestination*, 64; Choy, "Calvin's Defense ... Doctrine of the Bondage of the Will," 149.

링거에게서만 보이는 것이 아니라 초창기 종교개혁의 "필연주의적 논거"(necessitarian argument)에 의해서 초래된 대적자들의 공격에 대항하여 1530년대부터 루터파와 개혁파 모두에서 공통적으로 발견되는 특성이었다.[58]

결론

불링거의 섭리에 대한 기본적인 이해는 전통적인 개혁주의 입장을 따르며 츠빙글리와도 별다른 차이를 보이지 않는다. 하지만 제이 원인의 존재와 역할 그리고 죄의 원인과 관련하여 섭리가 초래하는 필연성의 성격에 대한 이해와 관련하여 불링거의 입장은 츠빙글리의 그것과 상당한 불연속성을 보인다. 먼저 츠빙글리와는 달리 불링거는 제이 원인으로서 인간의 원인성을 인정하였고 섭리와 관련하여 수단을 무시하거나 반대로 수단에 너무 많은 것을 돌리는 극단적인 견해들을 비판하였다. 무엇보다 불링거는 기독교의 섭리론이 인간의 자유를 파괴하고 하나님을 죄의 조성자로 전락시킨다는 주장을 반박하는 데 큰 노력을 기울였다. 이를 위해 불링거는 신적 섭리가 발생시키는 필연성은 절대 필연성이 아니며 하나님은 인간의 죄를 허용하셨지 직접적으로 의도하시지 않았으며 인간의 자유로운 선택이 죄의 원인이 된다는 견해를 피력하였다. 이러한 주장은 불링거가 죄의 문제와 관련해서 인간을 원인이 아닌 하나님께 사용되는 단순한 도구적 위치로 자리매김하고 하나님께서 죄를 강요하셨다는 진

---

58 Choy, "Calvin's Defense ... Doctrine of the Bondage of the Will," 144-45.

술까지 할 정도로 절대 필연적 논거를 사용했던 츠빙글리와 매우 다른 신학적 견해를 갖고 있었음을 보여준다.

이상의 내용을 종합하여 볼 때 불링거의 섭리론은 초이가 주장한 대로 스위스 취리히 개혁주의 진영에서 적어도 불링거가 『섭리, 예정, 은혜 및 자유 선택에 대한 문제에서 지켜져야 할 규칙에 관한 연설』을 발표했던 1536년 이후로 섭리론과 관련해서 중요한 교리적 변화가 있었음을 암시한다.[59] 즉, 로마 가톨릭이 펠라기우스적인 협력주의로 기울어지고 있는 것을 강력히 반발하면서 하나님의 절대 주권을 지나치게 강조한 나머지 종교개혁 1세대들의 신학이 운명론적인 뉘앙스를 갖게 되는 또 다른 문제와 한계를 극복하기 위해 종교개혁의 후세대들은 제이 원인의 존재와 역할에 대한 긍정과 더불어 신정론적인 관심사를 신학의 주제로 삼게 되었다. 이러한 경향은 불링거의 저술에도 분명하게 나타나고 있음을 확인할 수 있다. 결론적으로 불링거의 섭리론에 대한 이해는 그의 신학이 취리히 종교개혁의 효시였던 츠빙글리의 신학적 입장과 토대를 기본적으로 계승하고 있지만 동시에 츠빙글리의 사상적 한계를 넘어서 당시의 시대적 도전과 필요에 맞추어 더욱 정교하게 발전하고 있었음을 보여주고 있다.

---

59 Cf. Choy, "Calvin's Defense ... Doctrine of the Bondage of the Will," 157.

전쟁과 평화:
츠빙글리의 "발발 가능성이 있는 전쟁의 대비를 권면함" (1524)

양신혜 _ 총신대학교 겸임교수

전쟁과 평화:
츠빙글리의 "발발 가능성이 있는 전쟁의 대비를 권면함" (1524)

양신혜

총신대학교 겸임교수

대한민국은 지구상에 존재하는 유일한 휴전국이다. 내일 전쟁이 일어난다고 해도 이상하지 않은 나라이다. 불안정한 국가에서 역설적으로 우리는 '평화롭게' 살아간다. 북한은 여전히 핵미사일을 쏘아 올리며 남한과 맺은 평화 협정을 무효로 만들려고 시도한다. 우리는 '불안한 평화'의 사회에서 살아가는 그리스도인이다. 불안은 사회를 병들게 만든다. 불안은 이성을 마비시키며 사람을 현혹한다. 마비된 이성은 사회적 문제를 일으킨다. 전쟁과 평화의 두 얼굴이 공존하는 한반도에서 그리스도인으로서 우리는 어떻게 살아가야 하는가, 전쟁이 발발할 가능성이 있는 두려움이 감도는 사회에서 어떻게 살아가야 하는가는 우리의 실존적 질문이자 과제이다. 이 질문에 답을 찾기 위해서 신앙의 원류인 종교개혁의 시대로 돌아가고자 한다. 역사적 시간이 준 사회적, 문화적 간격을 염두에 두고 우리 시대를 위한 하나의 신앙적 원리를 찾아 적용하고자 한다.

종교개혁은 근대로 넘어가는 길목에서 국가와 교회의 균열을 경험한 시기이다. 근대적 차원의 국가 또는 민족 개념이 형성되기 이전의 시대이다. 이 시기에 종교개혁자 츠빙글리를 비롯하여 종교개혁이 일어난 국가마다 '한 도시 공동체' 안에서의 전쟁, 즉 이웃과의 전쟁-신성 로마 제국의 슈말칸텐 전쟁(1546-1552), 프랑스의 위그노 전쟁(1562-1598) 등-을 경험했다. 한 공동체 안에서 함께 살아가는 이웃과 종교적 신념을 두고 싸우는 전쟁이 정당화된 시대였다. 츠빙글리는 종교개혁을 단행하면서 취리히에 사는 이웃인 로마 가톨릭과 전쟁을 해야만 했다. 그리고 그는 제2차 카펠 전투에서 심지어 목숨까지 잃었다. 정교분리의 시대를 살아가는 우리에게 낯선 사건이다. 하지만 우리는 이웃[북한]과의 전쟁을 경험한 역사를 공유하고 있으며, 이제는 이웃[북한]과의 갈등으로 전쟁이 일어날지도 모르는 상황에 직면해 있기에 종교개혁자 츠빙글리의 "발발 가능성이 있는 전쟁의 대비를 권면함"이라는 글이 던지는 시사점이 여전히 크다.

우선, 이 글을 이해하기 위해서 종교개혁이 일어난 16세기는 정교분리가 아직 실현되지 않은 시대라는 사실이라는 점을 염두에 둔다. 이 사실을 염두에 두고 츠빙글리가 이 글을 작성한 역사적 배경과 목적을 살펴보고자 한다. 두 번째로 이 문서에서 츠빙글리가 중요한 과제로 삼은 '지휘관'과 '설교자'의 책무를 살펴본다. 마지막으로 이 책무에서 츠빙글리가 강조하는 그리스도인의 양심이 전쟁이 일어날지도 모르는 불안의 시대를 살아가는 한국의 그리스도인에게 던지는 의미를 상고해 보고자 한다.

1. 역사적 배경

츠빙글리가 작성한 "발발 가능성이 있는 전쟁의 대비를 권면함"이 언제 작성되었는지, 확실하지 않다. 문서의 집필 시기를 판단하기 위해서는 당시의 상황을 엿볼 수 있는 단서를 중심으로 시기를 추정해 보고자 한다. 츠빙글리는 우선, 취리히가 주변 동맹체와의 갈등을 일으키고 있음을 시사한다. 츠빙글리는 베른, 샤프하우저, 생 갈렌 등에게 서로 정의와 충성을 맹세한 동맹 관계에 있음을 상기시켜야 함을 제안한다(Zwingli, 1524, 19-21). 여전히 동맹 관계에 있음을 각인시킨다. 이 사실은 동맹 관계를 흔드는 사건이 일어났음을 암시한다. 이뿐만 아니라 프랑스와 동맹을 맺지 않았기에 황제와 어떤 담판을 내렸는지를 모르는 불안한 상황임을 공지해야 하고, 전쟁이 일어나 얼마나 피해를 보았는지를 동맹국에게 보내어 알게 하라고 당부한다. 츠빙글리는 외부의 세력이 공격할지 모르는 위급한 상황임(Zwingli, 1524, 19-26)을 암시한다. 츠빙글리는 언제 전쟁이 일어날지 몰라 다른 도시와 연합하여 함께 군사 행동을 결행해야만 하는 급박한 상황에 직면해 있는 것으로 미루어 볼 때, 이 글은 1524년 12월경에 작성되었으리라 추정된다(Zwingli, 1524, 11, 15-16).

츠빙글리는 1524년 1월 20일부터 비공개적으로 제3차 논쟁을 시작하였다. 논쟁의 핵심은 올바른 예배이다. 이 논쟁은 1523년 12월에 츠빙글리가 에엘하르크와 유드 등과 함께 미사를 거부하면서 시작되었다. 로마 가톨릭을 대변하는 참사 회원 콘라드 호프만은 전통적인 예식인 미사를 변호하였다. 하지만 취리히 시 의회는 로마 가톨릭의 미사를 개혁하고 올바른 예배로의 개혁을 결정한다. 이 결정으로 로마 가톨릭의 호프만은 1524년 1월 19일 아무런 성과 없이 취리히를 떠나야 했고, 로마 가톨릭의 권력은 취리히에서 그 막을 내려야만 했다. 취리히 시 의회가 예배 개혁을 단행하자, 스위스 연방 의회는 1524년 1월부터 더 이상 취리히를 초대하지 않았을 뿐만 아니라 취리히 교회 개혁에 대한 불만을 공식적으로 노골화하기 시작했다.

취리히 시 의회와 스위스 연방 의회와의 갈등이 고조되자, 로마 가톨릭은 취리히 시 의회와의 중재를 시도하였다. 로마 가톨릭은 우선, 취리히가 "새롭고 비기독교적인" 루터파에 동조하고 있다는 사실에 우려를 표명하며, 취리히 시 의회가 로마 가톨릭의 전통과 관습을 다시 지킨다면 부끄러운 성직 매매나 면죄부 판매, 성직자의 부도덕한 생활 등을 실제로 개선하겠다고 중재안을 내세웠다(1524. 3. 21). 취리히의 시 의회는 스위스 연방 의회의 중재안을 받아들였고, 성상 파괴를 주장했던 클라우스 호팅거를 추방하였다. 이에 루체른(Luzern)은 성상 파괴자 호팅거를 교수형으로 사형시키며, 우리(Uri), 슈비츠(Schwyz), 운터발텐(Unterwalden), 축(Zug)과 함께 스위스 연방 동맹을 결성하였다(4. 20). 샤프하우젠과 바젤은 여기에 동참하지 않았지만, 취리히에 반대하는 힘이 집결되었다. 취리히는 교회 개혁의 정당성을 변호하였고, 샤프하우젠은 취리히에 동조하였다. 베른과 솔로투른은 복음적인 설교를 허락하였지만, 취리히의 교회개혁으로까지 나아길 원하지 않았다. 취리히에서 단행된 교회 개혁에 스위스의 대부분 주는 단호하게 대항하였다. 로마 가톨릭은 평화를 원했지만, 오히려 로마 가톨릭과 취리히의 갈등은 더욱 깊어졌다.

스위스의 상황이 불리하게 돌아가자 취리히 시 의회는 1524년 4월 27일 12개 스위스 연방에 편지를 발송하여 취리히의 입장을 알렸다. 그해 여름에 주교들과 의회가 취리히에 답변을 보냈다. 양측은 모두 어떠한 혁신에도 반대했다. 콘츠탄츠의 주교는 로마 가톨릭의 미사가 성경에 기초를 두고 있다고 답변했다. 성경이 로마 가톨릭의 미사를 충분히 지지하고 있을 뿐만 아니라 항상 그 정당성을 담보해 왔다고 주장하였다. 이에 취리히도 가만히 있을 수 없었다. 시 의회는 성직자와 평신도로 구성된 위원회를 조직하여 이 문서에 답장을 결정하였다. 츠빙글리가 답변 문서를 작성하였고, 그해 8월 18에 출판하였다. 취리히는 3번에 걸친 논쟁을 통해서 시민들 앞에서 종교적 문제를 공개적으로 다루며 교회 개혁을 위한 여론을 형성하였다. 취리히의 예배 개혁은 시민의 동의를 얻어 1524년 오순절에 시작되어 6월 20일에 마무리되었다(Schaff, 75). 취리히 시민이 실제적 주체가 되어 교회 개혁을 이끌어나갔다. 시민이 주체가 된 교회 개혁은 신성 로마 제국의 종교개혁과는 구별되는 개혁교회의 특징이다. 이 개혁은 스위스의 정치 제도인 공화제가 낳은 결과이다.

취리히 시의회는 성상 제거를 결정하고 그에 따른 조처를 지역 공동체에도 허락하였다. 취리히의 지방 공동체 슈탐하임(Stammheim)도 규정에 따라서 성상 파괴를 시행하였다. 이에 로마 가톨릭은 성상 파괴를 주도한 주모자를 체포하기 위해서 한 수도원을 공격하였다. 로마 가톨릭은 주모자를 인도해 달라고 요청하였다. 취리히 시 의회는 싸움이 일어나지도 모른다는 긴장감이 고조되자, 주저할 수밖에 없었다. 취리히 시 의회는 결국 주모자를 넘겨주었다(Mau, 139). 그런데 성상 파괴 주모자인 두 명의 집사와 한 명의 사제가 9월 23일 바덴(아르가우 Aargau)에서 사형당하였다. 이로써 츠빙글리와 취리히의 시민은 성상 파괴자의 순교에 가담한 죄책감을 부채로 떠안게 되었다. 이와 달리 로마 가톨릭교회 동맹체는 성상 파괴에 해당하는 법률을 더욱 강화하는 계기로 삼았다. 츠빙글리의 개혁을 반대하는 자들은 "점점 더 노골적으로" 그리고 폭력적으로 종교개혁을 옹호하는 자들을 위협하였다. 종교개혁에 우호적인 사제를 체포하는가 하면, 이팅어 수도원에서는 폭동이 일어나면서 취리히의 내적 갈등은 더욱 증폭되었다. 츠빙글리는 이러한 배경에서 루체른, 우리와 슈바이츠에게 하나님의 말씀에서 벗어나 기독교인들에게 행한 큰 모욕과 멸시를 기억(Zwingli, 1524, 15)하라고 권면하였다. 취리히도 1524년 12월에 들어서 빠른 속도로 개혁을 단행하였다. 12월 1일 시 의회는 수도원들의 철폐를 위한 위원회를 열었다. 취리히 시 의회도 종교개혁의 길을 실제로 시행하였다. 로마 가톨릭교회와 취리히 시 의회와 교회 개혁을 두고 전쟁이 발발한 가능성이 고조되는 가운데 이 문서를 작성했으리라 생각된다. 이때(1524. 12)부터 츠빙글리는 『참된 종교와 거짓 종교』를 집필하기 시작했다. 이 글의 주제가 당시의 로마 가톨릭교회와 취리히의 시 의회가 직면한 갈등의 주제와도 일맥상통한다. 종교개혁자 츠빙글리는 이 글을 1525년 3월에 출판하였다.

취리히는 내적 갈등을 넘어서 외적으로는 합스부르크의 압력을 받았다. 종교개혁을 반대하는 세속 제후들과 영적 제후들이 레겐스부르크 성직자 회익에 찬서한 이후, 오스트리아의 페르디난드는 전쟁에 침여한다. 츠빙글리는 전쟁의 원인이 황제와 제국 총독 페르디난드에게 있다는 것을 분명하게 밝힌다. 취리히 용병의 도움으로 밀라노와 뷔르템베르크를 소유하게 되었는데도(Zwingli, 1524, 17), 감사하기보다는 오히려 스위스를 위협하고 있다고 비판하고 있기 때문이다. 츠빙글리는 합스부르크가 "얼마나 큰 배은망덕을 저질렀는지 똑똑히 기억"해야 한다고 경고한다(Zwingli, 1524, 15). 이 글을 발표한 후 슈비츠 지방 정부가 용병 계약을 포기하였으나, 1522년 8월 프랑스의 영향권에 있던 지역과 다시 연대하며 용병제로 선회하였다(Zwingli, 1524, 18-19 참조). 츠빙글리는 스위스 연방의 시민들이 프랑스 왕과의 동맹 때문에 북이탈리아 전쟁에 참여하면서 전쟁의 참상과 형언할 수 없는 비극을 목격하였다. 츠빙글리는 이 경험을 통해서 용병 제도를 비판하고 연금 제도를 개선하려고 하였다. 하지만 스위스 연방 동맹은 츠빙글리의 이러한 시도를 받아들이지 않음으로써 취리히는 더욱 고립되어가는 위기에 빠져들었다. 1521년에는 6,000명, 1524년에는 8,000명의 용병을 추가로 파병하였으나 전쟁에 지면서 치명적인 인적 손실만 입었고, 프랑스 군대의 전세는 회복될 기미를 보이지 않았다(Zwingli 1, 임걸, 367).

츠빙글리는 1524년을 기점으로 내적으로 올바른 교회 개혁을 반대하는 로마 가톨릭교회와의 갈등에 직면해 있었고, 외적으로는 당대의 거대한 국가 오스트리아와의 대립으로 인해 언제 갈등이 폭발할지 모르는 상황에 있었다. 내외적으로 전쟁의 불안이 고조되는 상황에서 시민들을 각성시키기 위해, 곧 일어날지 모를 전쟁에 어떻게 대비해야 하는지, 더 나아가 어떻게 싸워야할지에 대한 전술을 작성하였다.

2. 저술 목적

츠빙글리는 "하나님의 영광과 그리스도의 복음을 위해서" 이 글을 작성한다(Zwingli, 1524, 14). 이 목적은 하나님이 인간을 만든 목적이다. 인간은 하나님의 피조물로서 하나님이 만든 목적을 위해서 살아가야만 한다.

이 목적은 그리스도인으로서 이 땅에서 무엇을 할 것인지를 선택할 때 "하나님의 영광과 그리스도의 복음"이 판난의 척도이다. 이 초월적 가치는 그리스도인이 이 땅에서 살아가는 과정에서 갈등이나 문제에 직면하게 될 때, 판단을 위한 실제적 척도로 삼아야 한다.

그리스도인은 이 척도를 가지고 우선, 하나님의 뜻을 구해야 한다. 하나님의 뜻만이 의롭기 때문이다. 하나님의 정의만이 판단의 척도이다. 이 척도에 따라서 결단을 내릴 수 있게 된다. 하나님 앞에서 인간은 결코 의로울 수 없기에 목숨을 걸어야 하는 결단 앞에서 더욱이 하나님의 정의만을 신중하게 찾아야 한다(Zwingli, 1523, 280). 그러하기에 츠빙글리는 "하나님의 뜻을 거슬러 계획하거나 행동하는 일을 하나님께서 허락하지 않으시길" 간구하며 기도한다(Zwingli, 1524, 14). 어떤 행위가 되었든, 하나님의 뜻이 그 안에 있기를 간구한다. 츠빙글리는 인간의 유익보다는 하나님의 섭리를, 하나님이 우리를 위해서 염려하신다는 것을 잊지 말도록 권면한다. 하나님의 섭리는 하나님이 만든 모든 피조물에까지 미치기 때문에 세상의 모든 피조물은 이 땅을 창조하고 다스리는 하나님의 뜻이 무엇인지를 찾아야 한다.

츠빙글리는 그 뜻을 '하나님의 말씀에서' 찾으라고 권면한다. 하나님의 뜻에서 벗어나지 않았다면, 분명 하나님께서 직접 원수를 무찌를 것이며, 하나님의 뜻을 이 땅에서 실제로 일어나게 하실 것이기 때문이다(Zwingli, 1524, 14). 츠빙글리는 지금 준비하는 전쟁이 하나님의 말씀에서 찾은 하나님의 뜻임을, 그리고 하나님의 다스림 아래에서 이루어진 일임을, 그리고 전쟁에 임하는 모든 구성원이 지금의 전쟁이 하나님의 뜻임을 확신하기 위해서 이 글을 작성하였다.

3. 세속 권력으로서의 지휘관

츠빙글리는 전쟁이 하나님의 손에 달린 일이며, 공동체 구성원이 이를 확신하기 위해서 두 직책을 강조한다. 첫 번째는 전쟁을 실제로 이끄는 지휘관이고, 두 번째 직분은 지휘관을 보조하는 설교자이다. 이 두 직분이 해야 할 일은 무엇인지, 누가 이 두 직분을 담당하기에 합당한지를 이 글을 통해서 살펴보고자 한다. 츠빙글리는 전쟁에서 승리하기 위해서 첫 번째로 전쟁을 지도할 지휘관의 적합한 기준이 무엇인지를 다룬다. 더 나아가 그가 전쟁에서 알아야 할 지침, 그리고 자세를 기술한다. 츠빙글리는 지휘관을 선택할 때 우선, 신중하게 생각한 후에 결단력 있게 행동하는 사람, 둘째, 전쟁 경험이 있는 사람(Zwingli, 1524, 15)을 택하라고 권한다. 만약 둘 중 하나를 선택해야 한다면, 츠빙글리는 '신뢰'를 가진 지휘관을 택하라고 조언한다. 츠빙글리가 신뢰를 우선시하는 이유는, 지휘관은 병사 부대를 인솔해야 하기 때문이다.

지휘관과 병사의 관계는 명령과 복종으로 이루어진 관계이다. 이 관계가 유효한 열매를 맺기 위해서는 신뢰가 중요하다. 문제는 상호 간의 신뢰를 어떻게 유지하는가이다. 병사가 지휘관을 신뢰할 때, 자신의 목숨을 내놓고 싸움터에 나가 싸울 수 있기 때문이다. 만약 병사가 지휘관을 신뢰하지 못한다면, 어떤 병사도 용감하게 전쟁터에 나갈 수 없기에 츠빙글리는 지휘관과 병사의 신뢰를 유지하기 위해서 두 가지를 제안한다. 첫째, 공정한 분배이다. 공동체의 이익을 추구하고, 병사에게 이익과 기쁨을 공정하게 나누어야 한다(Zwingli, 1524, 33). 지휘관은 이익을 '기꺼이' 그리고 '즐겁게', '선하게' 병사에게 나누어야 한다. 이 원칙은 사회 공동체에도 적용되는 원칙으로, 츠빙글리는 아리스토텔레스의 수사학에 기원을 둔다. 여기에서 눈여겨보아야 할 것은 공동의 이익이 "기꺼이" 그리고 "선하게" 분배되어야 한다는 점이다. 지휘관은 자발적으로 기꺼이 분배해야 한다. 이 자발성은 하나님의 뜻을 바로 알 때 생겨난다. 왜냐하면 하나님의 뜻이 바로 그의 본성에서 나온 "선한 뜻"이기 때문이다. 하나님의 뜻을 아는 자는 하나님의 선한 본성에 따른 뜻이다. 하나님의 뜻을 아는 자는 기꺼이 하나님의 선한 뜻을 행동으로 옮기는 의지의 결단을 낳는다. 하나님의 뜻을 알고 그 뜻을 기꺼이 따르는 행위는 하나님 앞에서 그리스도인의 선한 행위이다. 이것이 하나님의 영이 주는 선물이다.

성령의 선물을 받은 병사는 "자발적으로" 지도자에게 복종한다 (Zwingli, 1524, 33). 이 복종은 하나님께 복종하듯이, 지휘관에게 복종하게 한다. 지휘관은 하나님의 사명을 위임받은 대리자이기 때문이다. 츠빙글리의 언어로 표현하면 "하나님의 시녀"이다(Zwingli, 1523, 181). 지휘관은 인간이 세운 세속 권력이다. 하나님께서 세속 권력을 세운 목적은 공동체의 삶을 유지하고 평화롭게 살기 위해서이다. 인간 공동체는 현실적으로 인간의 욕망에 따라서 공동체의 규범을 파괴할 위험이 존재하기에, 세속 권력으로서의 지휘관은 병사에게 그들의 지켜야 할 임무와 법을 어겼을 때 처벌할 수 있다. 이런 맥락에서 지휘관은 엄격한 교사로서 역할을 감당한다. (1) 세속 권력은 공개된 악한 행위만 처벌해야 한다. (2) 세속 권력은 무죄한 자나 연약한 자와 압제받는 자를 보호해야 한다. (3) 세속 권력은 시민이 자유로운 삶을 영위하도록 배려해야 한다. (4) 세속 권력은 그리스도인의 삶을 살아가도록 후원해야 한다(Zwingli, 1523, 181). 이에 병사는 세속 권력인 지휘관에게 복종해야 한다. 츠빙글리는 베드로전서 2장 13-14절을 근거로 모든 신자는 위에 있는 권세에 복종하라고 명한다. 츠빙글리는 지휘자에게 병사 입장에 서서 생각해 보라고 권한다. 추운 날씨에 몸이 얼어붙은 늙은 병사를 본 알렉산더 대왕이 그를 모닥불이 있는, 자신이 있는 자리로 가까이 오게 하여 몸을 녹이게 했던 행위를 예를 들어 설명한다(Zwingli, 1524, 33).

지휘관과 병사의 신뢰 관계를 유지하기 위해서 인간의 이기심에 주의해야 한다. 인간의 이기심이 관계를 깨기 쉽기 때문이다. 사실, 개인의 이기심은 인간관계뿐만 아니라 사회 구조까지 파괴한다. 사회의 생산·유통 구조는 시민의 근면하고 정직한 노동에 바탕을 두기 때문에 인간의 이기심이 사회 구조가 선하게 작동할 수 없게 만드는 직접적 원인으로 손꼽는다. 전쟁을 앞둔 상황에서 지휘관과 병사 사이에 형성된 신뢰를 유지하기 위해서 "사욕을 챙기지 말아야 한다. 그렇지 않으면 공공의 관심으로는 최고의 것일지라도 자기에게 이득이 되지 않는 것은 아무것도 하려고 하지 않을 것이기 때문이다"(Zwingli, 1524, 32). 츠빙글리는 발발 가능성이 있는 전쟁 앞에서 개인적 사욕을 벗어나 하나님의 뜻을 먼저 구하는 그리스도인으로서의 지도자이자 병사가 되어야 한다는 점을 강조한다. 공동체 안에서 맡은 직무가 공동체를 우선시한다는 사실을 직시한다면, 개인적인 사욕을 벗어나 공동체를 우선시하는 결단을 내릴 것이기 때문이다.

4. 설교자

츠빙글리는 지휘관과 병사의 신뢰를 강화하기 위해서 용감한 설교자가 부대에 있어야 한다고 한다. 왜 전쟁에 나가는 이들에게 설교자를 세운 걸까? 그 이유는 명확하다. 세속 권력은 항상 하나님의 말씀과 밀접한 관계 속에 있어야만 그 정당성이 보장되기 때문이다. 부대의 권력을 쥐고 있는 지휘관이 하나님의 뜻에 합당한 결정을 내리도록 돕기 위해서 설교자를 세웠다. 그러므로 설교자는 하나님의 말씀을 연구하고 그 뜻을 올바르게 해석할 능력을 지녀야 한다. 지휘관이 결정을 내릴 때 하나님의 말씀을 가장 최선의 규범으로 삼아 판단할 수 있도록 도와야 하기 때문이다. 이런 맥락에서 설교자는 세속 권력의 참모 보좌관이다. 세속 권력은 설교자가 참모 보좌관의 역할을 올바르게 수행하기 위해서 하나님의 말씀을 바르게 설교하도록 보장해야 한다. 그리고 설교자는 병사에게 하나님과 지휘관에 대한 '복종'을 가르쳐야 한다(Zwingli, 1524, 33).

츠빙글리는 설교자가 갖추어야 할 조건으로 성경 이외에 "로마 역사와 다른 이민족들의 역사"를 알아야 한다는 조건을 내세웠다(Zwingli, 1524, 33). 그 이유는 역사를 통해 현재의 문제를 해결할 수 있는 유익한 교훈을 얻을 수 있기 때문이다. 츠빙글리는 인문주의자로서, 당대의 인문주의 역사관을 적극적으로 수용하였다. 역사가는 과거의 사건에서 현재의 복잡하고 난해한 문제를 해결할 수 있는 단초를 얻는다(양신혜, 308-309). 츠빙글리가 설교자에게 역사에 대한 인식을 요구하는 또 하나의 이유는 "청렴한 사고방식과 명예로운 전투의 지휘와 덕목"을 실제로 적용할 수 있도록 돕기 위함이라고 하였다(Zwingli, 1524, 33). 역사에서 일어난 과거의 사건에서 도덕적 판단에 따른 선한 행위의 정당한 이유 또는 근거를 추론할 수 있기 때문이다.

츠빙글리가 전쟁에 설교자가 함께 참여해야 하는 이유는, 하나님의 뜻을 찾는 유일한 통로가 성경이기 때문이다. 그래서 먼저, 설교자는 하나님의 말씀을 올바르게 가르칠 수 있는 능력을 지녀야 하고, 둘째, 하나님의 뜻이 이 땅에서 올바르게 적용되도록 역사를 공부해야 한다. 설교자는 두 매개체를 통해서 이 땅에 하나님의 나라를 만드는 임무를 수행한다.

5. 그리스도인의 양심

츠빙글리는 설교자가 병사들이 "양심의 가책"을 받게 가르쳐야 한다고 강조한다. 양심의 가책을 느껴야 용기를 낼 수 있기 때문이다(Zwingli, 1524, 33). 츠빙글리가 그리스도인의 양심을 강조한 이유를 이 글을 작정한 시기에 집필하기 시작한 『하나님의 정의와 인간의 정의』를 중심으로 생각해 보고자 한다. 츠빙글리는 하나님의 의가 이 땅에서 이루어지는 과정에서 선과 악을 판단하는 지침으로서 양심의 자유를 영혼의 자유와 연결하여 설명한다. 하나님만이 우리의 영혼을 자유롭게 인도할 수 있기에 양심의 자유를 주관하는 분은 하나님뿐이라고 추론한다(Zwingli, 1523, 325). 하나님은 그리스도 안에서 우리의 영혼을 자유롭게 하심으로 우리에게 양심의 자유를 허락하셨다. 그리스도 안에서 양심의 자유를 얻은 그리스도인은 이 땅에서 하나님의 의를 구할 수 있으며, 구해야만 한다.

츠빙글리에게 하나님의 정의는 하나님이자 하나님의 존재 양식이다. 인간은 하나님의 정의를 이룰 수 없다. 하지만 하나님은 인간에게 하나님의 정의를 요구한다. 그러므로 인간의 실존은 "하나님의 뜻의 총체적 실현으로서의 정의"가 되어야 한다(Hauschild, 339). 인간이 하나님의 정의를 실현하는 과정에서 하나님의 말씀을 하나님의 정의를 아는 유일한 원천으로 삼는다. "하나님의 뜻은 그의 말씀 외에 어느 것을 통해서라도 알 수 없다. 그의 계명은 바로 그의 영원한 의지의 계시로서 하나님의 말씀이다"(Rich, 169). 그러므로 우리가 하나님을 사랑할 때 하나님은 우리 안에 거하신다. 하나님이 우리 안에 거하시면 우리 안에 이웃에 대한 사랑이 있게 된다. 하나님이 우리를 사랑해서 우리를 위해 자신을 내어주셨기 때문이다(Zwingli, 1523, 181). 츠빙글리가 공동체 지도자의 덕목에서 하나님을 경외하는 사람을 우선시한 이유가 바로 여기에 있다. 하나님의 경외하는 자는 이 세상에서 최고의 명예인 전쟁에서의 승리에 집착하지 않는다(Zwingli, 1524, 32). 하나님을 경외하는 자는 결코 하나님이 맡긴 자들에게 피해를 주면서까지 전쟁의 승리를 추구하지 않는다. 전쟁에 참여한 병사도 하나님께서 맡긴 자 또한 하나님의 형상을 입은 하나님의 자녀이기 때문이다. 그러므로 지도자는 공동체의 구성원이 유일하신 하나님에게서 떠나지 않도록 맡겨진 책무를 다한다(Zwingli, 1525, 96). 하나님의 입에서 떠나지 않고 그의 말 이외에 누구의 말도 받아들이지 않는 자세를 지닌다(Zwingli, 15235 97). 이 자세는 전쟁터에 나가는 병사에게도 적용된다. 병사도 하나님 앞에서 두려움을 가지고 하나님의 뜻에 합당한 싸움을 해야 하기 때문이다.

6. 결론

츠빙글리는 "발발 가능성이 있는 전쟁의 대비를 권면함"이라는 문서에서 목숨을 거는 전쟁에 임하는 취리히의 시민에게 권면하는 글이다. 이 글에서 그가 강조하고 있는 것은 하나님의 뜻이며, 그 뜻에 "자발적으로" 그리고 "선하게" 임하는 병사의 자세이다. 병사가 "자발적으로" 그리고 "선하게" 전쟁에 임할 수 있도록 병사를 설득하기 위해서, 츠빙글리는 병사로 이루어진 부대를 인도하는 지휘관의 성품과 그 태도에 주목한다. 전쟁터에서 지휘관은 병사를 이끌고 전쟁해야 하기에 병사의 신뢰를 얻는 사람이어야 하며, 전쟁 경험이 많을수록 좋다고 권면한다. 기억해야 할 것은 전쟁 경험보다도 지휘관과 병사의 신뢰이며, 이 신뢰를 얻기 위해서 공평한 분배가 이루어져야 한다고 강조한다. 츠빙글리가 부대의 권력자로서 지휘관이 갖추어야 할 조건은 사회 공동체의 지도자가 갖추어야 할 조건과 다르지 않다.

츠빙글리가 이 문서에서 강조하는 또 하나의 직분은 설교자이다. 츠빙글리가 부대에 설교자를 두는 이유는 참모 보좌관으로서 지휘관이 하나님의 뜻을 바로 알고 그 뜻에 따라서 판단할 수 있도록 돕기 위함이다. 설교자가 자신의 임무를 충실하게 수행하기 위해서 성경을 잘 알아야 할 뿐만 아니라 올바른 윤리적 판단을 위해서 역사를 알아야 한다는 점을 지적하였다. 설교자는 병사에게 "양심의 가책"을 가르쳐야 하는데, 그것은 그리스도 안에서 영혼의 자유를 얻은 자에게 주어지는 양심의 자유에 해당한다. 양심의 자유를 얻은 자만이 하나님의 의를 구할 수 있다. 양심의 가책을 느끼도록 가르친다는 것은 보이지 않는 하나님의 의를 하나님의 말씀 안에서 찾아야 함을 의미한다. 하나님의 말씀에서 찾은 하나님의 뜻은 양심이 용기를 내게 하는 힘이기 때문이다.

언제 발발할지 모르는 전쟁의 불안 속에서 살아가는 우리는 츠빙글리의 "발발 가능성이 있는 전쟁의 대비를 권면함"이 지시하는 교훈을 우리의 삶에 적용해보자. 우리는 우선, 전쟁이 하나님의 뜻에 합당한지 판단해야 한다. 그리스도의 병사로서 하나님은 그리스도 안에서 우리에게 양심의 자유를 주셨다. 이 양심의 자유를 가진 우리는 하나님의 말씀에 합당한 하나님의 정의를 찾는 노력을 해야만 한다. 하나님의 의에 합당한 선한 행위를 확신하고 '자발적으로' 그리고 '즐거운 마음으로' 행해야 한다. 하나님의 의에 대한 확신과 그에 합당한 선한 행위는 성령의 선물로 전쟁으로 인한 불안을 극복하는 동력이다. 여기에 하나 더 잊지 말아야 할 것은 츠빙글리가 설교자에게 역사를 보는 눈을 요구했다는 사실이다.

기독교 역사에서 하나님이 전쟁을 통해서 무엇을 하셨는지, 그 시대적 배경에서 무엇을 가르치셨는지를 올바르게 바라보아야 한다. 역사의 사건이 가르치는 교훈과 그 사건에서 지금을 위한 윤리적 판단을 추론하는 능력을 갖추어야 한다. 과거의 역사는 현재를 위한 교훈을 얻을 수 있기에, 지금의 시대와 당대의 시대적 거리를 인지하며, 변화된 상황에서의 지금을 볼 수 있는 역사관이 절실히 필요하다.

10 참고 문헌

Hausschild, Wof-Dieter. *Lehrbuch der KIrchen-und Dogmengeschichte*. Band II. Chr. Kaiser/Guethersloher Verlagshaus, 3. Auflg. 2005.

Mau, Rudolf. 권진호 역. 「복음주의 운동과 초기 개혁(1521-1532)」 천안: 호서대학교출판부, 2015.

Rich, Arther. "Zwingli als Sozialpolitischer Denker." Zwingliana 13(1969): 67-89.

Zwingli, Huldrych. 임걸 역. "하나님의 정의와 인간의 정의" 1523. 「츠빙글리 저작 전집」 1. 서울: 연세대학교대학출판문화원, 2014.

_____. 공성철 역. "발발 가능성이 있는 전쟁의 대비를 권면함." 1524. 「츠빙글리 저작 전집」 3. 서울: 연세대학교대학출판문화원, 2017.

_____. 공성철 역. "참된 종교와 거짓 종교에 대한 주해." 1525. 「츠빙글리 저작 전집」 3. 서울: 연세대학교대학출판문화원, 2017.

양신혜. "종교개혁과 인문학." 「종교개혁과 교육」 부산: 고신대학교 개혁주의학술원, 2017: 301-329.

취리히 종교개혁과 아 라스코(John à Lasco):
'프로페시'에 대한 이해 연구

강민 _ 남원예닮교회 담임목사

취리히 종교개혁과 아 라스코(John à Lasco):
'프로페시'에 대한 이해 연구

강 민

남원예닮교회 담임목사

1. 종교개혁자 아 라스코와 개혁주의의 다양성

아 라스코(John à Lasco, 1499-1560)는 경계 위에 선 개혁자였다. 그

---

1 'Prophecy'의 문자적 의미를 살리기 위해서는 '예언' 혹은 '예언 모임'으로 번역할 수 있을 것이다. 그러나 종교개혁 당시, 특히 이 연구의 대상인 취리히 종교개혁과 런던 피난민교회의 경우, 'Prophecy'는 말씀 사역의 한 부분으로 성경 주해 강의나 성경 연구모임 등 다양한 의미로 사용되었기에 이 글에서는 '프로페시(Prophecy)'라는 용어를 문자 그대로 사용하고자 한다.

의 삶과 사역은 국제성(internationality), 난민(refugee), 그리고 다양성(diversity)이라는 세 가지 키워드로 이해할 수 있다.

폴란드 태생의 아 라스코는 16세기 유럽의 여러 종교개혁자 중 흔치 않은 최상류층 출신이었다. 그와 이름이 같았던 삼촌(John à Lasco, 1456-1531)은 폴란드의 대주교이자 재상이었다. 삼촌의 후원 아래, 조카 아 라스코 역시 이탈리아에서 유학을 마치고 돌아와 고위 성직자가 되기 위한 성공의 사다리를 성실하게 오르고 있었다. 그러나 에라스무스(Desiderius Erasmus, 1466-1536)와의 만남이 인생의 중요한 전환점이 되었다. 1525년, 에라스무스의 집에서 하숙생으로 열 달여를 머무는 동안 그는 여러 인문주의자, 특히 바젤의 종교개혁자 외콜람파디우스(Johannes Oecolampadius, 1482-1531) 등과 교제하며 사상의 지평을 넓힐 수 있었다. 특히 이 기간, 취리히를 방문하여 츠빙글리(Huldrych Zwingli, 1484-1531)와 만날 수 있었다. 훗날 아 라스코는 웨스트팔과 논쟁을 벌이던 중, 자신을 츠빙글리주의자(Zwinglian)로 규정하는 것에 반박하면서도 34년 전 취리히에서 만났던 츠빙글리가 자신을 성경 연구로 이끌었다고 말한다.[2] 폴란드로 돌아가 성직자로서 경력을 쌓아가던 중에도 인문주의에 관한 관심을 놓지 않았던 아 라스코는 마침내 1537년, 부와 성공이 보장되었던 주교의 자리를 스스로 포기하고 복음의 진리를 깊이 탐구하기 위하여 고국을 떠났다. 프랑크푸르트와 마인츠를 거쳐 벨기에의 루뱅에 정착한 아 라스코는 이곳에서 공동생활 형제단의 정신을 따르던 신앙 공동체에 참여하였고 또한 결혼도 하면서, 인문주의를 넘어 종교개혁으로 나아갈 수 있었다. 1540년, 루뱅에서도 종교개혁에 대한 탄압이 시작되었

---

2   Opera I., 338.

고, 아 라스코는 아내와 함께 흐로닝헌을 거쳐 동프리슬란트의 엠덴으로 피난에 나섰다. 그는 엠덴에서 종교개혁자로서 본격적인 활동을 시작하였다. 당시 동프리슬란트를 다스리던 백작 부인 안나(Countess Anna von Oldenburg, 1501-1575)는 아 라스코를 동프리슬란트 교회의 감독(superintendent)으로 임명하였다. 아우크스부르크 임시 조약이 공포된 후, 종교개혁을 철회하라는 황제의 위협으로 인해 1550년, 감독직을 사임하고 다시 피난길에 나설 때까지, 아 라스코는 로마 가톨릭은 물론이고 루터파와 개혁파, 재세례파 사이의 대립과 갈등으로 혼란했던 동프리슬란트 종교개혁을 안정화하기 위해 헌신하였다.

아 라스코가 엠덴을 떠나 런던에 도착할 무렵, 그곳에는 이미 신앙의 자유를 위해 고향을 떠나온 종교 난민들이 자리 잡고 있었다.[3] 1548년을 전후하여 프랑스 난민 교회가 세워졌으며, 비슷한 시기에 저지대 국가(the Low Countries) 출신의 피난민들 역시 자신들만의 교회 공동체를 이루었다. 그러나 런던의 외국인 피난민 교회들은 공식 승인을 받지 못한 채 방치되고 있었다. 영국 정부는 피난민들이 경제 발전의 동력이 되기를 기대하였으나, 다른 한편으로 급진적인 이단 사상에 사로잡힌 피난민들을 통해 영국 교회의 질서가 위협받을 것을 염려하였다. 이러한 상황에서 아 라스코는 런던의 피난민 회중들에 대한 고민을 해결할 수 있는 최적의 대안이었다. 1550년 7월 24일, 에드워드 6세(Edward VI, 1537-1553)의 국왕 헌장을 통해 런던 피난민 교회의 설립이 공식적으로 선포되었다.[4] 국왕을 수장으로 하는 영국 교회와는 달리 서로 다른 언어와 국적

---

3 OL. I., 336-7.
4 Lindeboom, *Austin Friars: History of the Dutch Reformed Church in London, 1550-1950*, 198-203.

을 가진 피난민 신앙 공동체들로 이루어진 개혁파(the Reformed) 독립 교회가 세워졌던 것이었다. 각각 네덜란드와 프랑스, 소수의 스페인과 이탈리아 회중을 섬기는 목사들이 임명되었고, 아 라스코는 런던 피난민 교회를 총괄하는 감독으로 임명되었다. 당시 에드워드 6세와 크랜머(Thomas Cranmer, 1533-1556)는 런던 피난민 교회의 자율성을 보장하여 개혁주의에 기초한 교회법과 예전을 일상의 목회에 적용하도록 하고, 그 진행 과정을 살펴 상황에 맞게 영국 교회에 적용하려 하였다.[5] 이에 따라, 런던 피난민 교회는 영국 국교회 주교가 아닌 피난민 교회의 감독 아 라스코의 인도 아래 자체적인 교회법에 따라 예배와 목양을 진행하는 특권을 누릴 수 있었다. 그러나 이러한 이상적인 상황은 오래 지속되지 못했다. 1553년, 소년 왕 에드워드 6세가 갑작스레 세상을 떠났고, 메리 1세(Mary I, 1516-1558)가 즉위와 함께 종교개혁에 대한 탄압을 시작하면서, 아 라스코와 네덜란드 피난민 회중은 런던을 떠나야 했다. 짧은 기간이었으나 런던 피난민 교회의 경험은 아 라스코 개인은 물론 네덜란드 개혁교회의 발전을 위한 중요한 디딤돌이 되었다.

1555년, 프랑크푸르트에서 아 라스코의 교회법, 『포르마』(Forma ac ratio)가 출판되었다. 개혁주의 원리를 실제 제도로 구현한 '교회 건축가'라 평가받는 아 라스코는 이론적인 저술보다 교회 조직과 목회의 실제적인 측면에 보다 중점을 두었다.[6] 런던에서의 경험을 토대로 정립된 '포르마'는 교회 정치 체제, 예배 모범, 예전과 권징 등 참된 교회를 세우기 위한 제도와 규범 일체를 담고 있다. '포르마'를 통해 아 라스코의 신학적 지향

---

5 Opera II., 10.
6 Rodgers, *John a Lasco in England*, 5.

점과 더불어 런던 피난민 교회의 목회 현장을 유추해 볼 수 있다.[7]

아 라스코의 인생 여정은 16세기 종교개혁 당시 유럽 사회가 국경을 넘어 인적, 물적으로 밀접하게 연결되어 있었으며, 사상과 문화의 교류 역시 활발하게 이루어졌다는 것을 보여준다. 아 라스코는 스스로 피난민이었으며, 엠덴과 런던에서 피난민들의 개혁자였다. 참된 신앙을 지키기 위해 믿음의 나그네가 되는 것을 마다하지 않았던 피난민 신앙 공동체는 개혁파의 주요한 특징이기도 했다. 또한 아 라스코의 신학은 16세기 중반 개혁파 안에서의 신학적 통일성과 다양성을 반영하고 있다. 그는 츠빙글리와 불링거의 취리히 전통, 그리고 칼빈의 제네바 전통으로 대표되는 개혁파 신학의 주요한 두 흐름 모두로부터 영향을 받았으나, 동시에 신학적 이해와 교회법에서의 실제적 적용에 있어서 독특한 특징을 드러낸다. 이러한 특징 중 하나가 교회 정치와 목회에 있어서 회중의 폭넓은 참여를 허용하였다는 것이다. 이 글에서는 '프로페시'의 시초라 할 수 있는 취리히 종교개혁에서의 '프로페시'와 런던 피난민 교회의 '프로페시'를 각각 분석하고, 비교하여 츠빙글리와 불링거의 '프로페시'에 대한 이해가 아 라스코를 통해 어떻게 계승 발전되었는지를 살펴보려 한다.

2. 취리히의 '프로페시' 모임

츠빙글리는 종교개혁을 개인의 신앙과 종교의 영역으로 국한되지 않

---

7   맥컬로우는 '포르마'가 개혁주의 전통에서 그 중요성에 있어 칼빈의 『기독교강요』에 비견 될만한 중요한 문서("a key text")라고 평가한다. MacCulloch, "The importance of Jan Laski in the English Reformation", 331.

왔고, 그리스도인의 삶의 모든 영역이 하나님의 말씀에 따라 회복되는 것을 추구하였다. 종교개혁 일반의 원리였으나 츠빙글리를 통해 더욱 강조되었다. 종교개혁은 "말씀을 통해 하나님과 교통하는 공동체"를 회복하는 것이며, "하나님 말씀에만 기초를 둔 교회"를 세우는 것이다.[8] 하나님의 말씀으로서 성경의 권위에 대한 강조는 성경 해석의 권위에 대한 논쟁으로 이어진다.

피조물인 인간은 하나님에 대해 온전히 이해할 수 없다. 우리가 하나님과 하나님의 일에 대해 이해하고, 전할 수 있는 것은 하나님의 계시로 인함이다. 하나님께서 성경을 통해 자신을 알리신다. 또한 내주하는 성령의 조명을 통해서만 성경을 바르게 해석할 수 있다. 츠빙글리는 구약의 선지자들이 하나님의 말씀을 선포했던 것과 같이 자신들의 시대에도 하나님의 구원받은 성도들이 성경 해석의 권리를 갖는다고 주장하였다. 이와 같은 만인선지자(the prophethood of all believers)에 대한 주장은 루터 이후 초기 종교개혁자들이 공통된 입장이었다. 츠빙글리와 취리히 종교개혁의 독창성은 성경 해석의 주체로서 선지자와 '프로페시'에 대한 이해를 교회 정치와 말씀 사역을 통해 제도화하였다는 것이다.[9] 성경 원어 주해를 중심으로 취리히 목회자들과 목회자 후보생들, 또한 회중의 교육과 훈련의 장이었던 '프로페시'는 츠빙글리에 의해 시작되었고, 그의 후임자였던 불링거를 통해 정립되었다.

---

8 Z 3, 750.

9 Bast, Robert J. "Constructing Protestant Identity: The Pastor as Prophet in Reformation Zurich". In Frömmigkeit — Theologie — Frömmigkeitstheologie Contributions to European Church History, (Leiden, The Netherlands: Brill, 2005), 351-362.

2.1. 츠빙글리와 '성경 주해 강좌'(Letzgen, lectiones)의 시작

'프로페시'가 취리히 종교개혁의 중요한 유산으로 알려져 있으나, 츠빙글리의 저술에서 '프로페시(Prophezei)'라는 용어는 나타나지 않는다. 1520년대 작성된 취리히 종교개혁과 관련된 자료들에서도 마찬가지이다. 츠빙글리 당시에 그로스뮌스터(Grossmünster) 예배당에서 진행되었던 주중 구약 성경 강해 모임은 '프로페시'가 아니라 '강의'를 뜻하는 "letzgen(lectiones publicae)"으로 불리었다.[10] 불링거는 1532년 자신의 취리히교회 예전서에서 '프로페시'라는 용어를 사용하였고, 1535년 취리히 교회법에서 공식적으로 도입하였다.

비록 처음부터 '프로페시'라는 명칭을 사용하지는 않았으나, 츠빙글리가 인도하였던 취리히의 주중 구약 성경 강해 모임은 고린도전서 14장의 '예언'에 대한 츠빙글리의 이해에 기초하고 있다. 그는 예언의 은사를 성경 원어(히브리어와 헬라어)를 해석하고 강론하는 것과 연결지어 이해하였다.[11] 이러한 이해는 기독교 인문주의의 영향을 반영하고 있다.

'프로페시'의 시작은 츠빙글리가 그로스뮌스터의 주임사제로 부임하던 1519년까지 거슬러 올라간다. 그는 '인문주의 문예 모임(sodalitium literarium)'을 조직하였다. 취리히 라틴어 학교 교사들과 그로스뮌스터의 사제들로 이루어졌던 이 모임은 헬라어 연구를 목적으로 하였다. 그러나 1520년부터 츠빙글리는 이 모임에서 로마서 강해를 시작하였고, 이어 히브리어 연구와 시편 강해로 확대되었다. 1522년 츠빙글리는 성경 연구 모

---

10 Timmerman, Heinrich Bullinger on Prophecy and the Prophetic Office (1523-1538), 118-9.
11 Z 3, 751-52.

임의 목표, 곧 성경 원어에 기초한 성경 주해를 취리히의 교육 제도에 도입하고자 하였다. 그러나 1523년 츠빙글리의 종교개혁이 본격적으로 진행되면서 상대적으로 점진적 개혁을 추구하였던 츠빙글리와, 더욱 급진적인 개혁을 요구하였던 재세례파 사이의 대립이 나타나게 되었다. 이러한 갈등은 성경 연구 모임에도 영향을 끼치게 되었다. 종교개혁 초기에는 츠빙글리 역시 고린도전서 14장을 근거로 회중의 선지자적 권위, 곧 모든 성도에게 성경을 해석하고, 자신들의 설교자를 임명하며, 또한 그들의 설교가 올바른지 논의할 수 있는 권한이 있다는 것을 인정하였다. 그러나 종교개혁이 진행되며 평신도의 설교권을 요구하는 재세례파의 주장에 맞서 츠빙글리는 선지자로서 설교자는 성경 원어로부터 성경을 해석할 수 있는 사람이라고 규정하였다.[12] 재세례파는 일상 언어(독일어)로 성경을 해석하고 설교해야 한다는 것을 주장하며, 츠빙글리의 성경 원어에 대한 강조가 성도의 성경 해석에 걸림돌이 될 수 있다고 비판하였다. 성경 주해 강좌(letzgen)는 이와 같은 갈등의 결과를 반영하고 있다.

1525년 6월, 그로스뮌스터 예배당에서 성경 주해 강좌가 공식적으로 시작되었다. 취리히 라틴어 학교의 상급자를 위한 교육 프로그램으로, 목회자 후보생들과 더불어 목회자들이 주요 참가 대상이었으나 일반 회중도 참석할 수 있는 공개강좌로 진행되었다. 기독교 인문주의를 배경으로 성경 원어 강론, 특히 구약 성경에 집중하였으며, 츠빙글리가 신학 강의를 맡았다. 1526년부터는 미코니우스가 신약 성경 주해 강좌도 추가되었다.

금요일과 주일을 제외한 매일 아침 7시, 그로스뮌스터 예배당에서 성경 주해 강좌로 모였다. 츠빙글리의 기도로 시작한 모임은 매일 연속되는

---

12 Z 4, 398.

성경 본문을 라틴어와 히브리어, 헬라어(70인경)로 각각 낭독한 후 본문에 대한 주해와 강설이 이어졌다. 설교 준비를 위한 본문 묵상이 라틴어로 발표되었고, 츠빙글리에 의해 본문을 설교하기 위한 실제적인 적용에 대한 강의가 이어졌다. 츠빙글리의 강의가 끝나면 취리히의 목사였던 유트(Leo Jud, 1482-1542)가 강의 내용을 요약한 설교를 독일어로 선포하였고, 기도 후에 모든 모임이 끝났다.[13]

이처럼 성경 주해 강좌는 성경 원어에 기초한 주해를 중심으로 하는 취리히 교회의 교육 과정으로 시작되었다. 이를 통해 목회자 후보생들과 목사들은 성경의 전문가로 훈련될 수 있었다. 또한 이것은 단지 학문적 연구에서 그치지 않고, 성경의 본문을 회중의 언어로 설교하기 위한 실천적인 말씀 사역의 한 부분이었다.

2.2. 불링거와 '프로페시'의 발전

카펠 전투에서 츠빙글리가 전사하면서 취리히 종교개혁의 소명은 불링거에게로 맡겨졌다. 취리히에서 성경 주해 강좌의 시초는 츠빙글리였으나, 불링거 역시 이미 카펠 수도원의 라틴어 학교 교사로 활동하던 시절부터 성경 원어의 강독을 진행하였었다. 불링거는 츠빙글리와 달리 '프로페시'의 강사로 직접 나서지는 않았다. 츠빙글리가 맡았던 구약 성경 강해자로는 펠리칸(Konrad Pellikan, 1478-1556)과 비블리안더(Theodor Bibliander, 1509-1564)가 초빙되었다. 그럼에도 불링거는 매일 '프로페시'

13　Gottfried W. Locher, "Geschichtsbild Huldrych Zwinglis," 28; Gäbler, *Huldrych Zwingli. Eine Einführung in sein Leben und sein Werk*, 100.

모임에 적극적으로 참석하였다.

앞서 언급했듯이 츠빙글리로부터 시작되었던 취리히의 성경 주해 강좌는 불링거를 통해 '프로페시(Prophezei)'라는 명칭을 갖게 되었으며, 1535년 교회법에 의해 공식적으로 말씀 사역의 한 부분이 되었다. 불링거의 인도 아래 '프로페시'는 취리히의 고등 교육 프로그램으로서 목회자 양성기관으로 자리 잡았다. 또한 불링거는 '프로페시'의 본래의 목적에 예전적 의미를 더하였다. 그는 '프로페시'를 원어 성경 강해로 이루어진 학술 세미나(academic prophecy)와 독일어로 선포되는 설교를 중심으로 하는 예배(prophecy-service)로 발전시켰다.[14]

츠빙글리가 인도하였던 성경 주해 강좌의 기본적인 구성은 불링거의 '프로페시'에서도 달라지지 않았다. 취리히 교회의 목회자 후보생들이 금요일을 제외한 매일 주중 오전 7시에 그로스뮌스터 예배당에 '프로페시'로 모였다. 츠빙글리가 작성했던 라틴어 기도문으로 시작된 '프로페시'에서는 매일 연속해서 읽도록 정해진 성경 본문을 라틴어(the Vulgate)와 히브리어, 그리고 헬라어(the Septuagint)로 각기 낭독한 후 본문에 대한 강해가 이루어졌다. 츠빙글리의 때에는 독일어로 선포되는 설교가 성경 주해 강의 이후에 곧바로 이어졌으나 불링거의 '프로페시'는 성경 강해가 끝나고 난 후 별도의 예배가 역시 츠빙글리의 기도문을 독일어로 읽은 이후에 독일어 설교와 회중이 함께 하는 기도로 예배를 마쳤다. 점차 설교의 본문도 앞선 성경 강해의 본문과는 달리 별도로 정해지면서 '프로페시' 예배는 주중 공예배 중 하나로 자리 잡게 되었다.

14　Timmerman, *Heinrich Bullinger on Prophecy and the Prophetic Office* (1523-1538), 286-93.

3. 런던 피난민 교회의 '프로페시'

아 라스코의 교회법 '포르마'는 런던 피난민 교회의 목회 경험을 기반으로 하여 교회의 정치 제도와 예배 모범, 성례와 권징에 이르기까지 교회를 세우고 예배와 목회의 질서를 정립하는 데 필요한 전반적인 내용들을 아우르고 있다. 아 라스코는 교회가 하나님의 말씀 위에 세워져야 하고, 말씀을 중심으로 운영되어야 한다고 주장한다.[15] 이에 따라 교회의 모든 집회에는 설교나 성경 강해가 포함되어야 한다. 교회는 하나님께 예배드리기 위해 모인 공동체이며, 예배의 중심에는 성경 말씀의 설교가 있다. 또한 아 라스코는 말씀 사역에서 성령의 역할을 강조한다. 교회의 말씀 사역은 지적 활동을 넘어 전체 회중의 영적 참여를 필요로 한다. 또한 회중은 설교자의 설교를 듣는 수동적인 청중이 아니다. 회중은 성경을 이해해야 하며, 성경에 근거한 믿음을 고백하는 적극적인 참여자여야 한다.

'포르마'에 따르면 말씀 사역은 설교와 교리 문답, 그리고 '프로페시', 세 부분으로 이루어져 있다. 설교와 교리 문답이 주일 예배와 교육의 중심에 있으며, '프로페시'는 이들을 보완하고 심화시킨다.

아 라스코는 취리히 종교개혁의 전통을 따라 각각 모국어와 라틴어로 진행되었던 성경 강해 모임을 '프로페시'라는 이름으로 불렀다. '프로페시'의 구체적인 실행에 있어서는 런던 피난민 교회 안에서도 각 회중에 따라 차이가 있었다.

런던 피난민 교회의 네덜란드 회중은 매주 목요일 오전 9시에 '프로페

---

15 Opera II., 81-83.

시'로 모였다.[16] 네덜란드 회중의 '프로페시'의 독특한 특징 중 하나는 이 시간이 주일 예배 설교와 교리 강해에 대한 공개 토론이었다는 것이다. '프로페시'는 먼저 기도, 시편 찬송, 설교로 이루어진 예배로 진행되었다. 설교를 마친 후에는 장로들과 절차에 따라 사전에 지명된 성도들이 회중의 앞으로 나와, 이전 한 주 동안 선포되었던 설교와 강의에 대한 질의응답 시간을 주재하였다. 지난 한 주 동안 설교했던 성경 본문에 대한 해석에 오류가 있었거나 충분히 설명되지 못했던 경우, 혹은 청중이 그 내용에 의문을 가지고 있었을 때는 이에 대해 공개적으로 질문할 수 있었고, 설교자들은 자신의 진술을 설명하거나 변호해야 했다. 목회자뿐만 아니라 모든 교인이 '프로페시'에서 설교의 교리적 모호함이나 불확실성을 해결하기 위해 반대 의견과 의문을 제기할 수 있는 권리를 보장받았다. 다만, 교회 공동체에 유해하거나 불필요한 갈등을 조장할 수 있는 질문은 제한되었고, 현장에서 답하기 어려운 질문들은 다음 '프로페시'에서 다룰 수 있도록 순연되었다. 논쟁의 여지가 있는 질문은 당회의 사전 승인을 받은 후 해당 설교자에게 전달하였고, 설교자는 질문에 대한 답변을 충실히 준비하여야 했다. 이것은 회중의 참여를 폭넓게 허용하는 동시에 예배와 말씀 사역의 질서를 유지하기 위한 공식적인 절차였다. 이를 통해 교육 수준이 낮은 교인들의 질문도 공식적인 토론에 적절한 수준으로 다듬어질 수 있었다.

    종교개혁은 당시 로마 가톨릭 성직자들의 지적인 자질 부족과 도덕적 부패에 대하여 비판하였다. 그러나 말씀의 사역자가 성경 해석권을 독점적으로 소유하게 되면 종교개혁 안에서 가톨릭 사제와 같은 새로운 종

---

16   Ibid., 102-4.

교 엘리트가 등장할 수 있다는 우려도 있었다. 이러한 점에서 '프로페시'는 종교개혁의 말씀 사역에 대한 우려를 해소하기 위한 대안이라 볼 수 있다. 설교자는 자신이 행한 설교에 대한 성경 본문의 근거와 교리적 정당성을 증명할 수 있도록 준비되어야 했다. 이를 위해, 설교자들은 성경에 대한 충분한 지식을 가지고 있어야 했으며, 교회의 신앙고백을 정확하게 이해해야 했을 뿐만 아니라 이단의 주장에 맞서 교회 공동체를 지켜낼 수 있도록 훈련받아야 했다. '프로페시'는 설교자들이 합당한 자격을 갖추도록 하는 분명한 동기 부여가 되었다. 또한 모든 회중이 말씀 사역에 직접 참여하여 성경에 대한 오해를 피하고 이단의 주장이 잘못되었음을 인식하며, 교리적 통일성과 올바른 신앙고백을 지킬 수 있도록 하는 기회가 되었다. 아 라스코에게 교회는 소수의 종교 엘리트에게 통제받는 무지한 다수가 아니었다. 참된 교회는 전체 회중이 성경에 기초하여 합의된 신앙고백을 공유하는 고백 공동체이다. 아 라스코는 '프로페시'를 통해 설교자들은 물론이고 모든 회중이 성경이나 교리에 대한 잘못된 해석을 바로잡고, 교회공동체의 신앙을 공고히 하며, 교리적인 일치를 이루고자 하였다.

매주 목요일에 진행되었던 '프로페시' 외에도 월요일과 수요일에 성경 강해 모임이 진행되었는데, 이 또한 '프로페시'로 불렸다. 런던 피난민 교회의 장로였던 위텐호프(Jan Utenhove, 1516-1566)는 불링거에게 보내는 편지에서 네덜란드 회중이 주중 두 차례 '프로페시'로 모인다고 말한다.[17] 위텐호프의 편지에 따르면, 월요일에는 아 라스코가 라틴어로 요한복음을 강해하였고, 수요일에는 네덜란드 회중의 목사였던 델렌(Wouter

---

17 OL., 586-7.

Delen, c. 1500-1563)의 창세기 강의가 역시 라틴어로 진행되었다. 각각의 성경강해가 끝난 후에는 앞선 강의들에 대한 질의응답이 진행되었다. 이 또한 목회자뿐 아니라 피난민 교회의 성도라면 누구나 참여할 수 있었다.

한편, 피난민 교회의 프랑스 회중은 매주 화요일에 '프로페시'로 모였다. 프랑스 회중의 '프로페시'는 질의응답을 배제하고 성경 강론에 집중하였다. 설교와 기도에 이어 장로들과 절차에 따라 사전에 지명된 성도들이 회중의 앞으로 나와 '프로페시'를 진행하는 것까지는 네덜란드 회중의 '프로페시'와 다르지 않았다. 목사, 장로와 집사로 구성된 강해자들은 같은 성경 본문을 정해진 순서에 따라 연속하여 읽고 강설하였다. 이를 통해 공동체 전체가 성경 본문에 대한 다양한 견해와 그 이면에 있는 신학적 통일성을 인식할 수 있도록 했다. 이후 시편과 축도로 예배가 끝났다. 프랑스 회중의 '프로페시'는 제네바의 영향을 반영하고 있다. 아 라스코는 각기 다른 언어와 형식에 따라 다른 날에 모였던 '프로페시'가 서로를 보완하고 서로 다른 언어를 모두 이해할 수 있는 사람에게 유익하다고 설명한다.[18]

4. 비교: 취리히 종교개혁과 아 라스코의 '프로페시' 이해

아 라스코의 '프로페시'에 대한 이해는 취리히 종교개혁의 영향을 반영하고 있다. '프로페시'라는 용어의 사용부터 성경 강해 모임으로서 목적과 전반적인 진행 과정에 이르기까지 런던 피난민 교회의 '프로페시'는 취리

---

18   Opera II., 104.

히의 선례를 따르고 있다. '프로페시'가 공예배의 설교와 교리 문답과 더불어 말씀 사역의 한 부분에 포함된다는 것 역시 공통되는 점이다. 아 라스코와 런던 피난민 교회 지도자들이 불링거와 지속적으로 교류하였다는 사실이 '포르마'에서 취리히 전통의 영향이 나타나는 주요한 배경이라 할 수 있다. 아 라스코는 이미 1525년 바젤에서 에라스무스의 집에 머무는 동안 취리히를 방문하여 츠빙글리가 주도하였던 취리히 종교개혁을 직접 경험하였다. 불링거와 서신 교류를 시작했던 때는 아 라스코가 동프리슬란트의 감독이었던 1544년이었으나, 불링거가 서신에서 직접 언급했던 바와 같이 그들은 이미 여러 인문주의자와 종교개혁자들을 통해 서로에 대해 알고 있었다.[19] 아 라스코는 '프로페시'뿐 아니라 성찬에 있어서도 취리히 종교개혁의 영향을 드러내고 있다.[20] 한편, 런던 피난민 교회 네덜란드 회중의 목사였던 미크론은 취리히에서 신학을 공부하였던 불링거의 제자로 취리히 교회의 '프로페시'를 직접 경험하였고, 장로였던 위텐호프 역시 불링거와 지속적인 서신 교류를 이어가고 있었다. 그럼에도 불구하고, 런던 피난민 교회의 '프로페시'는 취리히 전통과는 다른 고유한 특징을 드러내고 있다.

무엇보다 런던 피난민 교회에서는 말씀 사역에 있어서 회중의 적극적인 참여가 허용되었다. 네덜란드 피난민 회중은 목회자의 선출 과정에 직접 참여하였고, '프로페시'를 통해 목사들의 설교와 성경 강해에 대하여 이의를 제기하거나 논의할 수 있었다. 취리히의 '프로페시'에서도 회중의

19　Institute for Computational Linguistics and Institute for Swiss Reformation History at the University of Zurich (ed.): Bullinger Digital. Digital indexing of Heinrich Bullinger's correspondence. 2020-2024._www.bullinger-digital.ch/letter/11980.

20　Springer, *Restoring Christ's Church: John a Lasco and the Forma Ac Ratio*, 81; Rodgers, John a Lasco in England, 56.

참여는 허용되었으나 성경 원어, 특히 라틴어를 사용하지 못하는 회중은 강의를 이해할 수 없었다. 이를 보완하기 위해 독일어 설교가 이어졌으나 여기에서도 수동적인 청중에 머물러야 했다. 반면, 런던 피난민 교회에서도 라틴어로 진행된, 취리히와 유사한 형태의 '프로페시'도 진행되었으나, '포르마'에서 명시적으로 '프로페시'로 규정한 모임에서는 성도라면 누구나 성경 해석에 참여할 수 있었다. 이것은 츠빙글리의 '만인선지자직'에 대한 이해에서 나타났던 특징이기도 하다. 그러나 이후 '프로페시'의 제도화 과정에서 츠빙글리는 성경 해석의 권한을 성경 원어의 전문가인 선지자로서의 목사로 제한하였고, 불링거 역시 이를 계승하였다. 이것은 한편으로 재세례파의 급진적인 주장에 대한 반대였으며, 다른 한편으로 종교개혁에 대한 시 의회의 지지를 얻으려는 방편이기도 했다. 반면, 독립 교회로서 상당한 자율권을 보장받았던 런던 피난민 교회에서는 아 라스코의 교회 정치와 말씀 사역에 대한 이상이 상대적으로 제약 없이 실현될 수 있었다. 아 라스코 개인의 경험에서도 이 같은 차이가 드러난다. 1540년대 아 라스코가 이끌었던 동프리슬란트 종교개혁에서는 회중이 참여하는 '프로페시'가 나타나지 않는다. 다만, 목사회(coetus)에서 목회자들의 교리적 일치를 위한 교육이 진행되었다. 매주 사전에 지명된 두 명의 설교자가 토론에 앞서 준비된 내용을 발표하였다. 토론 주제는 일주일 전 공지되었고, 모든 참석자가 논의에 참여할 자격을 얻었으나 회중이 아닌 목회자만이 참석할 수 있었다.

한편, 교회 정치와 말씀 사역에 있어 회중의 참여는 네덜란드 피난민 회중의 특징이기도 하다. 네덜란드 회중과 마찬가지로 아 라스코의 감독 아래 있었던 프랑스 회중 역시 '프로페시'가 주중 말씀 사역으로 시행되었으나 공동체 성경 읽기와 성경 강해를 위한 모임이었고, 선포된 말씀에 대한 논의는 나타나지 않는다. 런던 피난민 교회의 회중 참여적인 '프로페시' 전통은 엠덴과 프랑크푸르트, 베젤 등 여러 곳에 자리 잡았던 네덜란드 피난민 회중을 통해 이어졌다. 왜 네덜란드 회중에게서 회중 참여의 성격이 강하게 나타났는지에 대해서는 추가적인 연구가 필요하다.

5. 결론

츠빙글리를 통해 시작되었고, 불링거를 통해 정립되었던 취리히 종교개혁의 '프로페시' 전통은 아 라스코와 런던 피난민 교회의 네덜란드 회중에게도 영향을 끼쳤다. 특히 제도화 과정에서 상대적으로 제한되었던 만인선지자직에 대한 이해가 런던 피난민 교회에서는 적극적으로 반영되었다. 아 라스코는 교회가 사제나 소수의 엘리트에 의해 통제되는 곳이 아니라, 전체 회중이 교리의 합의에 따라 신앙고백을 공유하는 고백 공동체라는 것을 강조한다. 이에 따라, '포르마'가 제시하는 '프로페시'는 말씀 사역의 실천과 교육에 있어 지속적인 변화와 발전을 촉진하며, 성도들의 신앙적 성숙과 교회의 공동체적 역할을 강화하는 중요한 수단이 된다.

현재 한국 사회는 16세기와는 비할 수 없이 민주화된 정치, 경제, 사회 구조를 이루었다. 하나님의 말씀 위에 참된 교회를 세우겠다는 종교개혁자들의 이상을 실현하기에 부족함이 없는 상황이다. 그럼에도 불구하고 종교개혁자들의 신학적 유산을 계승하였다는 한국 교회에서 설교가 목사의 전유물로 여겨지거나 성경 묵상이 성도 개인의 주관적 해석에 그치는 현실은 안타깝다. 이러한 점에서, 종교개혁의 유산으로서 '프로페시'는 여전히 유용하다. 성경 원어를 기초로 성경 본문에 대한 진지한 주해와 이를 설교에 적용하는 것은 설교자들에게 주어진 은사이며 책무이다. 또한 이 모든 과정이 목회자들만을 위한 것이 아니라 모든 성도의 참여를 통해 완성된다는 것을 기억해야 한다.

11 참고 문헌

OL. *Original Letters Relative to the English Reformation, Written during the Reigns of King Henry VIII., King Edward VI., and Queen Mary: Chiefly from the Archives of Zurich.* 2 vols. Edited by Hastings Robinson. Cambridge, 1846.

Opera. *Joannis a Lasco Opera tam edita quam inedita duobus voluminibus comprehensa.* 2 vols. Edited by Abraham Kuyper. Amsterdam, 1866.

Z. Huldreich Zwinglis Sämtliche Werke. CR 88-. Edited by Emil Egli et al. Berlin: Schwetschke and Zurich: Theologischer Verlag, 1905-.

Bast, Robert J. "Constructing Protestant Identity: The Pastor as Prophet in Reformation Zurich". In Frömmigkeit ― Theologie ― Frömmigkeitstheologie Contributions to European Church History, (Leiden, The Netherlands: Brill, 2005)

Gäbler, Ulrich. *Huldrych Zwingli. Eine Einführung in sein Leben und sein Werk.* Edited by Martin Sallmann. 3rd. rev. ed. Zurich: Theologischer Verlag, 2004.

Locher, Gottfried W. "Das Geschichtsbild Huldruch Zwinglis." In *Huldrych Zwingli in neuer Sicht. Zehn Beiträge zur Theologie der Zürcher Reformation*, 75-103. Zurich:

Zwingli Verlag, 1969.

Diarmaid MacCulloch, "The importance of Jan Laski in the English Reformation." In *Johannes a Lasco: Polnischer Baron, Humanist und europaischer Reformator*. Edited by Christoph Strohm. Tübingen: Mohr Siebeck, 1999.

Jürgens, Henning P. *Johannes a Lasco in Ostfriesland: Der Werdegang Eines Europäischen Reformators*. Tübingen: Mohr Siebeck, 2002.

Lindeboom, J. *Austin Friars: History of the Dutch Reformed Church in London, 1550-1950*. The Hague: M. Nijhoff, 1950.

Pak, G. Sujin. *The Reformation of Prophecy: Early Modern Interpretations of the Prophet and Old Testament Prophecy*. New York: Oxford University Press, 2018.

Rodgers, Dirk W. *John a Lasco in England*. New York: P. Lang, 1994.

Springer, Michael Stephen. *Restoring Christ's Church: John a Lasco and the Forma Ac Ratio*. St. Andrews Studies in Reformation History. Aldershot: Ashgate, 2007.

에필로그

안인섭

총신대학교 신학대학원 교수, 개혁교회종교개혁기념대회 편집위원장

에필로그

안인섭
총신대학교 신학대학원 교수, 개혁교회종교개혁기념대회 편집위원장

지난 2019년은 한국의 신학 연구사에서 중요한 해였다고 평가할 수 있을 것이다. 그동안 종교개혁의 기원을 논할 때 1517년의 루터(Martin Luther: 1483-1546)에게 배타적으로 집중되어 있었다. 그러나 1519년 츠빙글리(Ulrich Zwingli: 1484-1531)가 취리히에서 시작했던 연속 강해 설교(Lectio Continua)가 개혁파 종교개혁의 기원이었다는 것은 2019년 개혁교회 종교개혁 기념 학술대회에서 처음으로 명확하게 강조되었다. 이것은 국제적으로도 흔하지 않을 뿐 아니라 사실상 유일한 경우로 인식된다.

유럽에서 독일, 네덜란드, 영국 등 개혁파 종교개혁이 확산되는 곳마다 츠빙글리의 영향은 발견된다. 물론 아직은 츠빙글리 연구가 독일의 루터나 제네바의 칼빈(John Calvin: 1509-1564) 연구에 비해서는 상대적으로 풍성하지 못한 것은 사실이다. 그러나 이 책을 통해서 츠빙글리의 종교개혁을 연구하는 흐름이 더욱 심화되고 확산되기를 기대해 본다. 그래서 과거가 미래의 스승이라는 격언처럼, 기준이 흔들리고 갈 길이 불확실한 현 시대에 츠빙글리 연구가 귀한 길라잡이가 될 수 있기를 바란다. 본서는 지난 2024년 1월 29일 백석대학교에서 개최되었던 제505주년 츠빙글리 종교개혁 기념 학술대회에서 발표되었던 논문들을 중심으로 구성되었다.

그동안 진행되었던 츠빙글리 연구는 크게 몇 가지로 그 특징을 정리해 볼 수 있다.

첫째로 루터와 비교해서 츠빙글리의 종교개혁과 그 영향을 받았던 개혁파들은 유럽의 중세 봉건 사회가 근세 시민 사회로 발전하는 과정에 더 적극적이고 긍정적인 영향을 주었다는 것이다.

루터와 달리 츠빙글리는 교회와 시민 사회 두 영역을 그리스도의 왕국으로 매개했다. 특히 츠빙글리가 이끌었던 스위스 개혁파는 공화정적인 독립 의식을 가지고 있었으며, 이 흐름은 개혁파들이 중심이 되었던 네덜란드 북부의 7개 주 "연방공화국(De Republiek van de Zeven Verenigde Nederlanden)"의 출범(1588)으로 나타났다. 이런 발전에는 일차적으로 제네바에 가서 직접 칼빈에게 배웠던 칼빈의 제자들, 즉 벨직신앙고백서의 저자인 드 브레(Guy de Brès: 1522-1567), 쟝 타펭(Jean Taffin: 1529-1602), 필립 마르닉스(Philip Marnix van St. Aldegonde: 1540-1598) 등 네덜란드 개혁교회 선구자들의 공헌이 크다. 그렇지만 이들의 스승이었던 칼빈의 제네바의 종교개혁도 츠빙글리에서 발원했던 스위스 종교개혁의 한 부분이며, 그리스도 왕국의 통전적 시각으로 교회와 시민 사회를 바라보면서 공적인 삶의 영역에서 기독교인의 책임을 강조했던 츠빙글리의 신학은 칼빈의 사상과 밀접한 친밀성과 연속성을 보여주고 있다.

둘째로 츠빙글리의 개혁과 신학의 확산 경로 가운데 신성 로마 제국으로 전파된 경우 종교적 박해 때문에 이 지역으로 피난해 왔었던 피난민들에 의해서 츠빙글리의 개혁신학은 전 유럽으로 확산될 수 있는 기회를 가질 수 있었다. 가장 대표적인 예가 신성 로마 제국의 선제후국인 팔츠

(Kurfürstentum Pfalz, 영어식으로는 Palatinate)의 선제후 프레드릭 3세 (Frederic III: 1515-1576. 선제후 재위는 1559-1576)의 통치 시기다. 16세기 독일은 전통적인 봉건적 영주들과 선제후들로 나뉘어 있었는데 아우스부르그 종교 화약(1555)의 Cuius regio, eius religio(그의 지역에는 그의 종교를)에 의해서 로마 가톨릭주의뿐 아니라 루터주의도 인정되었다. 그 틈에서 팔츠는 스위스의 츠빙글리에서 시작된 개혁주의의 인큐베이터 역할을 할 수 있었다. 이 지역에 박해받던 유럽의 종교개혁 난민들이 모일 수 있었고, 이들에 의해서 다양한 개혁주의 신앙과 예배가 실천되고 또 강화되었으며[1], 이들이 자국에 돌아가서 개혁신학을 전했다. 츠빙글리의 성찬 신학의 영향이 어느 정도 컸는지는 팔츠의 하이델베르그 대학에서 1559년에 발생했던 실비우스(Stephan Silvius)의 학위 논문 사건 (1559년 3월)을 보면 알 수 있다. 팔츠의 교회 감독이었던 순수-루터파(Gnesio-Lutheran) 헷수시우스(Tilemann Heshusius: 1527-1588)는 츠빙글리주의의 확산을 저지하기 위해서 공격했다. 향후 팔츠는 선제후 프레드릭 3세의 요청으로 멜란히톤(Philipp Melanchthon: 1497-1560)이 그의 생애 마지막 작품인 Iudicium de Controversia Coenae Domini(주의 만찬 논쟁에 대한 판단, 1559)을 보내 가담했고[2], 칼빈도 츠빙글리의 후계자인 취리히의 불링거(Heinrich Bullinger: 1504-1575)의 요청으로[3] Dilucida

---

1 D. Clair Davis, "The Reformed Church of Germanry: Calvinists as an Influential Ministry," in *John Calvin: His Influence in the Western World*, ed. W. Stanford Reid (Grand Rapids: Zondervan, 1982), 123-125.

2 *Corpus Reformatorum: Philippi Melanchthonis opera quae supersunt omnia*, ed. by Brettschneider and H. E. Bindseil (Halle, Braunschweig: 1834-1860), vol. 9, 960-63.

3 Iohannes Calvinus, *Ioannis Calvini opera quae supersunt omnia*, eds. G. Baum, E. Cunitz, and E. Reuss. 18 (Halle & Braunschweig: Schwetschke, 1878), 224, ep. 3264. Erik A. De Boer, "Philipp Melanchthon's Iudicium de controversia Coenae Domini(1559) to the Palatine Elector Frederick III," *Reformation & Renaissance*

explicatio sanae doctrinae de vera participatione carnis et sanguinis Christi in sacra coena ad discutiendas Heshusii nebulas(성찬에서 참된 그리스도의 살과 피에 참여하는 것에 대한 건강한 교리의 분명한 해설, 헷수시우스의 혼돈을 분산시키기 위하여)를 출판(1561)하며[4] 가담했던 치열하고 복잡한 성만찬 논쟁에 휘말리게 되었는데 결국 이런 상황은 하이델베르그 요리문답(Heidelberger Katechismus, 1563)이 작성되는 이유 가운데 하나가 되기도 했다. 츠빙글리의 성찬 신학은 취리히의 불링거와 제네바의 칼빈의 연대인 취리히 협약(Consensus Tigurinus, 1549)뿐 아니라, 폴란드 난민 출신의 신학자 아 라스코(Johannes à Lasco)도 같은 입장이었다. 그러므로 한마디로 요약하자면 츠빙글리의 신학으로 인해서 향후 유럽 대륙의 개혁파가 결집하고 발전할 수 있었다고 평가할 수 있을 것이다.

셋째로 저명한 네덜란드의 역사신학자 이어릭 더 부어(Erik de Boer)가 잘 강조했듯이, 츠빙글리에서 처음 시작된 프로페차이(Prophezei)는 스트라스부르그의 마틴 부처에 의해서 기독교 훈련(Christliche Übung)으로 이어졌다. 그 이후 제네바에서 축출되어 스트라스부르그에서 머물고 있었던 칼빈이 영향을 받아 칼빈의 제네바의 성경 공부 모임(Congregation)으로 발전했다.[5] 이 전통은 본서에도 나와 있듯이, 런던에서

Review vol. 17 No. 3. November (2015): 248.

4   Calvin, *Dilucida explicatio sanae doctrinae de vera participatione carnis et sanguinis Christi in sacra coena ad discutiendas Heshusii nebulas*. CO 9, 457-517.

5   E. de Boer, *The Genevan School of the Prophets: The congregations of the Company of Pastors and their Influence in the 16th Century Europe* (Droz: Geneva, 2012). 또한 E. de Boer, "The Congregation: An In-Service Theological Training center for Preachers to the People of Geneva," *Calvin Studies Society* (Grand

사역했던 폴란드 출신의 피난민 목회자 요한네스 아 라스코로 이어졌다. 이것이 의미하는 것은 츠빙글리가 런던 피난민 시절 신학을 배웠던 벨직신앙고백서의 저자 드 브레(Guy de Brès: 1522-1567)와 네덜란드 개혁파, 그리고 영국 교회 안의 개혁주의적 성도들과 유럽 대륙에 영향을 주었다고 평가할 수 있다는 것이다. 이렇게 본다면, 비록 아직은 이 연구가 충분히 심화되지는 못했지만, 츠빙글리는 유럽 대륙과 영국, 그리고 향후 미국의 개혁파에게까지 영향을 준 종교개혁자라고 평가를 내릴 수 있을 것이다.

마지막으로 향후 츠빙글리 연구는 어떤 방향으로 나가면 좋을지 필자 나름대로 몇 가지로 제시해 보고자 한다.

첫째, 앞으로 츠빙글리 연구는 15세기 말과 16세기 초의 유럽의 역사적 맥락을 철저하게 분석해서 츠빙글리의 신학을 연구해야 한다는 것이다. 수도사 출신이고 또한 신성 로마 제국의 일부 영주들의 지지를 받았던 루터와는 달리, 츠빙글리는 스위스 연방의 도시 중심의 종교개혁을 추진함으로 상대적으로 중세적 유산에서 자유로울 수 있었다. 이 점은 츠빙글리와 개혁주의가 그 시대를 행해서 예리하고 체계적인 목소리를 낼 수 있었던 이유 가운데 하나가 될 것이다.

둘째, 츠빙글리의 신학의 지평이 보다 넓고 깊게 다루어질 필요가 있다. 지금까지는 츠빙글리 연구가 성찬론, 섭리론, 하나님의 주권, 국가론 등 전통적인 신학적 주제에 제한되는 경향이 있었다. 그러나 이런 신학적

Rapids, 2004): 57-87.

논제뿐 아니라, 츠빙글리의 신학이 현대 기독교인들이 겪고 있는 다양한 도전들에 대해서는 어떤 방향을 제시해 줄 수 있는지 현대적인 주제에 대한 츠빙글리의 신학적 통찰을 연구하는 것이 유익할 것이다.

셋째, 츠빙글리와 그의 스위스 종교개혁이 독일, 화란, 영국, 그리고 미국에 영향을 미친 영향사, 즉 일종의 츠빙글리 수용사(Zwingli Reception)에 대한 체계적이고 심도 있는 정리가 필요하다. 상대적으로 루터와 칼빈의 경우는 어느 정도 연구가 되어 있다. 그러나 앞에서 잠시 언급했듯이 츠빙글리의 신학적 영향은 그 이후 직접적이면서도 간접적이었고 매우 다양하고 역동적으로 이어져 왔다. 그러므로 보다 국제적이고 종합적인 연구가 요청된다.

에필로그를 마치면서 츠빙글리 연구와 이 책의 출판이 가능할 수 있었다는 점에서 주도홍 교수님에게 진심으로 감사의 마음을 전하고 싶다. 그의 열정과 학문적 리더십이 없었다면 2019년 츠빙글리 종교개혁대회와 그 이후에도 계속 이어가고 있는 츠빙글리 연구는 가능하지 못했을 것이다. 그 외에 대회 위원장으로 섬겨주시는 이은선 교수님, 대외 협력과 홍보를 위해 수고하시는 안명준 교수님, 그리고 무엇보다 사무총장으로서 세밀하고 자상하게 모든 일을 추진하는 조용석 교수님, 그리고 이 책에 기고해 주신 탁월한 학자분들에게 감사를 드린다. 아무쪼록 이 책을 읽고 향후 츠빙글리의 신학에 매료될 미래의 츠빙글리 연구자들과 기독교인들을 기대하면서 글을 마친다.

2024년 12월
지곡동에서 안인섭